望江柏拉图研究论丛
顾问 Luc Brisson
主编 梁中和

After Plato, Pursuing Wisdom:

Biographical Interviews and Essays of Luc Brisson

追随柏拉图，追寻智慧

——吕克·布里松古典学术访谈与论学

［法］［加］吕克·布里松（Luc Brisson） 著
梁中和 选编
孙颖 李博涵 张文明 陈宁馨 张浩然 译

华东师范大学出版社

华东师范大学出版社六点分社　策划

国家社会科学基金青年项目：
"早期柏拉图主义哲学文献翻译与研究"（编号16CZX044）
阶段性成果

本书同时受到四川省天府万人计划
"社科菁英"人才项目资助

"望江柏拉图研究论丛"出版说明

顾问：Luc Brisson

主编：梁中和

公元前387年柏拉图(428/427BC－348/347BC)创建学园从事教学，培养出亚里士多德、斯彪西波、色诺克拉底等著名学者，后来经历老学园柏拉图主义、中期柏拉图主义到新柏拉图主义兴起，众多杰出的学者在学园和柏拉图主义感召下接受哲学教育，一直持续到公元529年基督教帝王为统一思想而关闭学园，历经900载。

此后柏拉图学园传统在西方中断了近千年，文艺复兴最重要的柏拉图主义者斐奇诺在美第奇家族的支持下，于1462年恢复了关闭已久的柏拉图学园，他将美第奇家族赐给他的卡尔基庄园布置得像柏拉图的老学园一样，莽特维奇(Montevecchio)的石松林就相当于柏拉图老学园的普拉塔努斯(Platanus)树林，而泰兹勒(Terzolle)河就相当于老学园的开菲斯(Cephissus)河。在学员们聚会的大厅墙面上镌刻着各种格言，比如"万物来自善归于善"(A bono in bonum omnia dirigentur)、"切勿过度，免于劳碌，喜乐当下"(Fuge excessum, fuge negotia, laetus in praesens)，大厅里还有一尊柏拉图的塑像，像前点着长明灯。

斐奇诺效仿柏拉图,在自己家中接待友人,被接待者被称为"学员"(Academici),他们的导师被称为"学园首席"(Princeps Academicorum),他们聚会之所叫作卡尔基学园。随着斐奇诺名声日隆,他被称作"再世柏拉图"。后来随着学园中的导师增多,学员也逐渐分化成了斐奇诺派(Ficiniani)、皮科派(Pichiani)和萨沃纳若拉派(Savonaroliani)等小团体。斐奇诺还成立了"柏拉图兄弟会"(fratres in Platone),其成员也就是"柏拉图的家人"(Platonica familia),他们相互问候的话语是"因柏拉图之名祝好"(Salus in Platone)。入会的条件是博学、道德高尚、和斐奇诺保持友谊。斐奇诺在一封给友人的信中说他的兄弟会有80个弟子和朋友。

2010年7月,我们在成都望江楼公园发起了"望江柏拉图学园",望江楼是唐代遗迹,紧邻锦江,就像老学园旁有开菲斯河;园中还有茂密的竹林宛若老学园的普拉塔努斯树林,公园免费对外开放,人们在里面漫步、纳凉、品茗都十分适宜。我们正是在这里,开始了系统地对柏拉图对话的研读和讨论。10年来,前后有100余名学员在这里学习、交流,后来有些远赴重洋,有些在国内诸多著名高校继续相关研究,他们的学科背景和研究所涉及的学术领域包括哲学、数学、文学、历史、法律、宗教、艺术,等等,他们中有很多人在经历了柏拉图思想的教育后踏上了继续探寻真理与意义的道路。

目前,望江柏拉图学园的主要活动包括:每年举行柏拉图诞辰与逝世(11月7日)纪念活动;柏拉图对话的阅读与解释;柏拉图主义著作集体翻译与解读;柏拉图式对话训练;组织与柏拉图对话相关主题的讨论;相关影视作品放映和赏析;面向四川大学本科学生开设阅读柏拉图经典对话的文化素质公选课。学园组织的系列讲座和论坛有:ΦIΛIA讲座(学界同仁来学园的免费交流讲座);ΣΟΦΙΑ系列专题讲座(邀请学者来学园做的系列专题讲座);

ΑΛΗΘΕΙΑ 古希腊哲学论坛（定期召开的全国小型专业学术论坛）；ΦΙΛΑΝΘΡΩΠΙΑ 文艺复兴思想论坛（不定期召开的全国小型专业学术论坛）；ΠΑΙΔΕΙΑ 系列专题讲座（针对特定人群开设的哲学教育讲座）；ΙΔΕΑ 哲学通识论坛（不定期举行的哲学主题沙龙）。（详见学园官网 http://site.douban.com/106694/）

本论丛是继学园主编"斐奇诺集"之后新开辟的译文和著作集，为的是发表和翻译国内外柏拉图研究方面的经典或前沿著作，为更广大的人群，从不同方面、不同领域接触和了解柏拉图思想，为柏拉图思想在中国的传播做出一点努力，也希望人们通过柏拉图的思想，爱上思考，爱上智慧。

因此，我们也同时欢迎和邀请学界和社会上所有感兴趣的专家、学友，同我们一起撰写、翻译和推荐优秀的著作、译作，我们会酌情考察、采纳乃至出版。

成都·望江柏拉图学园
2019 年 11 月 7 日

吕克·布里松（Luc Brisson）近照

谨以本译著献给吕克·布里松先生
感谢他对柏拉图与柏拉图主义研究所做的杰出贡献
Cette traduction est dédiée à M. Luc Brisson
Le remercier pour sa contribution exceptionnelle à
l'étude de Platon et du platonisme.

目 录

中文版序 /1

上篇　访谈：理解神话

一、成长经历 /3
二、从柏拉图到宇宙大爆炸 /57
三、文化公民 /109

下篇　论学：从柏拉图到柏拉图主义

四、助产士：苏格拉底 /139
五、柏拉图眼中，什么是神？/167
六、何为柏拉图主义？/179
七、毕达哥拉斯主义的形成 /210

编后记 /234

中文版序

吕克·布里松

孙颖 译 梁中和 校

这本书对于一个中国读者来说似乎挺奇怪,大家可能会问两个问题:首先,这个人没有在人类政治和历史中起到什么重要作用,我们为什么要讲他的故事呢?然后,即使柏拉图的著作在所谓"西方"的文化里扮演着相当重要的角色,我们却为什么要把这本传记和柏拉图主义的历史联系在一起呢?而事实上,这两个主题密切相关,因为它们能使我们根据一个特定的案例,理解"西方"人通过"神话"和"哲学"所理解的东西,以及哲学史是如何解释柏拉图主义的影响。

吕克·布里松的生活,就像我们刚才说的,与大众兴趣无甚关系。然而,如果撇开国际国内战争不谈,我的生活确实与20世纪40年代末出生在农村的中国人民的日常生活有许多相似之处,在那里,最优秀的孩子都注定要学习。就像我一直试图解释的,在我的村庄,日常生活遵循着一种固定的节奏,这种节奏由神圣人物们(那些代表着基督的基督徒们)的生活诸阶段所构造,而我很快便使自己远离了天主教。当我尝试返回魁北克的时候,它给我带来了不少问题,但这个问题在这里无甚意义。

对我来说,目标并不是摆脱每年都会重复的那些礼拜式的戏剧化场景,而是理解为什么大多数人不仅接受,甚至会寻求这样的方式去安排他们的生活,我尤其想要了解后一点。当农业、手工业与商业都与现实密切相关时,为什么人们会想把这种经历置于一个故事的框架下(在这个术语的恰当意义上说的话,置于一个神话的背景下),而这个故事是真是假都无法证实。甚至,为什么每个人都把自己的命运和这个故事绑在一起,在这个故事里,只有皈依上帝才能使他们获得永生?最后,为什么人们会相信我们的世界是凭空被上帝创造然后被其所主宰的呢?

我去往法国的原因,很大程度上可以用对此的拒绝来解释。自1789年法国大革命以来,法国有一部世俗的宪法。我相信我在那里能找到一种超越神话阶段的办法,并且获得真正的知识——从柏拉图以来就被称作"哲学"、并且自那以后一直不断变化的那种知识。在古代,哲学可以被描述为一套关于世界、人类和社会的连贯表述,它定义了一种生活方式。因此,我想我可以抛开在我童年时期履行这一功能的神话,而转向哲学。然而,我很快便意识到哲学思想的出发点并不属于它自己,而是来自神话;简而言之,哲学并不是自主的,因为它植根于传统之中。所有这些都解释了为什么我会对神话传统感兴趣,这个神话传统可以回到印度(这也就是我学梵文的原因),然而,它繁荣的顶峰却在古希腊——我精通古希腊语并熟悉这段历史。希腊神话讲述了世界、众神、灵明、英雄,以及过去的人们的起源。这些超越性的存在者——诗人们爱讲关于他们的冒险故事,尤其是在诗歌和戏剧中——被那些再现它们的人当作榜样。他们因此起着重要的教育作用。然而,不像中国神话中那些位列仙班的人物,希腊神话中人物的言行时常令人不齿:他们对彼此发动战争,他们撒谎、强奸、再撒谎等等。这也是为什么柏拉图如此严厉地批判塑造这些神话的诗人们,他想要推行一种新的伦理和政治,可以使没有冲突的共同生活成为可能。同样,柏拉图也质疑关于我们世界起源的那些故事,在赫西俄德这样的诗人看来,这些故事是最终以宙斯的统治结束的一系列暴行。

宙斯是一位推行正义的神，但他自己却经常违反柏拉图想要实行的道德原则。这解释了为什么在《理想国》和《法义》这两篇对话中，柏拉图描绘了一个在理性宇宙法则指导下的世界，这个法则由一个被赋予了智慧的灵魂所代表，社会和个人会将其作为他们行动的范本，这有点像中文世界中人与道的关系。

柏拉图在公元前348年去世，但柏拉图主义（老学园派、新学园派、中期柏拉图主义、新柏拉图主义）作为一种对其著作进行解释的学派，一直延续到公元529年，几乎用了一千年之久才渗入了拜占庭帝国，然后是欧洲文艺复兴。很快，神话的问题就显得非常重要了。柏拉图主义者们希望在接受柏拉图对神话传统的批评的同时，也始终忠于神话传统，于是他们求助于另一种解释，这种解释便是后来的"寓义"。根据这一释经方法，话语呈现出了两种层面的含义：前者传达着所有人都能理解的意义，后者则指向一种深层意义，可以将真理传达给入门者。让我们举些例子。如果宙斯和他的妻子性结合，这是为了表明我们周围的世界由有限（阳性原则）和无限（阴性原则）结合而形成。同样的道理也适用于灵魂，灵魂被描绘为拉着战车的两匹马，战车上坐着一名车夫。像柏拉图主义者们（就是古往今来柏拉图的追随者们）教的那样，柏拉图的言辞传达着真理，众神的话语也一样，哲学性的话语必须和荷马、赫西俄德、俄耳甫斯和迦勒底神谕创制的神话摆在平行的位置上。这一步骤是为了拯救神话，以应对公元4世纪在罗马帝国掌权的基督教徒的批评。因此，你会发现本书提及了超越性存在、灵魂、主宰世界的命运、转世、素食主义原则等各种西方哲学已经不再考虑的主题。

因此大家可以更好地理解，我对于基督教的反应为我标定了方向——在它们与神话的关系上研究柏拉图与柏拉图主义。我就这样从某种程度上回到了我所依赖的文化的源头。经由探索一个非常不同的文化的方式，我的中国之旅大大拓宽了我的视野。中国文化也关注自己与传统的关系,它植根于儒释道。我再次重申,哲学和公共的道德根源于一个极其遥远的过去,它们是被传统所传递的。这一过去启发着我们现在的行为,也允许我们通过与它的不同之处,去思考一个不同的未来。

上 篇
访谈:理解神话

孙 颖 译
梁中和 校

一、成长经历

路易斯·安德烈·多里昂：吕克·布里松，您是当今学界对于柏拉图的著作和古代柏拉图传统最专业的研究者之一。您的众多著作因严谨的行文风格以及研究的广度和深度，在全世界范围内获得了广泛赞誉。一些数据可以让我们直观地感受到您的著述之丰：您出版了13部著述、发表了70余篇论文，还与人合编了10部文集。① 这个数字已经相当可观了，然而它却并不是最终版，因为现在的您比以往更加高产，您也没有过早从研究事业中退休的意愿。

虽然在您的出生地魁北克，您的著述可能没那么出名，然而在对柏拉图对话集的翻译和诠释领域，您无疑是权威。您是如何将自己的一生贡献给柏拉图和柏拉图传统研究的呢？一般而言，对现代人来说，研究古希腊哲学，尤其是柏拉图的著作有何种趣味？您说过想要给出一种自传式的转折，于是针对这点，我想要和您探讨以上这些关于这次访谈框架的问题。那么您为什么会认为这种转折非常必要呢？

吕克·布里松：对。但是在这之前，我必须非常明确我所理

---

① 最新数据参见"江安柏拉图学社"公众号相关信息。

解的"自传式"究竟代表着什么。我不想给自己编故事,就像奥古斯丁和卢梭在他们的《忏悔录》中所做的一样。毕竟站在全人类的角度上,我有着更为平凡的一生。也就是说,我的读者们如果不能了解我早年的生活,以及去法国之前我研究的进展情况的话,就没办法完全理解我所做过的工作。

在学校以及五六十年代在神学院的经历,使我决定践行哲学、学习古希腊宗教。我在大学的生活以及当时的思潮和政治斗争,构成了我离开魁北克去往法国(而不是德国、美国或是英国)推进我研究的决定性因素。

Q:①让我们从最开始说起吧。我相信您已经完成了一份自己的家谱了。

A:事实上,我也只能补全从我祖父开始的家谱。我众多远方的家人,都可以追溯到两位在蒙特利尔出生的布里松先生。其中一位,安布鲁兹(Ambroise)定居在圣雅克(Saint-Jacques),这是一个在18世纪末已经归属阿叟木浦(Assomption)的、主要人口为阿卡迪亚人(Acadians)的村庄,但是我们并不是阿卡迪亚脉系的后裔。这两位布里松先生的父亲是一位法国士兵,他来自于一个距离南希镇(Nancy)不远的村庄。尼古拉斯·布里松(Nicolas Brisson),生于1733年8月,于1755年加入了皇家陆军(Royal Army)。我们不太确定他参军的具体原因,可能是因为家境贫困吧。他在1755年7月抵达魁北克,返回蒙特利尔之前,他参与了许多场战斗,也经历了蒙特利尔的投降。这之后他成了战俘,直到1760年9月才和他剩余的兵士们一起返回了法国。1768年,他在科西嘉(Corsica)被释放,这座小岛当时属于热那亚(Genoa),但其警察和军队却由法国提供。

在蒙特利尔,尼古拉斯·布里松和某位玛丽-约瑟·裴桑

---

① Q代表提问者,A代表布里松的回答,下同。

(Marie-Joseph Pesant)有两个孩子——尼古拉斯·雅克和安布鲁兹(Nicolas-Jacques and Ambroise)。这两个孩子都受了洗。在教堂的出生登记处，神父在写下"亲生子女"(natural child)之前，先登记了"婚生子女"(legitimate child)。他们和自己的母亲一起留在蒙特利尔生活，这位母亲在法定允许的时间改嫁了。圣叙尔皮斯(Saint-Sulpice)的神父们当时拥有的土地数量相当可观，他们为安布鲁兹提供了其中的一块。于是布里松家族中的这一支便一直生活在圣雅克，这让我的祖父很容易便把我们的家谱追溯到了蒙特利尔，同时也帮我将自己的家族追踪到了一个离南希镇很近的小镇——巴东维莱(Badonviller)。事实上，20世纪70年代法军曾经驻扎于万塞讷(Vincennes)，那儿的堡垒保存的档案中，存放着自1716年开始每位士兵的名片。这是一种有效防止信息遗漏的方式，可以和近一半的士兵取得联系。

无论是在圣雅克还是圣埃斯普里，我们都生活在浓厚的法语和天主教传统之中。

Q：您出生在圣埃斯普里，一个在蒙特利尔北部若列特(Joliette)地区的小镇。

A：我1946年3月10日出生在我的外祖父母家，那是一个礼拜天。我的母亲在那天早上去做了弥撒，而我接近中午降生。我的母亲陷入了当时魁北克的母亲们的集体性焦虑中——她们相信如果自己的孩子在受洗之前就死去，她们就会永恒地被流放在地狱边缘(灵泊，limbo)，所以她要求我的父亲马上把我带去教堂受洗。

我母亲的恐惧可能是偶然的，但却在我身上留下了决定性的影响。在为我取名的时候，我的外祖母要求我沿袭她其中一个儿子的名字。我的这位舅舅，在自己的两个兄弟于贯穿村庄的河流中翻船的时候舍身相救，使他们免于溺水而死，但他自己却因此突发心脏病而去世了，死的时候还不到18岁。在我之后不久出生的弟弟被命名为莫里斯(Maurice)，这是我另外一位早夭的舅舅的名字，不同的是他死于一种传染病——白喉(diphtheria)。无论如何，这种英雄式、神话式的取名方式影响了我的性格。人类生命的无常性，某种意义上构成了我之为人的基本依据。在很早的时候我就可以感受到一种"救世主"(savior)情结，它体现于对他人的巨大责任感之中，而这有时很难忍受。我的外祖母从来不曾停止谈及她那舍身救人的儿子。

Q：那座小镇在那时是什么样的，它又是怎么变化的呢？

A：圣埃斯普里距离特勒博恩(Terrebonne)和若列特(Joliette)大概20公里。它始终是一个以农耕为主的村庄，是劳伦山脉(the Laurentians)前的最后一块耕地。圣埃斯普里当时拥有1500位居民，都是"农民"。在这里租界相互穿插，沿线的道路与农场相对。

工匠、商人、日工和退休人员们都住在这个村庄里。这里也有各种各样吸引农民们的建筑设施——综合商店、杂货铺、旅馆(即酒馆)、餐厅、银行、信用合作社、一位医生(包括备有基本必需药品的药房)、公证处、还有一间在那时由一位司铎(priest)和一位副本堂(vicar)用的堂口。圣埃斯普里建于18世纪末，是一个典型的蒙特利尔地区的村庄。在我出生的时候，也就是二战结束之后，这里仍旧存在对糖和巧克力的购买管制。一个令人惊讶的细节是，这段受管制的日子不仅在这个村子，也在周边的乡村地区(和圣埃斯普里不到4公里的距离的周边地区)存在着，大家也继续生活在日光之下谈论着时光。

50年代的圣埃斯普里和现今的圣埃斯普里有两个不同点：一个是人们生活水准的变化，另一个则是乡村建筑的逐渐消失。那个年代我们是自给自足的。交通工具都是稀有物。那时有数不胜数的工匠们，以及两处生意兴隆的场所：屠宰场和锯木厂。

村子的转变和农作方式的进化息息相关。直到60年代，农业仍停留在传统阶段。我们种植的作物大部分是烟草、小麦和用于饲养牲畜的干草。然后,在土地灌溉方面,劳作方式发生了根本性的变化,特别是在牛奶生产的补贴上,帮了农民们非常大的忙。灌溉系统安装完毕之后,只能作为烟丝使用的烟草产品质量不过关,烟草文化消失了。畜牧业规模不断扩大,商品蔬菜培植经济出现并快速发展。在作物保险的保护和诸多补贴的支持下,农民们变得更富足了。魁北克的经济转型和政治转型双管齐下。为了和蒙特利尔联络,村子的对外开放便有了可能,并且还相当频繁:火车从圣雅克开出,而公共汽车则会从村子的中心地区驶离。

我童年时期生活在圣埃斯普里的那些家庭,现在还留在那里的已是极少数。那些家庭中的成员们不断衰老,然后离去。圣埃斯普里变成了蒙特利尔的远郊。在50年代初期,面包牛奶都靠马运输——冬天用雪橇,夏天用马车。人们在杂货店里聚在一起,在酒馆见面。现在人们会去若列特甚至蒙特利尔购物,然后在其他地方看医生,诸如此类的。

Q:您会强调那个时代不甚稳定的物质生活条件。您的家庭处于中产阶层吗?

A:我的父亲是一名烘焙师,我们全靠他的薪水过活。我不喜欢周五,每周五我的母亲都会特别焦虑,因为她担心我父亲可能会带着他最后一次的薪水回家。话虽如此,即使我们没有其他人家那么富有,我们的生活水平和村子里大多数人也是相当的。支配着我们生活的巨大不稳定因素,基本取决于物质和卫生条件。在很多房子里只有一个水源,就是厨房的水槽。即使温度在20或30华氏度以下的冬天,所有的房间也都只靠一个柴炉取暖。烟囱会把热辐射到房子里,我现在仍然能想象出,睡不着的夜晚凝望天空时看到的那个红色的烟囱弯角。如果一场暴风雪突然袭来,我的母亲便会关掉烧得正旺的柴炉,因为她害怕会再发生一场火灾——这种事情还挺常发生的。取而代之,我们会裹得严严实实地入睡,晚间母亲都会下床好几次去确认是否一切正常。夏天我们也用着同一个柴炉,即使那时已经很热了。这就解释了为什么夏天的厨房会有那么大的存在必要性了。室内没有厕所,作为代替,后院有一个坑被我们当作茅厕使用。同样,室内也没有浴缸。

这就是我们当时的物质条件。但还有更糟的:我们几乎完全缺乏基本的医疗护理条件。在村子里,我们很幸运地拥有两位医生。有一位年轻的医生既高效又专注,即使病患没有能力支付药费,他也愿意上门为人诊疗。但若是严重的事故或疾病,往往难逃一死。将病患足够快地送到医院几乎不可能。此外,医院也很少,而且还非常遥远,也缺乏医疗设备。不过,至少我们只需支付最低限度的医疗费,虽然大多数人甚至连这也付不起。

Q:您是有 6 个孩子的家庭的长子,这意味着您当时处在一个相当庞大的家庭。

A:确实。我的一个叔叔生了 12 个孩子,其中 11 个活下来了,另一个叔叔生了 15 个孩子,活下来 14 个。有 11 个孩子的那个家庭是一个混合家庭:我父母与我叔叔的婚姻均是近亲结合——我父亲娶了我一个叔叔的姐妹,而叔叔则娶了我父亲的一个姐妹(某种意义上大家都是一家)。我认为这个家庭里前 8 个出生的表亲们,可能都是女孩,在我们的家庭里,前 4 个孩子是男孩。因此如你所见,我生活在一个非常庞大的家庭环境中。

我父亲结婚时 19 岁——他出生于 1925 年 6 月,而我母亲生于 1921 年 9 月,然后他 20 岁的时候有了我。我降生在我外祖父母家。这之后没过多久,我父母就带着我搬到了别处,在其他地方度过了我的整个童年。我父亲就在我们家对面的面包店工作,薪水十分微薄,这某种层面上为我的学习生活带来了一些问题。我的弟妹们在我出生后不久降生:我的弟弟们分别出生于 1947 年、1950 年、1953 年,我的妹妹们出生于 1956 年和 1961 年。我的两个妹妹正好出生在我离开家的时候,我从来没能好好了解过她们,这让我挺难过的。

我母亲的家族是 19 世纪初圣埃斯普里的创建者之一。我的外祖父马克西姆(Maxime)是 1790 年建立这个教区的家族之一的后代。而且教区的教堂就建在他们家族的一块土地上。马克西姆家中有 4 个孩子，3 个是男孩，而他是年纪最小的那一个。根据传统，作为小儿子需要继承家业。同样是根据传统，长子则能够读书并成为一名医生。马克西姆有一个儿子叫麦吉·维基那(Medjé Vézina,笔名)。麦吉·维基那是一位诗人，曾在 1934 年写过《每一次想起他的脸》(*Chaque heure a son visage*)，他也是一名记者，他的纪实作品以《土地与家园》(*Terre et Foyer*)最为出名。麦吉是加布里埃尔·罗伊(Gabrielle Roy)的朋友，也是《夜不眠》(*La nuit ne dort pas*,1954)的作者、记者和小说家艾德里安·肖凯特(Adrienne Choquette)的朋友。这位肖凯特是我母亲的表姐，我外祖母经常提起她，希望我把她视为榜样，尽管事实上，我承认自己从未认真地读过她的诗集。

我外祖母的父亲是一名医生，他在对患有下肢骨骼畸形的死者尸体进行医学研究时感染了脓血症，年纪轻轻便在贫困中死去。他的 12 个孩子里，只有 3 个女儿幸存下来，其中之一就是我外祖母，后来她由圣埃斯普里的姑母抚养长大。起初，她爱上了把全身心奉献给神职工作的表兄，这位表兄是位蒙席(monsignor)，①在若列特神学院教授哲学，并在相当长的一段时间里，是这一地区民族主义运动的知名人物。后来她嫁给了我的外祖父，我外祖父拥有一大片土地，但听力有问题，这也是妨碍我与他愉快相处的原因。但是外祖母在我心中的地位同祖父一样重要。她是一位柔弱、优雅、温柔的女性，于我，她象征着文化世界。和她在一起，我

---

① ［译注］授予宗座神职人员的一种较高的荣誉头衔。天主教教职译名得益于李科政博士的帮助，特此致谢！

第一次听到关于文学和历史的谈话；也因为她，我才能够通过通读报纸获得快速阅读的能力（在当时唯有她家能收到报纸）。倒上一杯茶，阅读浇灌于我心中的印象，便是翻阅报纸时大口嚼着的饼干味道。时不时地，我也会看一眼外祖母专注缝纫时沉静而明亮的面庞。

至于我的父亲，如前所述，来自圣雅克德蒙卡尔姆（Saint-Jacques-de-Montcalm），这是一个坐落于圣埃斯普里10公里之外的村庄。我祖父的一生极不平凡，这一点很有必要提到，因为那也可以解释关于我的很多事情。我的祖父约瑟夫出生于1894年7月，于1922年结婚。他的妻子生了3个孩子，1923年6月第一个孩子早产，很快便夭折了，1924年6月第二个孩子（我的姑母）出生，1925年6月第三个孩子（我父亲）出生。1925年8月，在我父亲出生后几个月，我的祖母就去世了。除了抚养孩子和照料土地，我祖父还要维持生计——这是没有危机时的打算。由于过度劳累，也没钱雇佣一个农场工人，祖父在1930年7月卖掉了土地前往蒙特利尔。他将女儿留在圣雅克的女修道院，而我的父亲起先是被安置在祖父的朋友那儿，后来去了孤儿院。大概在那个时期，我父亲的脖子动了手术，这个手术只有小部分成功了，这导致他其中一条手臂无法自如活动。这一点，再加上近视，让他既不适合服兵役，也难以找到工作。在打了一些零工后，我祖父找到了一份在酒店（Hôtel-Dieu）当园丁的工作，多亏了它的庭园，这份工作在当时还算自给自足。1938年9月，一位刚上任财务主管的修女想要开除掉园丁们，其中便包括我的祖父。所以，他决定前往阿伯蒂比（Abitibi），在那里，神职人员宣传着对于殖民的支持，鼓励所有身陷囹圄的人免费定居。因此，他和我父亲费尔南德一起离开了。12月3日晚，用于采暖的铁桶起火，火势蔓延并烧毁了整个房子。失去一切之后，我祖父带着儿子回到了蒙特利尔，和本打算去阿伯蒂比找他的女儿重聚了。山穷水尽之后，他不得不寻求直接帮助。他的小叔，也就是他亡妻的兄弟，是莱诺埃（Lanoraie)的一位牧者(pastor)，让他去当工厂的帮工。

这位牧者性格乖僻怪异，不怎么尊重既定的规则。我想下面的这则轶事足以概括其人。有一次，我坐在他的车里，我们即将开进一个相当危险的十字路口，他却没有停车。我朝他大吼想要让他停下，他却用镇静严肃的语气对我说："看，一个牧者从不停下，你应该知道这一点。"他是一个刻苦工作的人，与家族中不如他富有的人一样精明务实。但他的行事风格也照样能很好地为教区居民服务。他尊重教会主张合作运动的意愿。在一个由他监管的教区中，他鼓励人们养鸡来反对工业肉类养殖，也鼓励人们开设装瓶厂来抵制可口可乐公司。所有这一切都还在那里存在着。他也是一个开明的人，尽管就职于教会，在莫里斯·杜普莱希(Maurice Duplessis)当权期间，他也总会表达自己自由的信念(如人们所说的红色信念，注：红色代表加拿大自由党)。在莱诺埃呆了几个月后，我祖父又带着两个孩子去了圣埃斯普里。1939年8月，这位牧者被选派到圣埃斯普里，他邀请我的祖父跟从他一起。

在渥太华的一所学院短暂地呆了一阵子后，我父亲回到了圣埃斯普里，协助他的父亲和那位牧者。之后，我父亲在夏天时为乡村面包师工作，冬天则在伐木工地为我的一个叔叔当杂工。这个时候他遇见了我的母亲，他们1945年5月结婚了。和我母亲的父母共同居住一段时间后，我出生了，之后我们又和祖父一起住，我父母就在面包店的前面租了一间房子，正如我前面提到的。

我提到这段过去是为了说明我和祖父有诸多共同之处。和他一样，我完全不在意住在哪里，也丝毫不关心财产和社会关系。我是一个宿命论者，但不知怎的仍然试图去做一个乐观主义者；这是一个有关如何于逆境中自处的问题——而这逆境可能还潜伏着更糟糕的意外。我祖父在他92岁的时候安然离世了。他总是穿着整洁、神采飞扬，即使贫困潦倒也不改大方与庄严。比如说，在新年这一天，他总要为儿女的家庭准备大餐，并为每一个孙子孙女送上礼物。直到现在,当我想起新年晚餐前的感恩祷告时,仍会有所感触。话虽如此,大家都知道我祖父和他的孩子生活贫困,这也解释了为什么我的父亲没有上太久学。

Q:要是我没记错的话,您父亲所有的孩子都上了大学……

A:是的,尽管他个人知识有限,却总是很高兴也很自豪自己的孩子能够接受教育。他也很高兴我母亲能够在圣埃斯普里的女修道院和圣雅克的学院读书。圣雅克的学院是一个为年轻女性提供教育的机构,这里可以教会女性操持家务,以及填写社会生活需要的各种表格。我的母亲本想继续深造成为一名教师,但是情况不允许。

Q:您的父亲是一个面包师,您有没有尝试做这行呢?

A:没有。我父亲对他的工作非常自豪,在制作面包的技艺方面,他并不想分享自己的诀窍。但是当我学习情况允许的时候,我是说在休息和周末的时候,我会尽我所能地帮他做些事,主要是在准备面团期间和烤完面包之后,帮忙搬面粉袋、推装满柴火的手推车和其他琐碎的事情。我大多在晚上做这些事。白天我要帮和父亲一起工作的叔叔送货。那个时候我们会挨家挨户地送面包。

我很早就开始做体力劳动了。我喜欢体力劳动,可能是因为它让我放松,它是少数能让我心情开阔的事情之一。其次,在这种工作中,处罚也是即时的。如果没有好好准备面团,它就不会发酵,然后烤得一塌糊涂,不得不扔掉。如果你不和客户维持良好关系,客户就会离开,成全竞争者的生意。然而在知识分子的世界里,有时你必须等待5年、10年或15年才能知道某人的立场。最后,我想说,当你开始和面团时,你必须在一定的时刻内将它准确无误地放进烤箱里,任何延迟都会使之功亏一篑。这使我学会尊重约会、遵守约定日期。

Q:您在圣埃斯普里读完了小学。在那个时期您有什么特别的回忆吗？

A：在那时教会控制了魁北克的公共服务：医院、教育体系（小学、中学）、神学院甚至大学。蒙特利尔大学的校长（Chancellor）就像拉瓦尔大学（the University of Laval）的一样是一位总主教（Archbishop）。直到1965年，院长（Rector）的职位一直由校长提名的神职人员担任。1965年，罗杰·戈德里（Roger Gaudry），接受了枢机（Cardinal）保罗·埃米尔·莱热（Paul-Émile Léger）的任命，成为首位担任院长一职的平信徒。

在圣埃斯普里，小学几乎已经同等对待男生和女生了。但是在乡村的学校里，男女并不混合上学。当时有修女为女生们设立的女修道院，也有兄弟会管理的男校。兄弟会的神职人员（ecclesiastics）并未正式接受教会任命，而且由于较少做研究的缘故，他们的受教育程度也比司铎（priest）低。

到我父母那个年代，情况就不同了。男人很早就离开学校去工作。相反，不少年轻女孩被送去我们所说的"家政学院"，在这些学院里，修女向未来的妻子们传授持家的基础知识以及填写日常生活所需的基本表格。总而言之，至少乡下的女人会比男人接受更好的教育。我母亲知道如何阅读、写作、算数、填表和控制预算。父亲便将这些事务都交给她管。

我在"旧式学校"读完一年级，这个学校坐落于一个巨大的木质建筑。教室用柴炉取暖，学生需要在上课时添柴。这个建筑至今犹存，然而已经变为住宅了。

那时正处于婴儿潮的当口，人口众多。班级被两两分组一直到九年级，但一年级是个例外，因为我们要在一年级学习阅读、写作和算数。一般来说，八年级和九年级的班级就像是"车站"，意思是即使对于那些不愿继续学业的孩子们，也要强制他们上学到14岁。在播种或收获的时节，男孩们可以在农场里工作，上学的人就更少了。事实上，一切在七年级获得小学文凭时就会终止了。那个文凭对于找工作和继续学习是必要的。我从一个在物质角度看来非常贫穷的学校里起步,但是在二年级我又在一个新的学校里发现了自我。这个新学校比多数为其他人口而设立的学校都更为富有。举个例子,学校里有热水、中央供暖系统和一个体育馆。

Q:在学校的日子对您来说是一段快乐时光吗?

A:从文化视角来看,是的。我总是很享受阅读和学习的过程。我的母亲从来没有教过我读书。我的两个弟弟在我出生后不久降生,也就更没有给她留下太多时间了。但从一个社交的观点来看,这段经历对我来说非常艰难。从童年时代起,欺凌者便会将他们的规则强加于人。我本身就是个胆小的孩子,更不用说他们使我更胆怯了。并且我也有某些生理缺陷——我戴着眼镜。这阻碍我参与体育活动,同时也让我丧失反击能力。

从第一天进入学校开始,我就意识到自己和老师之间的沟通出了问题,因为我永远都无法将老师们在黑板上写下的内容复述下来。他们一开始认为我对上课内容完全不感兴趣——我现在还能够想起被老师们对着黑板打头的画面。但是很快地,他们就意识到我有着较为严重的视力缺陷。会士(friar)甚至为他之前并不十分严重的野蛮行为道了歉。在开学的几个星期之后,我戴上了一副厚重的眼镜。但是对于一个处在这种阶段的小孩,在这种农业劳作的环境中,体力和在运动方面的成就无疑相当重要,而这则是我不可逾越的障碍。从那种视角来看,我总是在学校惹麻烦,确切一点是因为我没有那么好斗、也不够健壮。为了应对这种不足,我用我的智力保护自己。当有人要求我帮他们完成作业时,我便开始帮他们做了。为了顺利推进这种不义行为,我往往会在每个人的作业里都故意犯点错误,来掩盖掉我作为的痕迹。并且每次口试的时候,我会比别人更快想出答案,然后再把它们给尽可能多的人传过去。因为在这方面指望着我,他们就还我了一个平静的校园生活。而我付出了某种智力的赎金。当这些学校的问题都解决了之后,我的小学生活就很开心了。

Q:会士们负责教学,使教学宗教化。您对宗教怎么看?

A:谈到小学,就和中学挺不同了,我发现那些会士们,(相较于司铎)都比较宽容。司铎直接负责村子里的宗教问题,而他们的行动不被道德因素限制,倒是经常受经济或是政治因素所限。如果有人做了什么可耻的事,比方说醉得太厉害或是背叛了自己的妻子等等,司铎就会在礼拜天的神坛上谴责他,而那人便会被集体所排斥。如果有人不领受圣餐,他便没办法从银行里借钱,尤其是不能从信用合作社借钱。并且当他们死去,他们甚至会被埋葬在公墓之外的非圣土地(non-consecrated ground)里!

这也同样适用于我们镇子里数不胜数的自杀事件。如果一个姑娘未婚先孕了,她会被强迫着留下这个孩子,即使这会给她造成各种无法逾越的难关,更会让她永远忍受着指指点点。这样的例子我可以一直说下去。从这个角度看确实非常艰难。司铎甚至负责人口出生率问题。我母亲曾经告诉我,司铎有一次造访,对她说,"听着,塞西尔(Cécile),你已经有3年没生小孩了,这是什么情况?"这就是他扮演的角色。在"英语"缔造的罗登(Rawdon)镇区里,为了在语言和宗教上保有法语和天主教传统,出生率必须一直很高才行!在我看来,就是法裔加拿大人出生率的急剧下降,才导致了魁北克独立的失败。

然而,就会士们而言,他们在宗教方面实际上做了最低限度的工作。我们的确有宗教课程,但那和我们在家中接受到的是一个程度。我的父母尊重宗教现象,但他们两个都不太关心宗教。他们像其他人一样做弥撒,也像其他人一样领受圣餐。

我唯一有印象的就是每个月的第一个星期四,为了获得完全的赦免(即对我们的罪孽所应得的各种世俗惩罚的一种宽恕,这些罪孽会在忏悔之后被赦免),我们组成了一个小组进行忏悔,这样就可以在每个月的第一个周五接受圣餐。这种活动经常会在高声谈笑中结束。在忏悔的过程中，我们会讲得很大声，让所有人都可以听到。我们甚至会打赌，被大家公认用最大的声音说出最糟糕或最不可能发生的罪行的人，会赢得不少硬币。在小学里，我们为首次圣餐仪式（First Communion）和坚信礼（Confirmation）做着准备。无论对于个人还是整体来说，这些都是非常重要的时光。和原始社会里的那些一样，这是一种启蒙，一种仪式。

大约7岁第一次领受圣餐之后，我们当然成为了更为年长的男孩。在礼拜日和各种节日里，我们需要轮流地穿着苏搭和短白衣（soutanes and surplices）在高尚的弥撒仪式上服务。每次轮到我的时候，父亲就会在那天早上的六点叫醒我。冬天的话，我会饿着肚子离开家，为了赶上圣餐仪式我必须尽可能动作快才行。天还没亮，还没有车辆经过把新鲜的雪地压平整，我就跋涉在这样的雪地里，清晨6点20分左右到达教堂。负责圣器房（sacristy）的修女会因为我的裤脚被雪打湿从而沾湿苏搭而对我大喊大叫。在早晨6点半我为修道院的年轻女孩们的弥撒服务，然后是早晨7点，服务的是主要由年长女性组成的教区居民。每次弥撒我可以收到五分或十分钱。直到早上8点我才能够吃上东西，而且大约半小时之后我就要去学校了。但是除了这些服务之外，宗教在我们生活中所占的比重就没有它在社会中所占的那么大了。

Q：同样的，也有许多重大集体的宗教节日，向人们心中深深地灌输宗教信条。

A：我想要澄清一点，我个人从来没有信仰过什么事情。对我来说，宗教总是某种社会化的东西，也是这方面一直吸引着我并且引导我对于古希腊罗马宗教活动的研究。从这个视角来看，宗教是某种达成社会凝聚力的手段。在教会礼仪年（the liturgical year）的背景下，这也几乎是一个拒斥时间流逝的方式，同样的仪式被每个人、在每年都执行着。这样子，确实只有一个年头在无限期地重复着。这个概念对我影响很深，它在一定程度上是某种可以影响时间流逝的仪式。

每一年我们都见证着由节日、仪式和庆典构成的同一个大循环的更新。我们生活在并不与官方纪年相符的礼仪年的节奏中，纪年从圣诞节前一个月的基督将临期（Advent）开始。平安夜的时候，所有人都会为了午夜弥撒聚在一起。我们满怀着感情聆听一位教区居民用雷鸣一样洪亮但却有些摇晃的声音唱着"基督徒们午夜好"（一首流行的英文圣诞歌曲"噢圣诞夜"的原型）。然后我们全家人就会聚在一起享受圣诞晚会。在那之后是四旬期（Lent），再接下来是圣周（Holy Week），然后是复活节（Easter）。

圣周的各种庆典也非常宏大而感人。在那个周四，小镇的居民们用完晚餐之后都聚集在教堂，因为会有一个和我们每日的晚餐相符的重演耶稣生命最后几小时的活动。然后是洗脚礼，神父会为某些教区居民洗脚。可能会有点荒唐，但是我认为这样的活动确实把耶稣的谦逊具象化了。然后我们会把覆盖在祭坛上的亚麻布移开，就像从桌子上把桌布撤下来一样。这样的举动是为了重现耶稣受难时，罗马士兵脱光耶稣衣服的行为。周五更是有声有色，我们重演了耶稣之死，几乎就像耶稣是我们村子里的人一样。教堂看起来就像太平间，所有的雕像都被盖上了紫色帕子。这是禁食节欲的一天。这天不做弥撒，但是下午结束的时候，十字架之路随着黑暗降临而出现。接下来是对十字架的崇拜仪式，紧跟着就要领圣餐了。圣周六早上会有祈祷活动，到了夜间，整个镇子又会聚集在已经完全坠入黑暗中的教堂里。午夜之后的某个时候，我们点燃一根复活蜡烛，宣告着耶稣复活的具象化。从周五开始一直保持静谧的钟，便开始洪亮地响了起来。或多或少和春天到来时间相一致的复活节，对我来说永远是一段极其美妙的时光，即使抛开这些教会活动也是一样。一年中的这段时间总是深深影响着我，当潮湿的泥土气息再次发酵在空气中的时候，你就知道，积雪马上就会散去了。

还有圣体游行（Procession of Corpus Christi）。圣体遗骸（the holy remains）被放置在装饰得富丽堂皇的华盖之下的圣体匣（monstrance）中，整个镇子都跟随着运送圣体匣的司铎，一路向祭坛走去。在我木匠叔叔的帮助下，我们这些小孩子在游行的前几日参与了圣体匣的制作活动，为其装饰了鲜花和枝条。

我也回想起了任命新司铎的仪式。那时新司铎会身着最为美丽的神圣法衣，面朝下伏在教堂正殿的中心过道上，像在类似这样的仪式上典型的做法那样，向大家述说着对教会的服从，全程沐浴在光芒之下。

Q：回顾往事，您会怎样形容您的小学生活？

A：他们在教我们的时候，阅读、写作和算术最为重要。我们同样也学习了历史和地理，还有，我不知道要怎么描述——一种介乎于道德和公民教育之间的特定的宗教教育课程。我们的宗教教育来自于修士（Brothers）们，而他们自己都对这些知识掌握含糊。甚至连历史都被宗教教育同化了，魁北克的历史里，连口音都涉及各种宗教性事件（布雷贝夫的殉难、化身的玛丽等等），而在世界历史中，宗教也被赋予了优先权。严格地说，宗教教育即是为首次圣餐仪式和坚信礼做准备，司铎会一周来为我们授课一次。

从纯技术性的角度来看，和当时的欧洲标准尤其是英法标准相比，我在圣埃斯普里所接受的教育其实远远不够。但是这样说可能也太过严苛。现在我的反教权主义（anticlericalism）已经逐渐软化了，我认为修士们其实干得不错。我们至少和其他人一样学会了阅读、写作和系统化的算数。即使修士们有时固执、愚蠢并且粗暴，他们确实很照顾我们，他们相当了解我们每个人，并且和我们的家庭联系频繁。他们的行事作风并不像公务员，他们完成自己职责的同时亦不缺乏人性，他们也不会只完成职责而不做公约要求之外的任何事。总之，这并不是一个竞争体系。学生们确实被分类分级了，但是绝大多数人甚至都意识不到他们还可以继续自己的学业,所以竞争不存在——它从没被提及过。总之,虽然我并不想重回一次这种体系,但我却不认为它有什么可耻的地方。至少,它给了我们一种社会角色。

修士的薪资微薄(学校董事会给他们集体而非单独地发工资并且安排住宿,这在镇上曾经造成过一系列政治冲突和紧张局面),在贫困的环境里仍然努力保留一丝法国文化。尽管有那么多悲伤痛苦,我们也要心存感激。

Q:您两度在一年里读完两个年级——四、五年级和六、七年级。这种跳级学习的现象会很常见吗?

A:不,我是个例外。但是,像我说过的那样,总会有分班制存在,同一个修士轮流教两个年级。注意跟上高年级的教学进度,完成要求的练习,这就足够了。由于我已经完成了其他男孩要做的练习和家庭作业,跳级对我来说并不难。那时候,我耳闻成诵,过目不忘。这意味着我是一个优秀的学生,但在心理上,却令人非常疲累。而且,跳级学习只会让我遭遇更严重的校园霸凌。我很快发现同班同学比我都要大得多,实际上他们也比读这个年级应有的年龄大得多。举个例子,在七年级,许多学生几乎是成年人了。他们已经开始对女孩感兴趣,外貌上的成熟程度甚至和老师们接近了。

Q:您是不是自然而然地就决定继续学业呢?

A:不是,事情要复杂得多。教会招聘的神职人员(clergy)大都来自农村,或相对贫穷、文化程度落后的社区。六年级末尾或七年级伊始,主教辖区(bishopric)的代表(圣威特[Saint-Viateur]的司铎)就会到各个城镇对学生进行智力测验,以确定他们是否适合继续在神学院接受教育。在我们区,培训世俗司铎的神学院坐落在若列特。那时大主教帕皮诺(Monsignor Papineau)管辖主教区,我清楚地记得自己在教堂的地下室通过了测试。我父母收到了几封来自若列特主教区的信,要求我去神学院上学。但这在经济上有一些困难，若列特的神学院每月花费60元，神学院在乡下只招收实习生。所有的费用都包含在这60元内——上课、住宿、吃饭。但我父亲每周工资只有30元。如果他们录取我，我们家在每个月的月中就会花光所有钱。

因此我母亲拒绝了，但我父亲坚决认为无论如何我都应该继续接受教育。我父亲有一个兄弟住在圣雅克，家里有12个孩子，其中5个在修道会——3个司铎，1个修士，1个修女。这里面有两个司铎向我父母提供了一个在他们神学院上学的机会，每月只需花费30元，于是我父母欣然接受了。

在我去特勒博恩神学院（Terrebonne Seminary）学习的前两年里（1957—1959），我外祖母的一个表妹给予我母亲了一些帮助。那位女士没有孩子，在加拿大国家银行（National Canadian Bank）工作，设法说服经理在一年中最艰难的冬季，给我母亲一笔预付款。我父母会在冬末的时候开始偿还银行贷款，一直到来年6月。夏季旅游业会稍微兴旺一点，生意也随之有所起色，我父母便能够偿还银行的债务，也可以提前为接下来冬季的几个月做好准备。这种状况持续了两年。起初我是家中唯一一个追求高等教育的，这让我感到十分内疚。后来随着1964年教育部的成立，这种情形改善了。在60年代初，我们已然察觉到有些事情将会发生变化。

Q：要是没有这些帮助，您的父母根本不可能将6个孩子都送入学校。

A：这本来的确不可能。紧跟着我之后出生的弟弟曾有一段相当艰难混乱的经历，浪费了他两年时间。我另一个弟弟，在新教育部成立不久后开始上高中。我们能够获得学生助学金，并且夏天我们还会在奶牛场工作。至于我，至少送了3年的可口可乐。

Q：您的父亲是一个面包师，而非一个需要进行体力劳动的农民。这件事是否有利于您追求高等教育？

A：毫无疑问是的。就像我前面所说，八、九年级的学生经常缺课去帮忙干农活。但我相信让我接受高等教育同样也是我父母的心愿。由于成为一名教师需要耗费的时间太长，我母亲无法实现她成为一名老师的梦想。更何况她又是一位肩负家庭责任的女性。至于我的父亲，他经常与人们打交道，非常钦佩受过良好教育的人。他很骄傲自己的大儿子能够上高中然后就读神学院。

Q：就读神学院和追求宗教事业，对您的父母和您，是否在本质上是同一个问题？

A：不是。不论对我还是对他们来说，两者都不同。也正是抱着这个信念我才能在神学院坚持下来。我父母希望我去神学院，因为在当时的魁北克没有其他选择，这是中产家庭的孩子想要继续读书的唯一出路。

因此在1957年我进入了一所由圣萨克拉门特（Saint-Sacrament）的神父们（Fathers）管理的圣萨西休斯神学院（Saint-Tharsicius Seminary），在特勒博恩。圣萨西休斯是一个年轻的罗马人，他被托付了圣体遗骸（sacred relics），在3世纪奥勒留（Aurelian）当权下发生的宗教迫害中，圣骸被埋藏在地下陵墓中。他打算将其转运到罗马。罗马士兵在阿庇亚大道（the via Appia）拦下他，并质问他为何将两手紧紧交叉在胸前。他拒绝回答，直到被士兵们殴打致死，都一直没有松开在胸前护住圣物的手。他的雕塑被摆放在神学院的门厅里，尽管神学院现在已经变成了一个私立学校——圣萨克拉门特高中，我想它应该还在那儿。这个虔诚的肖像胸前总散发着熠熠光辉。

Q：他甚至被称作圣餐礼第一殉道者（the first martyr of the Eucharist）……

A：确实如此。这也是圣萨西休斯成为集体之模范的原因。圣萨克拉门特的神父们像是混合体，他们积极活跃又沉思冥想。所有信徒每小时轮换着，形成了一天24小时的集会，持续着对圣餐和圣体遗骸进行永恒的赞颂。

Q：学生也是这样！

A：当然，学生也是如此。在神学院，我们需要遵从一个冥想者的协会，协会里有一种测试，看谁能在圣餐（the Blessed Sacrament）之前冥想最久。当我重读从教会的诞生之初开始的文本，我就发现相同的效仿考虑到了这个测试的益处。因此你就能明白为什么圣萨西休斯能够成为共同体的重要标志。这个共同体的建立者是皮埃尔·朱莉安·埃马尔（Pierre-Julien Eymard），他是一个来自阿尔卑斯山拉米尔（La Mure in the Alps）的法国人，曾是著名雕塑家罗丹（Rodin）的学徒。事实上罗丹曾经为他雕塑了一尊半身像。现在仍然能在圣萨克拉门特高中的小教堂里找到一个官方的复制品。

Q：根据特勒博恩的圣萨西休斯神学院的规定，或者至少根据您还保留的文件，"神学院的主要目的是招收达到一定条件的和显现出神召迹象的孩子，培养他们的灵魂对于最神圣的圣礼（Most Holy Sacrament）的信仰和热爱，训练他们为上帝服务"。或者还有"神学院并不是一个对任何仅仅希望能接受古典教育的孩子们所开放的大学。它的唯一目的，是对注定献身于神职和宗教生活的年轻人进行精神和智力上的塑造，特别是在圣餐集会（he Congregation of the Most Blessed Sacrament）上的服务"。更进一步地："但是，神学院不要求学生对最神圣的圣礼做出正式的一生的承诺。相反，它只要求对神职和宗教生活怀有庄严兴趣的学生去探索这个职业，忠于职守、携手共进，如果这是上帝的旨意的话。"我对神学院的终极目标没有丝毫疑问。请问您的行为算不算一种欺骗呢？

A：你说的没错，但我还能怎么办呢？在我去神学院之前，我很清楚地记得神学院的校长问我是否想要成为一名神父。我不假思索地回答"是的"，并且没有一丝后悔或遗憾。

Q：这简直就是《红与黑》中的于连·索雷尔!

A：是的,只不过在魁北克只有"黑"(教会),没有"红"(军队)。无论如何,这一切都已成定局。事实上我已经受到了欺骗的惩罚,并且它始终都梗在我的心里。但是我必须说圣萨克拉门特的神父们本来有机会可以进行分类的。在进行古典研究的 6 年里,一直状态良好的人寥寥无几。古典学科的通俗名称有:拉丁语、句法、方法论、诗律、名著研读、修辞学。我刚入学时,有 50 到 65 个新生,我们被分为两个班级。而当我在神学院的最后一年时,我们中留下的人不到 10 个。大多数学生来自非常贫穷的地区。就读神学院,让他们背上了债。到了十三四岁,他们便不得不做出影响余生的选择。那些真正相信他们当时所做的事业的人,一旦意识到他们心怀疑虑或无法应对重负就会感到更加痛苦。我知道许多无可奈何的故事,但出于对受害者的尊重我想保持沉默。我只举一个著名的例子,路易斯·但丁(Louis Dantin),他在罗马见习期间失去信仰,但后来却被任命为圣萨克拉门特的神父,并居住在蒙特利尔。他也是艾米丽·内利贡(Emily Nelligan)的导师,并曾为她的第一版诗集写序。尽管我不是一个信徒,但在神学院继续进行古典研究的良知使我坚持了下来,因为这是我在物质上唯一能够担负得起的地方。

Q：抛开神职不谈,你当时知道自己想做什么吗?

A：不知道。只有一个非常柏拉图式的信念一直激励着我,那就是值得过的生活不关乎物质财富,而关乎某种精神性的存在,或者,于我而言是一种智慧的生活。我很快意识到,并且人们确实都应该聪明地意识到,在魁北克,基督教渗透到精神和知识领域的程度是极为局限的。从那时起,我意识到了自己生理上的缺陷,我被落下了,只有一条路可以助我抗争,即:相信"真正的生活在别处",它在于文化和知识。在这方面我能力丰富,我也试图掩饰自己的可能性,以免让自己成为一只马戏团里的动物。

我一直都对数学着迷。一个简单的计算，一个几何学的证明，在我的眼里，从一个知识分子的视角看来，比神父在讲坛上卖弄的任何废话都更令人满足。我擅长心算，就算是很长很复杂的算式也没问题。而他们想要我信仰什么？举个例子，比如"圣史"（sacred history），大多数神话的叙述由克劳德·列维·斯特劳斯（Claude Lévi-Strauss）进行注解，已经构成了简洁和理性的典范。至于爱呢？对我而言，我父母给予我的爱就已经足够了。

Q：每周7天都呆在神学院是怎样的体验？

A：1957年我11岁半，但我周围的同学大多都十三四岁，体格上就比我大得多。他们中的一些人显然也有着心理问题——我从未怀疑过这一点。我适应起来的困难在9月初到6月末进一步加剧了，因为我们就只有圣诞节的几天假期。在会客厅与家人见面的机会更是少有。进入神学院之前我从未离过家，可突然之间，一年中有10个月，我和家人以及自己的那些小团体之间的联系被切断了，就像在监狱里服刑一样。在这个新世界里，争执往往全靠拳头解决，然而我却不够强壮。我体能上的劣势是一个长期的问题，在我这儿，争执的结果往往是我又失去了一副眼镜。日子艰难而漫长，我被迫构建了一个自我保护体系。

宿舍分为两个部分：一半给高年级，另一半给低年级。宿舍中央是一排盥洗池，只提供冷水。早上5点，电铃会准时响起——它要是出毛病了就会是一阵号角声。你必须立刻从床上一跃而起，并且大叫 Deo Gratius（拉丁语的"感恩神"）。如果我们不能及时起来或是没有尽量快地把自己收拾妥当，纪律督导员（the discipline warden）就会用拳头猛揍我们的床铺——所以最好还是别待在床上。所有人都需要梳洗整洁然后穿上制服：白衬衫、红领带、羽毛装饰的上装和灰裤子。这种搭配看上去可能还挺高贵，但实际上我们每个人都相当脏乱。然后我们下楼去，在饭前认真学习一个小时，再去做弥撒。做弥撒的过程中我们需要领受圣餐，这是个最基本的细节。做完弥撒我们才能去食堂。他们给我们的咖啡里经常有小石子,再配上变质的面包。偶尔也会提供黄油、肉罐头和麦片,但大多时候,还是一些浓稠的、泛灰的粥。吃完早餐后我们便被要求去"干活"。你不清楚这是什么吗？因为神学院非常穷,所有的差事和打扫都得学生们自己做。我们其中一些人负责清洁体育馆,另外一些则是要保养运动场或溜冰场。因为督导员不太喜欢我（他觉得我是个"知识分子"）,很长一段时间扫厕所都是我的活儿,而原则上学生们负责的工作一年之内会轮换两三次。

Q：这是所有工作里面最糟的了。

A：但是对我很有益！因为在这样一个尚武的环境中,只有那些擅长体育的学生们才能站到金字塔的顶端。由于神学院很穷,绝大多数的运动设备一般都状况堪忧。为了用上更好的运动设施,你必须干完活之后第一个到达工具房。运动健儿们很快就纷纷意识到,我那部分的工作完成得比其他人都快。于是他们都要求加入我的小组,以便他们可以在这一天最先挑选最好的那批运动设备。我会在头天晚上完成掉我的大部分工作,并且只要有人先做完了自己的那份,我就会无视所有人必须留在原处的命令,让他先行离开。这样做对我很有好处,因为受益的往往是督导员最喜欢的学生们。相应地,这也保护了我,使我免遭督导员和那些大块头同学们的排挤,让我的生活容易了一些。如你所见,这样的制度多么反常而错乱啊。

完成每日的工作任务之后,我们可以休息一小段时间,然后就开始上课了。午间我们会像早 6 点和晚 6 点那样祈祷。然后是用餐时间。之后我们必须去做些运动——这令我极其厌恶。下午各种各样的课程又开始了。下午过半差不多 4 点的时候,我们可以吃些点心,一般都是放了糖浆和苹果酱的蛋挞。

点心时间之后,我们会上其他的课或是自习。大约 5:45 我们会称颂最神圣的圣礼或者进行晚祷。之后是用餐时间,然后需要做更多的运动。消遣过后我们再学习一个小时就要睡觉了，最小的孩子们9点必须入睡，最年长的则是9点半。周六督导员回去过周末的时候，我们就必须8点半上床，即使是6月——这个点儿天还亮着呢。每当这个时候，我们就在屋子里，听着人们聚集在教堂大厅、演奏着音乐，用各种各样的活动找着乐子。周五周六周日都是这样。

Q：从您叙述的这些片段中，我收集到的结论是这些纪律并不十分适合您……

A：这个打击确实令我非常痛苦。直到语法课结束（参上文），我的分数都非常低。实际上我曾经被警告过在学校里表现不佳会产生的后果，然后我的成绩才有了进步。我把自己糟糕的表现归因于生活在这样一个受约束的环境中，遭遇种种困难从而给我带来心理上的打击。督导员会在我们每日生活强加军事化的部分，他曾经是某种青年准军事组织的学员。他受军校里面那些规章制度的启发，在神学院建立了一套自己的规则。根据这些规则，权威的悖论性就像它的明显性和有效性一样突出。如果督导员在走廊上偶遇了落单的某个学生，他会在没有警告和正当理由的情况下就对他拳打脚踢。这就是一种绝对的淫威。当我们在打曲棍球的时候，他有时也会指示由他做教练的那一队去伤害对方队伍的运动员。他钟爱集体惩罚。他会在凌晨4点叫醒我们，罚我们跑到精疲力竭。他也非常喜欢自首制度。每次出现了什么严重的问题，他就会把神学院的所有学生集中起来，要求他们公开地承认自己所做过的事情。然后承认的人便会遭到羞辱。我很确定一部分承认了"罪行"的人根本就是无辜的，只是被激怒了而已。现在你理解了为什么赤卫队（the Red Guards）从来没能鼓舞我了吧？尽管如此，只因为表达过类似观点，我在那时就被视为"反动分子"！

Q：根据神学院的种种规则，所有的权威都来自于上帝："规则是上帝意志的表达。"与之相似,第 61 条写着:"神学院的学生们的目标,必须完全地服从于规则的要求和修道院院长(his superiors)以及师长(masters)的命令,因为他们是神意最为确切的表达。"最后,85 条:"所有最完全的服从和绝对的尊重都应该归于全能的父(或圣父)。对他说话必须保持谦逊,必须欣然接受他的警告,并且把他视为上帝授予权威的对象,认为他是在帮助他们获得作为人的责任、品格和宗教的完善性。"你的上级们代表着上帝的意志,他们行使的权力也从上帝那里产生。他们真的是这么描述自己的吗?

A:毫无疑问,是的。这种权威甚至比那种军事化的还要可怕,至少后者的影响只在我们的身体层面停留个几十年,而神性权威则会永恒地关系到我们的灵魂生活。

生活中永远离不开它的介入。每天早晨我们都会做弥撒、领圣餐。领受圣餐的时候我们必须处于一种承蒙天恩的状态。犯过不可饶恕的罪孽的人(自慰、甚至"不良想法"都会被认为是不可饶恕的罪孽)会被迫忏悔。太经常忏悔的人会顺理成章地被人们以怀疑的目光审视,因此他很快就会发现自己陷入了困境。他也会被立即开除,因为他控制不了自己的性欲。对于一个可怜的年轻人来说,被神学院开除就意味着他必须马上找到一份工作。否则他就要在犯了不可饶恕的罪孽的情况下领受圣餐,这也就犯了渎神罪。而那时永恒的诅咒就不可避免了。简而言之,肉体生活和心灵一直是一个完全的全球课题的研究对象,和身体以及灵魂都密切相关。这个问题的重要性在我们身上施加了难以忍受的压力,而且,督导员基本上引领着游戏的节奏。我并不完全责怪他,因为一定量的不公正和暴力总伴随着权力的行使而来。但是我无法原谅他过度的好斗性,尤其不能原谅他以侮辱和惩罚我们为乐的行为。

很长的一段时间里,我厌恶这个主管纪律的教务长。后来在我和其他人聊过之后，我意识到这中间也有很多问题，尤其是，我逐渐开始理解他的工作其实也相当糟糕：每年都要花10个月的日日夜夜，在100多个13到20岁的学生中维持秩序。他不得不独自完成这项工作，所以他经常在周末离开也就不令人惊讶了。他主要面临两个麻烦，和神学院许多神父一样：女人和酒精。我强调这个是因为人们通常首先想到的事情会是同性恋问题。神学院里神父们和学生们的同性恋关系没有问题。而这类问题在学生与学生之间发生，他们便会被立即开除。另一方面，酒精和女人作为困扰人们的主要问题，不仅仅只针对我们的上级们，同样也困扰着我们，只不过程度较轻。这种情况如何呢？我们偶尔会为一个特勒博恩的体育中心提供服务——把椅子放在一个房间里，或者储存在其他地方，把一个篮球场变成手球场等等。所有的小组活动都发生在神学院之外，并且都包括一些"补偿"。教务长有他自己的补偿，我们有我们的。

Q：一条规定是这么说的："服从会在独立的思想和对权威的不敬中遇到它的敌人。为了防范这两种恶习，这傲慢的毒果，神学院的学生们需要谨记圣灵通过圣保罗的箴言教给我们的——'所有的权威都来自于上帝'；还有写在圣福音里的'他是蔑视你的人，也是蔑视我的人；他是倾听你的人，也是倾听我的人。'"我觉得很不可思议，独立的思想和不尊重权威竟然被置于同等的地位。现在恐怕很难找到同样对待独立的思想与不尊重权威（或傲慢），并且把独立的思想视作傲慢的毒果的人了。

A：一切都建立在对于独立与自由的思想的拒斥上。为什么古典修辞学这门课被取消了？为了防止我们变得傲慢！我们不得不进行见习，去学习祈祷和服从。独立性被单纯地视作和缺乏纪律无异。我可以讲很多这样的故事，关于圣赛克拉门特的神父们：如果一个神父对法国文学（或者是希腊文学、拉丁文学，或者无论什么别的文学）感兴趣，他便会被遣送至拉丁美洲5年，去学习如何像尸体一样服从(就像具尸体一样提问)。① 总之,适用于学生们的那种针对共同体成员的规则,和思想以及行为相关。

在一个特定的地区,规则确实不利于个人的研究,学术研究甚至会面临最大的质疑。我认为在这一领域(学术领域),魁北克的平庸表现便可被如此解释,它很大程度便是出于这种不信任的缘故,而这种不信任可以追溯到极为遥远的过去。知识永远被贬低为对权力的威胁,无论是对哪一种权力来说。

Q:从这个角度来看,您的神学院在何种方式上区别于那个时代的其他古典教育机构和大学呢,尤其是那些由耶稣会会士(Jesuits)运营的大学?

A:在每一种方式上!那些从布雷鲍夫(Brébeuf)或者圣玛丽(Saint-Marie)来的耶稣会士们并不一定迫使学生们成为司铎。当然他们也很希望有些学生可以成为司铎,但他们更清楚许多学生将来都会成为律师、公证员、医生、工程师。不像那些耶稣会士大学,神学院对学生们只有一个职业性的目标。在耶稣会士大学,学习作为一种本身为善的东西受到鼓励。对那些耶稣会士来说,让学生们好好学习必定会对这个社会有所影响。这可能是一种愤世嫉俗的态度,但却很有效。打个比方吧,我们就像是教会的禁卫军(janissaries)。禁卫军是土耳其步兵的精锐部队,是苏丹王的卫队的一部分。但通常我们会忘记提及,这些士兵也是从基督教农民家庭(这个区域的正统派)里被偷来的,然后他们才在伊斯兰教中长大,从而对土耳其权力绝对服从,我们也是。为了成为教会的管理者,我们也从自己的群体中被剥离开,从此我们的未来便被教会的诸多问题给规定了。

Q:据说特勒博恩神学院是最严格的学校之一,这是真的吗?

A:是的。实际上,甚至在同一主教区的其他神学院都要更

---

① 也就是不能提问,像尸体一样缄默。

自由，比如说若列特的那个神学院。当然，那儿也有教务长。但我在很久以后才知道学院机构原来那么贫困。

院长（the director）曾经实施过一次灾难性的房地产调控。神学院同意用土地来交换房屋，但那些房屋一直没建好。这起诉讼案件本该能挽回土地损失，但它不仅输了，还花了集体相当大的一笔钱。而且事实上，神学院的一半学生都没有支付他们的膳宿费，这就解释了为什么神学院长期缺乏资金，也加剧了它的贫困。基本上，对我们来说，食物还算充足——肉类、牛奶、蔬菜、罐装食物等都有。但这些食物并未用心准备，味道很糟。有时候因为没有厨师或者缺钱，我们甚至没有新鲜的食物。我们会在餐桌上随便找点罐头肉和寡淡的苹果酱一起吃。在这样的饭后，经常会有打斗发生。对于饥饿的青少年来说，这是唯一的发泄方式。况且我们是如此的被孤立着！

Q：学习古典学和修辞学的学生会在9月份，有一段被叫做"退职"（retirement）的时间。这具体是怎样的？

A：这是件很不同寻常的事情！它发生在神学院之外，展示出了一定的既得利益。时间持续一周，介于9月中旬至10月中旬之间。它主要包括不同主题的讲座，实际上，经常是两个相同的话题：性和服从。换言之，自慰和女孩儿对神职工作来说都象征着一种道德危险。当我们过完暑假返校，从一段沉沦的时期归来之后，我们最好尽快结束任何在暑期萌生的关系。我记得有一次静修（retreat），我们被送到圣杰罗姆（St. Jerome），一个更加富裕的学校。这次不是那两个最常见的主题——性和服从，取而代之的，所有的研讨会都关于死亡和地狱。一名相貌险诈、语无伦次的神父，站在教室中间的棺材前，在完全的黑暗中对我们授课，而教室四角摆放着蜡烛。就这样持续了整整一周！

Q：《英雄史蒂芬》（*Stephen Hero*）中，詹姆斯·乔伊斯（James Joyce）讲述过一个故事，关于一个以地狱和罪人应受的惩罚为主旨的荒谬计划。这简直太吓人了。

A：爱尔兰裔和法裔的加拿大人有许多的共同特点——既有最好的也有最坏的！

Q：您怎样度过假期呢？

A：假期会持续两个月。为了减少与外界的接触，神父要求我们花一个月在圣·艾米莉活力夏令营（Saint-Emilie-de-l'Energie）帮忙，这是一个位于圣埃斯普里北部森林地区的少年夏令营，我从没去过。但我会在面包房里给父亲帮忙。同样，我也不喜欢运动和自然——蚊子、雨水、污泥、风以及田鼠。我还要提一件事，免得一会儿忘了。在暑期一开始，我们会被要求拜访自己的堂区司铎（parish priest），他将在暑假结束时向神学院的院长提交一份我们暑期的道德行为报告。

Q：神学院的另一个职务是精神指导员（spiritual director）。他的职责是什么？

A：我更喜欢另一个名称，"良心指导员"（Director of Conscience）——它听起来更生动也更准确，即你的良心不属于你！教务长控制我们的日常活动，而精神指导员控制我们的思想。如果我们阅读一本来自图书馆的书，教务长就会要求我们把它还回去。他会翻开书查看，以确保它具有神学院神父的署名。精神指导员的署名是必需的。我很庆幸自己的精神指导员并非十分苛刻。我平常做得很好，他便也不对我过分要求。他似乎认为我还不错，他会在签署的报告上写道"吕克表现优秀，他的灵魂将得到拯救……"等等。灵魂救赎与日常纪律密不可分。在每一时刻，永恒都岌岌可危。

Q：神学院象征着一个整体，其所有组成部分都密切联系着，由此来看，您似乎推断出了一个结论——年轻的信徒会被迫持续处于恐惧之中。

A：是的，正因如此我才一直说，坚持下来的唯一方法就是不去相信。这个推理相当简单。宗教现象体现在哪里？体现在对个体死亡的否定之中！只有人类似乎才有这种担忧。为了拒斥死亡，基督教像许多其他宗教一样，想要转移这个问题。我们的身体会死亡，但我们的灵魂将不朽。然而这又引出了一个新的问题——永恒的生活可以快乐也可以悲伤。对于时间的恐惧也就转化为对永恒的恐惧。一切都天翻地覆了。所有事都变得绝对和无限。因此，那些相信生命的意义可以从此处转到彼处的人，便会陷入持续的焦虑中，因为所有一切都会永存，无论好坏。信仰宗教会把一个人推入永恒的恐惧中。

我意识到这点的时候是1956年10月，那时我10岁。一天放学后，大概下午4点，我看见村里有个人让另一个稍微年长点的人坐在他摩托车的后座上，顺路载他一程。我和他们打了招呼，然后沿着老路走回家。当我走到村中心，我看到一群人聚集在一起——这儿刚发生了一场事故。那个坐在摩托车后座的年轻人不省人事地躺在地上，在医院昏迷几天后便去世了。我听说神父对死者的母亲说："女士，请让他安息。您将在天堂与他重逢。"当时我便明白了神父的主要职责是让教民们接受肉身的死亡，或者说，使它神秘化，将它说成另一种生活的开始。这种肉身的死亡实在令我伤心，因为它忽然降临到了一个如此年轻的人身上。在这个年轻人之前，我们村里还有一个男孩和女孩死于意外，前者在1953年被他父亲的拖拉机轧死，后者在第二年因车祸而死，她才16岁。对于一个像圣埃斯普里这样的小村庄来说，这个数字已经算很多了。我现在依旧能想到这个年轻的女孩躺在在白色绸缎内衬的灵柩里的画面，鲜花围绕，她带着妆容，房间里飘着淡淡的桃子香味。死亡至今对我而言，仍具有一种温柔的、渐渐消散的蜜桃气味。

Q：您似乎很消极地看待宗教。但是，教会和它的组织是一回事，上帝又是另一回事。一个人可能非常反对教会和它的机构，但依旧是一个深信不疑的虔诚信徒。意识到教会机构的本质是欺骗、造作与虚无，并不意味着一定要失去信仰。

A：假设你的立场是可辩护的，一个人应当分清上帝和他的教会，那么一个人为什么有必要被拯救？有必要去履行可以说是"强迫"的那些仪式？特别是，为什么有必要每时每刻都遵守由那些品德可疑的人建立的规则？并且为什么我们要一边在尘世生活中担忧最坏的状况，一边等待另一种也许只是永恒惩罚的生活？我认为我从来没有过信仰，但我刚刚提起的那些戏剧性事件，坚定了我绝不回头的想法，并使我意识到信仰本身的基础：对于不可避免的死亡的恐惧。

为什么不接受人类的状况和它的限制？为什么不在死亡的残酷，有时甚至是恐怖中接受死亡？不管怎么说，即使因为这样或那样的原因或者方式，存在着另一种生活，它也不应该干扰我们在尘世间的生活，不应该干扰我们与他人的关系。我们在尘世的时间足够你筹划或重新安排你的存在方式，从而避免我们周围太多的痛苦和暴力。对死亡的恐惧，就像古人正确理解的那样，只是纯粹的假象，因为死亡降临之前，我们不会知道知道它是什么样的。

Q：但在这里，您重申了伊壁鸠鲁的观点，看来您并不完全是一个柏拉图主义者。

A：柏拉图承认人死后灵魂的存在，但在果报体系的语境下，一个人的灵魂经历万年的轮回后，可以根据功过从一个身躯里过渡到另一个。一个男人可以变成一个女人，或甚至是最微小的一只动物。我觉得这种说法既美好又可靠，因为生活世界应该受到全面的尊重，人类的个体价值应该得到肯定；身体亦反映着灵魂的状态。在每一次轮回后，一切都从头开始。没有什么会被限定，也没有什么可以永恒。这种灵魂存在的学说尚且比较初步，与我所被教授的相去甚远。教会对柏拉图学说的使用，柏拉图本人可能也始料未及。

我很早就明白宗教是一出假象，一场戏剧。人是一种害怕死亡并唯一能意识到它的生物。为了战胜这种恐惧，他扮演了一个戏剧性的角色，其基本问题便是永恒生命。而我拒绝参加这个游戏，大部分时间都在观看其他人扮演他们的角色。这令我深深着迷。很明显我不得不在一定程度上"假装"加入这个游戏，你知道"假装"一词的希腊语词源 hypocritês 是"演员"的意思。这种永恒生命的幻想在社会中传播开来之前，我已经对这个很清楚了。我被强加了生活，而没有任何选择。但它却是夺取自由的必经之路，就像我所理解的，精神生活的自由以脑力劳动为基础。于我，这是唯一可能的生活，并且我已准备好为了实现目标付出相应的代价了。

Q：您刚才提到了图书馆，馆内藏书丰富吗？

A：图书馆的资金不多，大部分的书来自于捐赠。有一位神父着迷于新式教育方法，他竭力使图书馆成为一个令人愉悦的地方。他给我留下了许多美好的回忆。他行为古怪，所以大家都嘲弄他。此外，前面我曾提到过，我在相当长的一段时间里被指派打扫厕所，而在这之后我接管了书籍装帧部门的工作，自此我便可以不经任何许可，直接接触到书籍。我热爱装订书籍的工作，我也因此知道了关于诅咒的书。图书装订员会将一本书放在手上，将它完全分开，然后订在一起，给它一张新封面，这就像格外赋予了它一次新生命。当你爱上这些书时，它摸起来也格外不同。

Q：在您 6 年的"隐居"期间，您与外界的接触多吗？

A：几乎没有！我们被禁止看报纸。如果你被抓到私藏收音机，就会被直接开除。直到我在那儿的最后几年，电视机才解禁。我们得在周日看半小时的《父亲最懂》(Father Knows Best，一个歌颂权威地位的节目)，除非那个时段有曲棍球的季后赛——这也令我深恶痛绝。我们确实也看了几部电影，不过都是没有女性的西部牛仔片——我喜欢劳莱(Laurel)与哈代(Hardy)的电影，有时我们也看戏剧。但总体上,我们与社会完全隔绝,我们被从这个世界移开了。我们只能为教会的专门服务做准备。在耶稣会士的学校里,情况则大不相同。

Q:但是这些年对于现代魁北克的历史具有决定性的作用:1956年杜普莱瑟斯(Duplessis)的连任,以及1959年他的去世;保罗·索菲(Paul Sauvé)和他有名的《从现在开始》(from now on,1959年);短命的安东尼奥·巴雷特(Antonio Barrette),顺便说一句这位是若列特的省代表,即使他在其他省份受到嘲笑,他在若列特也一定受到爱戴;更不用提1960年让·勒萨热(Jean Lesage)竞争的选举了。关于这一切您了解吗?

A:神父们认为勒萨热的当选昭示魁北克社会已经被邪恶入侵了。他们说的就好像是魔鬼本人取得了魁北克的政权一样。他们大概预言了教育界即将到来的急剧变化。

Q:1962年,在其中一位部长雷纳·里威斯克(René Lévesque)建议他以国家电力作为竞选活动的主题之后,让·勒萨热重新当选了。

A:所有这一切都被我们当灾难一样度过了,这是一场真正的大地震。我想从那之后,圣萨克拉门特的神父们就知道一个时代结束了,这个世界正在逐渐"陷入黑暗",就像一块方糖在水中慢慢融化一样。但是我和我的伙伴们却从来未曾真正地了解这些问题。神学院的神父们的慌乱、震惊、恐惧我都真切地看在了眼里,但我却不懂其中的原因,我没有可比照的角度来审视这些事情。

Q:让我们再聊聊您的学习生活吧。您参与的都是一些比较传统的课程:法语、英语、算数、历史、地理和拉丁语。您对于希腊语的学习还要再晚几年对吗?

A:不,我们在神学院的第二年就开始学习希腊语语法了。我们的成绩单上其实不包括这门课,但它却是一种评估学生的方式——甚至能够赶走一批学生。

Q：有对您产生过深刻影响的教师吗？

A：有很多位。但是不像公立学校一样，老师们并不能对学生们的未来有什么确定性的影响。我们没有接受过任何可以帮助在文凭考试中获得资格的教育。我们在那里学着成为神父，或是教会的管理人员。拉丁语和希腊语是神职人员的首选工具。新约用希腊语写就——包括福音书，而所有的祷词和弥撒本身是用拉丁语。拉丁语和希腊语不仅仅是纯粹的智力表现，也是宗教职业的标志。在学生进入神学院的第二年，他们也会用希腊语来"测试"学生们。这是一种评估的方式。法语被视为一种工作手段，并不完全作为在学术上评估学生的方式，它也服务于布道和行政工作。别忘了乡村神父们也会撰写公共记录（有关于出生、婚姻、死亡等等）。

Q：但是没有一些教师自己本身就热爱希腊语和拉丁语吗？

A：有，但只在最后几年的原著课和修辞课上。教授希腊语和拉丁语的教师非常优秀。他在巴黎天主教研究所（Catholic Institute of Paris）取得了硕士学位。他是一位非常有教养的唯美主义者。虽然他也有一些个人问题，这些都总是同一类型……我们的法语教师也非常出众，但是不像教授希腊语拉丁语的那位老师那样天赋异禀。他深爱法语文学，并且了解如何将自己的激情传递出去。他以一篇研究菲利克斯·安东尼·萨瓦尔德（Félix-Antoine Savard）的《河流的主人》（Boss of the River）的论文，取得了渥太华大学的硕士学位。

Q：有没有对您影响深刻的作者呢？您学习过杰出的古希腊或拉丁人物吗？

A：拉丁语世界里，我对凯撒（Cesar）和奥维德（Ovid）印象深刻，因为他们著作的拉丁文通常比较简单。但是我非常敬仰贺拉斯（Horace）、萨鲁斯特（Sallust）和塔西佗（Tacit）。我不喜欢西塞罗（Cicero），虽然我也不得不承认，他的写作风格非常迷人。但是我讨厌他的那种司法修辞——建立在谎言的基础上，并且只关注不惜任何代价的胜利。在古希腊方面，我们是从卢西安（Lucian）学起的。他的希腊语没有那么难懂，因为这并不是他的母语。他的作品也不怎么具有争议性，并且没有太多性暗示。但在那之后很快地，老师开始让我们读色诺芬（Xenophon）和荷马（Homer）了，然后就是那些我们不得不熟记于心的古希腊悲剧。因此我学了很多页索福克勒斯（Sophocles）的《俄狄浦斯王》。但是对我来说最大的发现还是柏拉图。我们所读的《会饮》的结尾，所有关于同性恋的典故显然都被删掉了，但我们翻译过来的大量文献里，酒醉的阿尔喀比亚德（Alcibiades）对苏格拉底的辩护，在我心里一直是文学的顶峰。我没读过比这更美丽的文字了。30多年后，我翻译到这段对话时还会动情不已。

Q：为什么在您古典式（标准化）课程的最后两年，即哲学1和哲学2，是在圣泰雷兹（Sainte-Thérèse）神学院完成的呢？

A：据圣萨克拉门特的神父所说，在修辞学中唯一值得问的问题，就是关于使命的问题。当然，往往比较含蓄，但在这里问题的提出更有力度。学生们走投无路，因为修辞课结束后，我们还是没有完成学校的课程，并且因此仍然不能进入大学。对于那些想继续念书的学生来说，有两种可能性：以更高的学费进入一所高校，或者去见习。在见习期里，人们学习祷告和服从。我们必须穿上法衣——这法衣在心口位置是白色的，携带着圣萨克拉门特的神父们的圣体匣。你不得不在魁北克城呆上两年，住在深藏于一个大公园的房子里，每天祷告、练习灵修。只有度过那两年你才能返回蒙特利尔，在"神学院"里，宗教团体的驻地起到了大教区神学院的作用，我们每天穿着法衣，然后开始自己最初的宣誓（宣誓安贫和服从，之后是贞洁），并在这里研究哲学1和哲学2。一个人就这样被征募了，剩给他的就只有神学的训练。

至于我，1月我还在家的时候，主动提出去圣泰雷兹神学院学习的请求便被同意了。但是在特勒博恩最后几周的修辞学课非常可怕。那位"良心指导员"不停地要求我说明自己法衣的尺码,他们都确信我将在魁北克城进行见习。当大家都明白事实并非如此的时候,所有的学生都被叫去了会议室,所有神职人员也都在场。我不得不站在最前面,不是听受辱骂,而是告诫。离开一所给我如此多收获的学校很可耻,我是个忘恩负义的叛徒……

最终我还是离开了。我自由了!我的健康状况不会再受到谴责了。我接受了包括法语、拉丁语、希腊语甚至算数的良好教育。在"监狱"的6年更坚定了我的决心。无论发生什么,我都会活出我选择的人生。我的付出已经足够多了。

我恨透了那几年的监禁生活,为了使我成为一名神职人员,它隔绝了我和我的家人、我的社群以及社会。但是我的敌意最后还是消退了,这有点像海水的冲刷磨平了石块的棱角。在魁北克的法国人幸存了下来,因为教会训练了他们。教会保护它自己,就像土耳其王建立起一支全是精锐的私人护卫队一样。他们把孩子们从市民社会中带走,为了训练他们,在一段时间内使他们与外界隔绝,然后再让他们重返市民社会——这时他们早已缺乏对其的情感了。他们的整段青春期都陷于生活的艰难之中,这也就注定了他们将会遇到我曾提及过的两个问题:女人和酒精。

话虽如此,我们也不能忘记,对于我们之间的大多数人来说,成为神职人员会为其社会地位带来很大的提升。神父们处在法籍加拿大人社会层级的顶端,接下来才是公证员、医生和律师。无论什么种类的聚会,一般都由神父主持。对于穷苦人家的孩子,成为一名神父为他们创造了一个入口,让他们得以进入之前被禁止靠近的社会的另一面。并且,尽管也存在许多问题,神学院的神父们却一直非常可靠——正和当代教师相反,现在的教师们大多时候都把教学仅仅当作一种经常使他们生气的职业,你明白为什么!我们也一定要记得神父们一直坚持无偿教学。这才使得一个像魁北克一样贫穷的社会,为其中某些极其贫困的社会成员们提供了一定水平的教育。但这付出了多少代价!

Q：圣泰雷兹神学院有什么不同呢?

A：它实际上想要成为魁北克大学。它就像一所美国大学。圣泰雷兹神学院资金比较充裕。我们周末可以离校,我们拥有自己的卧室,也可以随意关上自己的卧室门,并且还有日夜可用的电视机。这里的食物充足并且美味。在这所神学院接受的教育允许我们进入大学,它只是一所名义上的神学院。学校里面确实有一座小教堂,但我们并不会被强制要求拜访。

Q：这是时代精神的一部分。那里有一股新鲜的空气!这所学校与寂静革命步调一致,那些年见证了许多事件的发生。

A：是的,许多事情正在发生。1963年11月,肯尼迪总统在达拉斯遇刺。我们花了很多时间坐在电视机前,收看事件进展。当时气氛很紧张。我们不理解暗杀者的动机,也不清楚谁应该为此负责,只害怕发生又一次世界大战。

我也调查过魁北克的政治问题。雷蒙德·巴比欧(Raymond Barbeau)曾经是我的法语老师,他是魁北克第一个独立运动组织劳伦琴联合会(Laurentian Federation)的创始人。雷蒙德·巴比欧经常让人猜不透,但却十分迷人。他去巴黎完成了自己的博士论文,论文主题关于一位辞藻华丽的法国作家莱昂·布罗伊(Leon Bloy)。布罗伊同时也是一个激进的天主教徒,他相信1900年上帝会化身圣灵重返人世。你必须重读一遍布罗伊,才能真正欣赏他那纯粹的迷狂中的文字之美。雷蒙德·巴比欧的论文一经发表,便使他成为了法语世界的弃儿。天主教徒们被吓坏了,无神论者们也相当震惊。

他为我们上课时总是穿着正式。他有着卓越的口头表达能力,书面表达能力也无可挑剔。他会把忘记给字母"i"或"j"上面点上一点看作非常严重的错误。由于他在第一个学期里潜移默化灌输给我的对这门语言的敬畏,我到现在仍旧对法语保有深切的敬意,我由衷希望所有人都可以对他们的母语抱有这样的尊重。他只会谈及一个论题。我想他相信圣灵会重返人间,而人类则需要为了这个宏大事件净化自身。他治学极其严谨,对自己的身体和习惯亦要求严格。素食主义和自然主义是他的规则,吸烟和饮酒更是被完全禁止!他不愿意把孩子们带入一个道德败坏的世界。他创建的联合会本该象征着一个未来的序曲,在这个更好的未来里,人类可以获得尊严、顿悟和圣灵中的神显。在那时,我发现了这种论调的迷狂性。现在我甚至对这一点更确信了,尤其当各种教派犯下种种恐怖的罪行之后。但是除了钦佩雷蒙德·巴比欧的偏离常规之外,我其他什么也做不了,在那种时代,他的反常必须要求惊人的情感和智力投入才行。

不是1962就是1963年,皮埃尔·布尔格(Pierre Bourgault)为我们作了一场演讲,他当时被指名担任了民族独立大会(the Assembly for National Independence)的负责人。这算是一件大事,布尔格赤金的头发、白皮肤和蓝眼睛令人印象深刻。他的到场简直点燃了整个房间,他关于受损的尊严、嘲笑、征服、政治的非正义和复仇的演讲令人欲罢不能。但这些主题在本质上都是情感的,他没有提出任何合理的论证。那更像是一种苦痛的哭嚎:皮埃尔·布尔格体会着"魁北克的伤痛"。大礼堂里,所有人都感知到了这种情绪,除了我。我之前的经历给了我不同的视角。在过去的6年时间里,我没有在英裔加拿大人的手里受苦,让我受苦的是魁北克的教会。有人认为这种情绪的爆发,是法国军队在北美的失败和英国领导人的态度共同作用的结果。某种程度上这是对的,但只对了一部分。这是因为天主教会发现了,管理这种紧迫的历史局面对于他们有利可图。他们垄断了大量的权力,因此才能管制这片地区长达两个多世纪。

更一般地来说,我认为皮埃尔·布尔格所唤醒的深层情感,与马塞尔·莫斯（Marcel Mauss）和卢西安·列维-布留尔（Lucien Lévy-Bruhl）所描述的很相似。个体根据自己所属的群体定义自己。一个群体相信，如果有人想成为或将来想成为他们的一员，它会实施一系列的行动，包括莫斯所说的赠礼和还礼。但我们也可以把这种寻求认可的行为，与一项运动中胜利的重要性相联系。在这样的语境下，我们可以看到，个体期望享受这种与群体相关的预设的认可。

很明显，北美的法语社群并不被英语社群欢迎或认可。话虽如此，我们也得承认法国的布列塔尼人（the Bretons）、科西嘉人（the Corsicans）、巴斯克人（the Basques）以及说欧西坦（the Occitan）语的人甚至会更强烈地感觉到这种认可的缺失。在加拿大的认可缺失主要是种族隔离的结果，法语社群从中幸存下来，但也使他们在许多领域都远远落后。面对这种情况，他们可以采取两种态度：一是独立支持者们所主张的对抗，二是谨慎清醒但却实实在在的合作，我更支持后者。然而，为了营造互相尊重的环境，这种合作不仅需要一种强烈的归属感，也尤其需要高出生率，需要在所有领域保持有效就业，需要优秀熟练地运用法语。所有的这些需求都胜过了感情因素，它需要努力，非常多的努力！

而且，从一个完全的个人立场来看，我曾经从神学院6年的监禁中幸存下来，最终得到了自由。为了事业的胜利，不管什么事业都好——包括政治独立中法属魁北克（French Quebec）的幸存，我不能忍受别人告诉我该怎么做、怎么想、怎么说才符合天主教的行为。我拥护法属魁北克，因为法国文化才是我真正的"祖国"。然而，政治独立并不是一个必要的目标，更重要的原因是，它在我看来似乎太消极了。我想知道为什么生活、语言、文化的品质不以自身为目的，为什么它们必须绝对从属于采取了政治独立形式的政治解决方案。我们回归到了一种新的孤立状态，这一次是世俗的，仅仅建基于语言。

Q：在圣泰雷兹，您迈出了向哲学的第一步。那里都教授哪些内容？

A：那里按照中世纪经院哲学的模式，设置了相当系统的哲学课程，包括逻辑学、物理学、形而上学和伦理学。实际上，教皇利奥十三世(Leo XIII)倡导的托马斯主义(Thomism)宣扬天主教的教会哲学高于一切，甚至在物理学中也是一样。他们告诉我们，与像托马斯·阿奎那这样的思想家的洞见相比，现代科学发现根本不算什么。实际上，我们学的是托马斯主义，它盛行于编订教科书的巴黎天主教研究所。这是一种杂糅了笛卡尔主义和新康德主义的托马斯主义。有一位年近退休的教授，曾经让我们以教皇通谕(encyclicals)和蒙特利尔的大主教莱热(Léger)的牧函(the pastoral letters)为主题来写论文。哲学史的课程简直好极了！课上可以听到各种各样对于哲学家们的攻击：黑格尔思想的连贯性，还不如海德堡清晨吸收了太阳热量的雾；康德是一个应该被列入黑名单的虔信派（我进入蒙特利尔大学的时候，他还在黑名单的索引里）；勒南(Renan)死在厕所里，这种死法对无神论者来说很合适等等。

Q：这些谴责有没有激励你去查阅这些哲学家的著作，去看看他们所说的到底是什么？

A：没有，但它照样让我觉得厌恶。只有学习尼采的时候我真的乐在其中。我读了海德格尔《林中路》(*Paths that Lead Nowhere*)的译本，以及他写的关于尼采蔑视柏拉图的文章。这引起了我很大的兴趣，并让我想更多地了解柏拉图。但是要注意的是，在那个时候我本打算学习数学——纯数学，而非哲学。但我没被允许加入圣泰雷兹的科学小组，因而也没能进入蒙特利尔大学的数学系。然而我的数学能力完全足够，我这一门的分数远远高于平均水平，但因为特勒博恩的神学院太穷，建不起实验室，我从没机会接触物理和化学。所以，在那之后我被说服去学了哲学，在这里我可以学习逻辑学，也能上数学课。我不选择数学的唯一理由是写作。我一直想写点什么，不仅出于我对雄辩或者语言风格的重视，还出于一种想要交流思想的意愿。我从那时起就钟情于拉丁语和古希腊语了。当被要求写关于历史题材的论文的时候，我总愿意选拉丁语或古希腊语的文本。

Q：1965年9月，您进入了蒙特利尔大学。您对它的第一印象是什么？

A：这是我第一次生活在蒙特利尔。我人生中第一次处于一个男女生混合班级的环境里。这也是我第一次发现自己身陷魁北克的政治问题之中——蒙特利尔大学的学生联合会非常活跃。我记的很清楚，那时发生着很多大事：越南战争、魁北克解放阵线……但是我没有足够的钱，这就意味着我不能真正地享受大城市的生活。

Q：您在3年里取得了学士和硕士学位，但这通常需要5年来完成。为什么这么匆忙呢？

那时理论上获得一个学士学位需要3年时间，硕士学位则需要再额外1年，所以总共要4年。我的目标是尽快离开魁北克，所以我也就尽可能多地工作……为什么这么着急？我不知道该如何简单地解释。一切都回到了从前，在某种程度上回到了我还在特勒博恩的时候，我发现自己远离了世界，被孤立着，被禁闭着。这使我渴望去往能够远离这里的任何地方。当然，那时其实已经有了巨大的转变了，但还远远不够。问题更多地出在个人身上，而不在于文化。我想在我所选择的领域中攀上顶峰。这也是我很早就决定放弃数学的原因。大学就像是一个休息室。头几个月我就意识到，如果在班级名列前茅，我便可以离开这个地方。为了达到这一目标，我需要专注于单一的领域。而且，数学会中断我的阅读，尤其是写作。就写作和哲学来说，我感觉在魁北克完全不可能做出一些出众的事情，魁北克才刚刚从"教条主义的睡梦"中觉醒，那时还在揉眼睛。

Q：这难道不是某种……骄傲的表露吗？

A：你说话的方式很像圣萨克拉门特神父们的乡下社团里的……是，这是骄傲的一种形式，但我不明白为什么这种追求卓越的愿望要被责难。我想如果我选择数学，我可能会继续呆在北美。我本来要去美国，但就我想写作和研究哲学的意愿而言，我很清楚地认识到自己不能继续留在魁北克。为了获得博士学位，学校建议我们离开。

你应该知道蒙特利尔大学在当时没有哲学院，但有一个由圣苏丕思(St. Sulpice)教团神父所主持的哲学系，包括了哲学系和心理学系。一位多明我会的修士(Dominican)领导着哲学系那部分。多明我会的修士负责讲授知识，神父们(Suplicians)则负责筹集资金——尽管他们在1967年就被罢黜了。哲学系人员任命听命于主教，他对教师和课程都有发言权。蒙特利尔的大主教(The Archbishop of Montreal)是他的代表，亦是大学的校长(Chancellor)。

因为哲学系由多明我会的修士所领导，所以我们要学托马斯主义。圣托马斯属于多明我会的社团。他们根据中世纪的理解来解读古希腊的作者们，从托马斯主义出发来解读现代作者。举例来说，关于海德格尔的课程里，提出了一种对于海德格尔的托马斯主义哲学式的解释。当我进入蒙特利尔大学的时候，大部分的教授都是神职人员。维昂尼·代卡利(Vianney Decarie)是唯一的例外。1967年哲学学院成立后，代卡利先生成为第一任院长。这就是故事的背景，很明显，至少在一个较高的水准上，我们在魁北克做不了任何有价值的事情。我还应该补充一下，在60年代中期，事物飞速发展着。比如说，我在蒙特利尔大学的第一年，老师们9月还穿着法衣，12月他们就穿牛仔裤了，他们当中有些人甚至已经有……

Q：……有一个情妇？

A：对。同一时期代卡利先生成为哲学学院的院长，一切都发生着改变。他引进俗世的老师，像保罗·拉寇斯（Paul Lacoste）、查尔斯·泰勒（Charles Taylor）、安德烈·贡贝（Andre Gombay）等等。他也邀请了一些欧洲的教授：保罗·利科（Paul Ricoeur）、特鲁亚尔神父（Father Trouillard）、让·巴普提斯特·格雷（Jean-Baptiste Gray），以及其他一些人。所有这些就像是一种启示，使我更坚定地想去国外深造。维昂尼·代卡利还在其他方面例证了世界的开放性。他试图强制性地让学生们学习至少一门现存的外语。出于这种考虑，他组织了许多免费的语言课程。我因此有了学习德语的机会。我得以免费修完了3年的德语课程，而这些光靠我自己肯定负担不起。

Q：引进这些老师的好处有两方面：一方面让蒙特利尔大学的魁北克学生受益，另一方面，当这些老师回到巴黎的时候，他们还能够帮助魁北克的学生在法国追求学业。因此双方都很支持这种交流。我们先接收老师，之后送我们的学生过去，然后再让他们回来，除了少数不回的……

A：我想这说的就是我……

Q：一眨眼，这段时间就结束了……20世纪60年代的政治形势可能也是个离开的原因。正是在这一点上……

A：令人难以忍受！1965年至1968年间，我在蒙特利尔上大学的这几年，发生了三件大事：越南战争、魁北克解放阵线、学生起义。我反对越南战争，并且参加了在蒙特利尔组织的前三次示威。我不相信多米诺理论，我认为美国也不应该干预别国内战。并且这是我整个人生中唯——一次参与的示威活动。

魁北克解放阵线的暴力活动远不及我后来在巴黎和英国见到的血腥——炸弹会被放在在邮箱和标志性建筑里。但对像我这种来自穷乡僻壤的人来说，这还是第一次真正见识到恐怖主义暴力活动。我之前所遭受的暴力在那之后都变成了一种个体的表达方式,而恐怖主义是采取社会和政治行动形式的暴力。我也永远不能接受,在我生活的社会里,群体可以将意志强加给别人。这些同样也影响了哲学院。哲学院学生会主席的哥哥被杀了,当时他正在往一个闹罢工的工厂背后放炸弹。从那以后,我们也一直被监视着。学校的气氛变得难以忍受了。

至于1968年的学生起义,尤其是在巴黎的那些,好吧,我对那不感兴趣。我的反应很自私,这当然不具有教育意义。我担心国家瓦解之后,我会丧失离开的机会。但我要如何才能将自己与他们高喊的愚蠢口号联系在一起呢?1968年10月,我在楠泰尔(Nanterre)遇到的第一批学生向我讲述了这些事件,就好像他们是退伍的老兵一样。当他们告诉我他们反对消费社会(consumerist societies)时,我只是笑了一下,然后告诉他们,在反对消费主义(consumerism)之前,我会先去了解它。我的父母一直都没有车,我们也从来没有旅行过。而我一直在工作。夏天的时候我一天能工作18到20个小时。直到很晚我们才有电视机,我们也几乎不出门,我的母亲没有洗碗机或是现代的洗衣机、烘干机。我现在还能想象出她因操持家务而长满了老茧的双手。消费者社会(Consumer society)是什么?"在鹅卵石之下的,是海滩吗?"我第一次看见海,也是我第一次看见海滩,是在1969年的复活节,在圣马洛(St. Malo)的布列塔尼半岛(Brittany),这是四个半世纪以前探险家雅克·卡蒂埃(Jacques Cartier)离开的地方。我当时23岁,完成了相反路线的旅行。

这三个主题密不可分(尽管只有一个恰好与魁北克人有关):反对越战的抗议关系到魁北克独立的诉求;净化性的暴力行动理应促成一个新社会的诞生;另外,这一切都结合在美国和法国的学生起义中,他们想通过推翻"体制"和拒绝资本主义的"消费者社会"来改变西方社会,为一个共产主义社会的到来而努力。然而,这三次运动让我想起了神学院最令我厌恶的地方——我们被要求按照他人对你的期望去思考、说话、行动。但是,它们有着本质的不同:在宗教方面,没有人可以证明天堂的生活就最好;然而在政治方面,你会发现自己时时刻刻都在承担后果。

Q:您对国内政治、渥太华的三只魁北克"鸽子"(特鲁多[Trudeau]、马尔尚[Marchand]、佩尔蒂埃[Pelletier])和夏尔·戴高乐(Charles de Gaulle)1967年访问魁北克这几件事是否感兴趣?

A:我必须坦白,直到1968年,我都不懂魁北克和渥太华之间在政治层面上发生了什么,这些我一点也不在意。直到70年代我才开始明白特鲁多、佩尔蒂和马尔尚代表些什么。

至于戴高乐,他发表"魁北克自由万岁!"("Vive le Québec libre!")的宣言时,我不在蒙特利尔,我在圣埃斯普里。但我在电视上观看了这件大事。我承认,我把他的宣言看作一种攻击,它干涉了一些与法国毫不相干的争论。尽管我是独立派(separatist),我也会对接受法国的帮助感到一定的不适——这个国家两个世纪以来没有为魁北克做过任何事。这种行为也趁机使人们回想起了美好的回忆。"魁北克自由万岁!"这句话,最使人气闷的就是使用了修饰词"自由",因为是这同一位历史人物,戴高乐,真正解放了法国。我没忘记盟军的功劳,然而是戴高乐才使得法国能够重返荣耀。魁北克的情况与当时被占领的法国完全不同。魁北克人不明事理又老实,他们准备将大英帝国的军队比作联邦政府的军队,比作占领了法国的纳粹德国军队。而且,对所有曾为法国解放付出过鲜血和金钱的国家来说,这个修饰词严重伤害了它们的勇气和荣誉。我非常理解加拿大和英国将这个宣言视作一种真正的侮辱。

戴高乐说,他说过的那些话显然都出于情感原因(这被他身边的人证实过),但是却首先把加拿大和美国置于了一个困难的境地。虽然现在看起来很荒谬,但这是一场好的战争。法国和英国作为欧洲的一部分关系越来越紧密了,而且无论喜欢与否,它们都必须增强与加拿大和美国的合作。此外,由于一些物质原因,法国对魁北克的感情不会持续很久;很明显,法国主要是为了经济利益才出现在北非和西非的。我认为文化纽带只占了很小的一块位置,并且我这还是在嘲讽。比较一下法语区和其他部门的预算就足够了。我不知道为什么提醒这其中任意一个的事实会构成叛国罪,而且当时我欣赏着法国,我很愿意生活在那里,并且把法国文化当成最重要的文化空气,没有了它就会让我在学术上无法呼吸了。

对戴高乐的演讲作出积极反应的大多数人,如果必要的话,他们都被期许着认为法国是他们的"祖国"。对于我来说,法国是我的文化故乡,而不是政治上的。我一直深爱和敬仰着法语文化,也是因为它我才能每天都继续努力奋斗,而法国是法语文化的心脏。但是政治上,法国在1763年遗弃了新法兰西(New France)。不可否认这是军事失败的结果,但是外交手段本可以解决问题。这种遗弃是政治决定的结果,它同时也代表着世界历史的一个转折点。如果法国留在美洲从纽芬兰岛到密西西比的那块土地哪怕再多几十年,对法国将有些什么影响?长久以来法国已经放弃这个损失了,但是却没放弃魁北克。但是我们不能重写历史。并且在实际情况下,我相信魁北克的文化认同在像加拿大这种从大西洋延伸到太平洋的国家会得到更好的保证,相较于美国而言,它在加拿大也可以保持真正的独立性。魁北克的政治独立会导致加拿大的分崩离析,它会被分裂成许多部分(其中一部分是魁北克),这样子加拿大的领土可能仍然十分辽阔,但是其经济发展却会持续弱势,美国的势力也会以某种机械性的方式入侵,就像一个大星球对它附近较小的物质体们施加不可抗力一样。然后我们就会像北方的卡津人(Cajuns)一样了。这可绝对不是什么迷人的构想!

我在70年代才慢慢明白这些。魁北克可以选择:要么活在解放的神话中，相信在政治上法国会把我们要回去，而我们可以倚靠自己的"祖国"；要么无论如何仍旧留在北美洲。特鲁多选择了后者，这也是我的选择。你不能回到母亲的子宫里去，就算集体也不行。

Q：您被雷纳·莱维斯克（Rene Levesque）的魅力吸引过吗？

A：我总是因他而深深触动。我想我自从 1956 年《焦点》（*Focal Point*）开始就喜欢他这个人了。那时我还只是个小孩子。有条件的时候，我会去我一个叔叔家看看资料。如果我没记错，那应该是 60 年代初。

Q：您怎样看待魁北克的文化，尤其是那些作家、歌手和艺术家？

A：关于他们我知之甚少。我喜欢很多诗人，比如阿兰·格朗布瓦（Alain Grandbois）、加斯顿·麦垂恩（Gaston Mitron），以及教过我们的贾可·布罗（Jacques Brault）。我也喜欢一些作家比方说加百列·罗伊（Gabrielle Roy），但是我不太喜欢许多当代作家，因为我不能忍受若阿尔语（joual），倒也不是对语言的纯洁性的捍卫，而仅仅因为我读不懂这些胡言乱语。我也读一些政治著作，比如《抉择》（*Parti pris*），还有皮埃尔·瓦里埃（Pierre Vallière）的《美国的白皮肤黑人》（*White Negros of America*）。我不太喜欢剧院，并且我讨厌去人口密集的场合观看歌手表演或是体育赛事。我平常也不读报纸，但是我会看电视，也听广播。

我仍然想要多讲一些魁北克的政治情况，以及我与魁北克的关系。我从未在魁北克运用过投票权，1966 到 1970 年那里并没有选举活动，而当它有了的时候我已经在巴黎了。我很难直接对政治产生兴趣。但这种不关心没有持续多久。我于 1987 年取得了法国国籍，但是我同时也保留着加拿大国籍。我开始运用我的选举权，并且要求我的孩子们也进行投票。因为很大数量的年轻人都很少投票，他们的需求也就被忽视了。归根结底，我从未真正地感觉自己是一名彻底的魁北克公民。现在我可以自由地表达我的意见,而不把它们强加给他人。我说的就是我想的,而且像许多其他人那样,我会谨慎地表达这种强大的对权力的情感,并且也会一直如此。

Q：让我们回到您对古希腊哲学的兴趣吧,您认为它从哪儿来？

A：我对古希腊哲学非常感兴趣,因为我学习了很长一段时间的古希腊语,并且我也深受柏拉图著作的触动。但是我很难对亚里士多德产生兴趣,因为他被托马斯·阿奎那抽得太空了。

我现在所说的,对于大学水准来说极其简化且错误,然而在我们和哲学接触的学院水准上却完全真实。

在中世纪研究所(Institute of Medieval Studies),先是保罗·威耐尔(Paul Vignaux),然后是雷蒙德·科里班斯基(Raymond Klibansky),开始在课堂上讲授摆脱了托马斯主义的亚里士多德。尤其是 1961 年,代卡利先生受耶格尔(Jaeger)和彻尼斯(Cherniss)的著作的鼓舞,出版了他的《亚里士多德形而上学的对象》,为我们研究亚里士多德提供了一个独特的视角。1962 年,皮埃尔·沃本克(Pierre Aubenque)也有两本类似的著作出版,《亚里士多德的存在问题》(*Problème de l'être chez Aristotle*)和《亚里士多德的审慎》,它们以一种合理的方式受到了海德格尔的启发。这两本书的巨大成功,使其他研究亚里士多德的法语专著像日食之后的世界一样黯然失色,即使是维昂尼·代卡利和贾克·布兰施威格(Jacques Brunschwig)的作品也不例外。近 40 年后,我都不能确定这个日食式的事件是否真正促进了法语世界亚里士多德研究的发展。虽然我会定期地怀着愉悦与敬仰重读皮埃尔·沃本克的著作,但我仍然觉得,关于存在问题,维昂尼·代卡利才是对的。形而上学的对象实际上是被理解成"独立"存在者的神性存在的王国。

我对亚里士多德的偏见,完全由于那个时代流行的托马斯主义式的解释。托马斯·阿奎那的影响在那时太过于强大,以至于我没有从事对亚里士多德的研究。花费了又一代人的时间与努力,你们这代人才得以完全摆脱托马斯主义的干扰。

Q:有一句来源于皮科(Pic de la Mirondole)的很有名的话,皮埃尔·沃本克在他的《亚里士多德的存在问题》开篇中也用到了:Sine Thomas, Aristoteles mutes esset(没有托马斯,亚里士多德仍会无人问津)。魁北克的学生们终于可以从托马斯主义或者其他以"复兴"的名义做出的宗教或神学性质的尝试中独立出来,从而真正学到亚里士多德本人,他们之前那一代人功不可没。在魁北克的学生们能够学到亚里士多德本人之前,人们不得不等整整一代人的时间。如果我理解对了,(出于同种原因)对一个人的拒斥似乎也会导致对其他人的拒斥。也就是说,恕我直言,这看起来似乎是个悖论:您因为宗教原因拒绝了亚里士多德,却投入了柏拉图的怀抱——而他比亚里士多德的宗教性质更浓。宗教之维在柏拉图主义里所占的比重,远远大于亚里士多德主义。

A:是的,当然。但是接下来的警告我也必须得说。为了给哲学求得一些地盘,柏拉图在那个宗教靠诗人来传播的时代里,是一个激进的批评家。但是他的同时代人里,没有人可以比他更好地描述宗教经验,以及宗教对他们甚至对哲学产生的决定性影响。对我来说,尽管我拒斥作为生活经验的宗教,我却被那些着了魔似的行为以及它们体现出的高度仪式性深深吸引着,并且我也想弄明白,为什么哲学总以这样或那样的方式和宗教站在同一阵线。为了继续下去,我需要一种整体的架构,不过是以一种旁观者的方式。而且我发现相较于亚里士多德,我的这种态度在面对柏拉图时体现得更多。

Q:算上所有的哲学家,哪些是您比较偏爱的?

A:我对于作为历史产物的中世纪哲学非常感兴趣;另一方

面,我很难欣赏除了康德以外的德国哲学。此外,查尔斯·泰勒为我们讲授了康德这门课,因此它的水准非常高。他同时也给我们讲黑格尔的《精神现象学》,这本也是我读过的最棒的"小说"之一。其中关于主奴(master-slave)关系和古希腊悲剧的章节令人印象深刻。但对我来说,这是一本小说,而不是哲学著作。

Q:您何出此言?

A:不同于黑格尔和马克思,我从未支持过历史目的论,不认为事物必须按照自己的方式发生。在《希腊哲学》(*Philosophie grecque*)的一章中,我注意到基督徒便如此生活。但赢的是他们,而不是马克思主义者!在《法哲学授课笔记》(*Lessons on Philosophy of Right*)中——也就是黑格尔的一系列授课笔记里,这个观点尤为明确。我们为自己生活的现代社会找到了一种哲学式描述。

Q:我们所说的近代哲学——也就是笛卡尔、唯理论和经验论,您怎么看?

A:关于笛卡尔,我们有一门相当优秀的课程,由保罗·拉寇斯讲授,这位老师后来成为了蒙特利尔大学的校长。我们还有关于洛克、休谟(我崇拜的哲学家)、霍布斯的课程。安德烈·贡贝会从安格鲁-撒克逊的角度给我们讲授这些哲学家,虽然会令人不安,但却十分有趣。问题在于,安德烈·贡贝在麦吉尔大学(McGill)任教,查尔斯·泰勒是个新民主党(New Democratic Party)的激进分子,保罗·拉寇斯大部分时间都缺席,我们很难接触到他们。他们很少授课,也不会指导学生。

就当代哲学来说,完全是随机的。学校教我们海德格尔,只是为了使我们相信,海德格尔的理论与托马斯·阿奎那完全一致。我真的很讨厌现象学。为了学习梅洛·庞蒂或海德格尔,我们还要学习胡塞尔。利科从一个完全不同的角度来教胡塞尔的课,因为那时还没读过德文文本,我们很难跟上他的进度。意识和知觉活动发生在虚空之中,这一切对我来说太空洞了,也没什么用处。我也许说得太简单粗暴了,但我相信不能脱离对象或其他主体来描述意识,就好像电流需要遇到阻力才能产生热量一样。

人们认为萨特非常情绪化。我一直把他当作一位作家而不是哲学家。我非常喜欢《恶心》(Nausea)和《词语》(Words)。我没怎么关心过他的其他著作,而且我觉得他的戏剧过于刻板和严谨了。在读《存在与虚无》时,萨特对我来说就是那种庸俗的人——喜欢故弄玄虚、将思想化为深奥的修辞。而另一方面,我认为《恶心》是关于第一法则(the first order)研究的基础性著作,《词语》也是一部卓越的作品。在那个时代,萨特主要以自己的政治立场闻名,现在看来更加有讽刺性了。

Q:您如何看待精神分析?

A:我们学过弗洛伊德和拉康。我没有读过太多弗洛伊德的著作,我主要读过他后期的作品,比如《摩西与一神教》、《列奥纳多·达·芬奇及其童年的记忆》、《图腾与禁忌》、《文明与缺憾》等更具有探究性的著作。真正的精神分析著作中,我读了《史瑞伯:妄想症案例的精神分析》和《性学三论》。我挺佩服弗洛伊德,但完全不喜欢拉康。我认为他关于语言学和语法的观点歪曲而荒谬。

Q:人们说尼采是继马克思与弗洛伊德之后的第三位"怀疑大师"("Master of Suspicion"),您又如何看待尼采呢?

A:我们没有开设关于尼采的课程。我们在海德格尔对其的评论中读到过他。我非常喜欢《查拉图斯特拉如是说》这本书,但同样,我也把它视作一部文学作品。我从没喜欢过尼采的超人学说,他的哲学观点在我看来既天真又怪诞。尼采揭露了现代性困境最极端的后果——主体构成了一个客体,宣称着他的自主性,却没注意到这些全是偏见的作用。那些人自己做出现实的假设,并非出于对可感世界的憎恶,而是为了赋予我们生活的世界以足够的稳定性、从而使自己能够成为言谈和思想的主体。

Q：您还读过什么书，是您现在亦认为对您影响很深的吗？

A：当时我读了很多书，现在就没有了。萨特曾说"当我们开始写作时，我们就不再阅读了"。我在蒙特利尔大学读书时，对法国文学非常感兴趣。比方说，我阅读了普鲁斯特的所有作品，重读过福楼拜和莫泊桑的大部分著作。我也读过大量的英美文学，尤其是康拉德(Conrad)、格雷厄姆·格林(Graham Greene)，和更近一些的作者们像凯鲁亚克(Kerouac)。但如果必须选出所有时间内我的最爱，那绝对是福克纳(Faulkner)。说到这里，我在大学期间对人类学著作更感兴趣，尤其是列维·斯特劳斯，以及那些关注宗教人类学的早期作家们，比如马塞尔·莫斯、列维-布留尔、简·哈里森(Jane Harrison)和马林诺夫斯基(Malinowski)。总之，我喜欢这样的作者们：他们将宗教看作某种奇观，看作社会赋予自身的一种表现……

Q：人们总将宗教看作一种凝聚社会、驯化生命和时间的手段。我想您对古希腊宗教的人类学方法，甚至是哲学的兴趣，可以追溯到您在巴黎的那些年。那时您会参加让·皮埃尔·韦尔南(Jean-Pierre Vernant)、马塞尔·德蒂安(Marcel Detienne)和皮埃尔·维达·那凯特(Pierre Vidal-Naquet)举办的研讨会。但是现在让我们先回到列维·斯特劳斯以及他作品的影响上吧。

A：《神话逻辑学》(Mythologiques)系列完成的时候，我已经到巴黎了。但我在魁北克时就已经读了这个系列的前两卷：《生食与熟食》(1964)和《从蜂蜜到烟灰》(1967)。在此之前，我读了《忧郁的热带》(1995)、《结构人类学》(1958)以及《野性的思维》(1962)。这些书对我影响深远。我认为列维·斯特劳斯对神话的解析极具原创性，尽管我并不能完全理解他的方法，我觉得它太机械论也太复杂。但我承认神话背后有其合理性，或者有考虑到社会组织的某些东西，使我们能够理解自己在宇宙中的位置、理解我们自身，而不必依靠教会的力量或者各种代表组成的团体。它对流逝的时光与死亡提供了解释,这一切都是非凡的进步。列维·斯特劳斯从社会语境、而不再从哲学语境中提出概念。一个社群会有意无意地给自身提供工具,使它足以应对它所认为的现实,其实现实只是惯例形成的习惯,就像我一直不厌其烦说着的,它甚至可能是一个坏习惯。在我的印象中,通过阅读列维·斯特劳斯,我理解了魁北克人的社会,也理解了我自己。

社会凝聚力与人类群体的包容性天生就需要一定数量的神话,神话的叙述方法简单而原始,却十分能够表达情感。人类群体没有神话就能在充满敌意的自然环境中生存,这一观点不太具有自明性。个体性的人通过加入群体才能够生存,而群体的凝聚力取决于它能表现出多高的想象力水平。我在柏拉图的学说里找到过相同的主题:理性试图肯定自身而反对神话,却被神话给困住了。第一,我们试图消灭神话;第二,我们利用它;第三,我们试图找到一个平衡。我想可以这样描述柏拉图的步骤。对神话的批判以回归神话结束。

Q:考虑到您对人类学的兴趣,我很惊讶您的硕士论文《柏拉图〈智者篇〉中作为他者的非存在》(The Not-Being as Other in Plato's Sophist)并没有涉及这个方向。这里全是本体论和形而上学。神话、宗教以及社会为自身所做的表达在哪儿呢?

A:我的硕士论文里有一些策略成分。我想尽快地离开,我急于证明自己完全掌握了教学内容。因此我了解柏拉图,精通希腊语(书里有许多希腊语的引用),并且我对大学里遇到的所有本体论问题都很感兴趣。那时我也已经开始研究《蒂迈欧》了,它将成为我的博士论文的主题,它的核心依旧是 35a-b 里讨论世界灵魂构成的著名章节,世界灵魂由造物主根据存在、同一性和差异性建构而成。

Q:总而言之,《柏拉图的〈智者篇〉中作为他者的非存在》一文揭示了柏拉图《蒂迈欧》中本体论结构的同一性和差异性。

A：当我到达巴黎时,我已经完成了论文的开题报告,也确定了参考书目。我的硕士论文只是初步性的工作,我真正感兴趣的是《蒂迈欧》。

Q：《蒂迈欧》是柏拉图的一部对话集,也是您最有可能感兴趣的一部,因为它提供了最多的看似对立的主题。一方面是宇宙数学化的超合理化,另一方面是对神话重要性的准科学性反思,并且没有忘记对话本身,就是一个神话了。

我们可以说《蒂迈欧》代表了某种柏拉图主义的审视吗?

A：可以,它也是对我所有成见的一种审视。在很长一段时间里,《蒂迈欧》是唯一能与《创世记》相提并论的关于宇宙诞生的著作。在中世纪,包括沙特尔(Chartres)学派在内的许多哲学家都试图说明,这两个文本几乎在讲同一个东西。此外,我们也在《蒂迈欧》中发现了亚特兰蒂斯神话的最早版本。因此,我们也就可以理解这部对话集在思想史上的重要地位了。但对大多数人来说,《理想国》才最能代表柏拉图的思想。我认为这种替换主要因为现代科学提出了关于宇宙起源的另一种说法,而且它似乎更完整、更令人信服。而我与沃尔特·梅耶斯坦(Walter Meyerstein)在《发明宇宙》(*Inventing the Universe*)一书中恰恰试图挑战的就是这种对事物的看法。

二、从柏拉图到宇宙大爆炸

路易斯·安德烈·多里昂：1968年,您在巴黎。60年代是魁北克的学生们奔赴巴黎的最佳时期。这很容易理解：那时是第一次大规模的对外开放,而且人们总会很自然地投向一个他最了解的地方。如今这样的现象就没那么明显了。美国、英国甚至德国都越来越吸引着人们。

吕克·布里松：对我来说,选择法国既偶然又必要。每一年,维昂尼·代卡利都会请当时在芝加哥执教的保罗·利科来给我们讲课。我曾经和保罗·利科讲述过我想要继续学习古代哲学的渴望。在这个交谈过程中,他给了我他在楠泰尔时的同事克莱蒙斯·兰诺(Clémence Ramnoux)的地址。于是我便写信给兰诺女士,她给了我非常善意的回复——她愿意指导我的学习。这次和利科的相遇具有重大意义。但除此之外,法国对我来说亦是一个文化的选择。那时,我对于法国历史的了解比美国和加拿大的要多得多。法国文化是唯一一种对我来说很亲切的活的文化,我热切地想要去体验一下,是什么构成了它的历史和地理的内核。

Q：您对这段旅程有什么感受吗?

A：我不太清楚要怎么表达。我已经选择去过一种追寻智慧的人生了。并且我想以一种法国的方式去这么生活,因为我出生在那里,并总浸染于这种文化氛围中不断学习。另外还有一件事我直到现在都没提过,但是自从童年开始,它就一直对我构成一个问题。这是一个历史的问题,关于真实的历史——它承载着世事和人们身上时间的流逝。在北美,无论是在魁北克、加拿大还是美国,文化痕迹的缺失都深深困扰着我。这里只有无垠的空间,却没有历史,自然丰饶,却少有文化。就像夏多布里昂(Chateaubriand)在他的回忆录《墓中回忆录》里所写的:"没什么能比加拿大的湖看起来这么令人伤感了。大西洋和地中海沿岸的平原为无数的国家和它们的海岸线开放着路线,而往往是无数拥有着强大文明的人民居住于其上。而加拿大的湖泊显示出的,却只有荒芜之地裸露的水面,一个孤独的地方隔开了其他孤独的地方。海岸线无人监管,海域也没有船只。在荒芜的海岸边,你也只能看到荒芜的波浪。"

残酷的自然使我惊恐。从细菌到最大的哺乳动物,都只是在进行生存竞赛而已。就连植物们也争相把它们的根系向着更深更远的地方伸展开来,为了延续物种不惜一切代价。于我看来,绿植并不表达着无限的平静,却呈现了一种旷日持久的无情战斗。自然的全部暴行都在这儿,等着我们去见证。我一直都想要居住在一种地方——城市的建筑或者有其耕地的乡村可以提供给我们的,是永恒而实在的历史景观和可以追溯数百年的文化(如果没有几千年的历史的话),甚至食物和饮食文化都可以融入到风景之中。

我对一个有深度的历史的需求,几乎到了性命攸关的程度。我对于古希腊罗马的兴趣和这个需求相关,它也让印度对我持续构成了不可抗拒的吸引力。我用翻译来消除这种饥渴,但翻译对我来说不是机械的练习,相反,这是一种和千年之前的人们相遇的方式,同时也是试图在他们和我的同代人之间建立亲密与认可关系的尝试。

Q：当您离开魁北克的时候，您可能会想，除了短暂拜访之外，您是否还会回来。

A：然而我确实有过想要回去的意愿，还挺坚定。魁北克大学已经建立起来了，他们会需要雇佣一些教授，并且我也觉得自己似乎对（魁北克的）社会负着义务。但是某些事件改变了我的计划。我在1968年10月到达法国，那时我有4年的博士生资助——最后我拿到了5年份的！但我在3年内完成了我的博士学位。1971年6月，我写完了700页的论文并且完成了答辩。但是当我向人文学术顾问（Counsel of Arts）要求我应得的第四年资助款时，我的要求却遭到了拒绝："但是，我亲爱的先生，你的论文已经完成了。国家的财政支持是为了你的论文，而不是一年份的休假。"显然我需要这笔钱并不是为了休假，而只是想要为论文发表做准备。尽管遭受了这些挫折，我还是完成了这个计划。

Q：您必须非常自律才能做到在3年里写700页的论文。

A：确实！内在约束必须比外在约束更强才行。如果不指望他人给出的工作指令，你就必须建立一个由严格的习惯构成的网络，用相当严厉的方式来建构自己的存在。然而我必须说，我一直都很喜欢工作。只有把我自己沉浸在写作或是口头对话里，我才能真正意识到我是谁。工作对我来说是一个很好的发泄焦虑的途径。我只在高等应用研究院（École Pratiques des Hautes Études）参加过韦尔南（Vernant）、维达·那凯特和德蒂尼（Detienne）的课程。剩余的时间里，从周一到周六，早9点到晚7点我都呆在国家图书馆里工作。

Q：现在让我们聊聊您对巴黎的第一印象吧。

A：首先就是梦想成真。在那之前，我一直只通过书本、电台或者电视来了解这座城市。而现在，我可以走在圣米歇尔大道（Saint-Michel Boulevard）和圣日耳曼大道（Saint-Germain Boulevard）上。我可以尽情参观圣母院、圣礼拜堂、卢浮宫等地。巴黎市中心的每条小街都有着自己的历史，无论是幸福的还是染血的：这里曾发生过圣巴塞洛缪大屠杀(the St. Bartholomew massacre)和巴黎公社(the Commune)等等。我凝视那些伟大的街道，它们与可以追溯到19世纪的那些宏伟的七层石制建筑们相互配合着。现在我才真正地生活在一个之前只能在小说和历史书里读到的世界。

另一方面，融入到日常生活中似乎却是千难万难了，比在北美洲要艰难得多。在那时，巴黎人远比现在傲慢。当你问一个报纸摊主，一个遗址或是街道要怎么走的时候，他会很冷淡地回答说，你不应该把他和旅游指南混为一谈。当你口袋里没钱买一条面包的时候，你会被大声责骂。人们都表现得非常具有侵略性。也应该说，像大多数在法国的魁北克人一样，面对语言问题时我会感到很自卑，更别说我这个人又不怎么机智。

甚至在服务方面，这里的清洁和卫生标准都远在北美洲创立的标准之下。举个例子。我在第十四区国际大学(Cité Internationale)里的加拿大之家(Maison du Canada)定了一个房间。当时正在建一栋新的侧楼，而当我10月到达的时候，我发现他们给我分配了一间残破不堪的房子。毫无疑问我们需要暖气，而那里的暖气却不能用。早上7点，外国工人们会开始工作。他们使我震惊。这些工人穿着拖鞋、不戴头盔就爬上脚手架，并且在我看来他们的身体状况也很糟糕，这令人难以接受。我曾经为了学业在可口可乐公司打工过，在那里，每个人都加入了工会，遵循着关于工作时间、健康和安全的规则。

之后我在第七区一个更资产阶级的地区又租了一间房。它足够好了，但是也被剥夺了绝大部分的舒适感。楼梯口处有一个"土耳其式"厕所，只有一个坑位，我们在低一层的房东的浴室里洗澡，然而使用浴室必须请求许可，一周不能超过一次。但那栋建筑的位置很好，租金合理，房东也比较友好。第三年，我住在同一个国际大学的挪威之家（Norwegian House），因为加拿大之家没有多余的房间了。

Q：从一个文化视角出发，您会怎么描述在巴黎的最初几年？

A：我看了很多场电影。我一直非常喜欢电影院。但在魁北克，出于单纯的经济原因，我只能在电视上看电影。在电视上欣赏电影当然比较使人失望，主要是因为屏幕的大小，以及缺少一些一起看电影的人。我喜欢在其他人的包围下观赏一部电影。另外我真的很不喜欢配音电影，因为我喜欢读唇语。最后一点，在电视上播放的电影中总会穿插非常多的广告，这让人难以忍受。巴黎是电影之都，不仅仅是因为当代的电影制作，还由于整个电影史。在那时，小型观影室数目众多、价格低廉。周日、假日甚至有时在工作日的午饭时间，我都会离开国家图书馆，去看许多电影。尤其是美国电影，亨弗莱·鲍嘉（Humphrey Bogart）主演的或是喜剧电影（卓别林［Chaplin］、马克斯兄弟［the Marx Brothers］、基顿［Keaton］等演员的作品）。

我也参观过巴黎所有的博物馆，游览过乘坐公共交通比较方便抵达的城堡。我就这么打发我的闲暇时光。

至于剧院，我并不太常去，因为它太贵了，也不怎么具有创新性。与当时的电影（特吕弗［Truffaut］、库布里克［Kubrick］、费里尼［Fellini］、戈达尔［Godard］、罗塞里尼［Rossellini］、维斯康提［Visconti］、安东尼奥尼［Antonioni］、帕索里尼［Pasolini］、布努埃尔［Bunuel］、伯格曼［Bergman］以及其他我忘记提及的导演们）相比，它某种程度上与小资产阶级受限制的传统联系在一起。

歌剧和演唱会同样也太昂贵了，并且它们也太过精英主义了。还剩一点钱的时候，我曾经去旅行过，虽然我从未真正游览过法国。

Q：您经常去旅行吗？

A：经常吗？我不确定，但是我的那些旅行最后都对我意义非凡。第一次旅行是从1969年12月到1970年1月,在我第二学年的中期。1969年夏天,我趁着路费打折的机会回到了圣埃斯普里,在那里,我从电视里得知了人类第一位宇航员登月的消息。这只是一个会在这些对话中占有很小位置的事件,但我那时被它深深感动了,这个事件一直萦绕在我的脑海和想象中。因为这是历史上的第一次,人类逃脱了地心引力的控制,踏上了另一个星球。还有1989年柏林墙的倒塌,它昭示着历史中没有任何事情不可逆转,这也是我曾见证过的最重要的历史事件了。

还是让我们回到我的第一次旅行。我得去参观一下东欧国家,于是我去了波兰和苏联,在那里,我经历了人生中最大的启示。

如你所知的,那时,印度支那地区的一些国家——越南、老挝、柬埔寨,当时正在和资本主义的美国交战。在非洲,社会主义共和或是民主政体正欣欣向荣。拉丁美洲在古巴的支持下陷入混乱。所有这些运动,在西方国家,都被知识分子的思想和话语中的世俗主义所接管了。

Q：您获取签证的时候遇到过麻烦吗?

A：完全没有！我们的小组由一个学生组织组成,其中包含着一些马克思主义者,这个组织的领导人同样也是马克思主义者。甚至对于苏联来说,这都是一件天赐的好事:西方的资本和思想灌输走到了一起！因此,签证完全不是问题。

机场汇率在卢布和美元之间构建了平价兑换。而在街上,我们用一美元兑换七卢比！乘坐出租车的时候,最好在手里拿一美元。那里有很多精妙绝伦的陈列柜,但是当你想要买里面陈列的商品时,却没一个有存货。商店里,成群的人们排队等候着。你问为什么,他们会回答说他们也不知道,只是因为那里有人在排队,而这就说明货物到了,有东西买了。

冬天你可以买一条泳裤,但是买不到那种特有的毛皮帽子(chapkas)。为了找到你想要的,你不得不去那种必须用美元支付的专门商店。我们住在莫斯科的帕特里斯·卢蒙巴大学(Patrice-Lumumba University)的学生宿舍里,这所大学专门针对外国学生。帕特里斯·卢蒙巴是非洲解放斗争的象征。在比属刚果,卢蒙巴被蒙博托(Mobutu)除掉了,蒙在刺杀他之后夺取了政权,并且建立了扎伊尔(Zaire)。在大学公寓里,我们经常可以遇到非洲的年轻人,他们大多数都说法语或者英语。马克思主义的意识形态主张种族主义出于经济原因,而这个原因就是资本主义,但是这些年轻的黑人们却告诉我们他们日常遭遇种族歧视的事,这些看起来可比我们在欧洲和北美所知道的严重多了。

终于,我们被禁止离开莫斯科了,也被禁止去那些仍坐落于扎克尔斯克(Zakorsk)的修道院。为了去列宁格勒,我们必须乘坐夜班火车,因此路上没什么可以看的。向导们失误了很多次,在他们本该熟记于心的口号上他们也出错了,他们没有任何信仰可言。当然,这些都广为人知,但是要直接经验,尤其是去想象西方国家的精英知识分子——那些聪明的、接受过高等教育、见多识广的精英们——这让我无话可说。

话虽如此,我仍发现俄罗斯人民非常令人钦佩,也和我们很相似。我现在才回想起,在魁北克的广播中播放的古典音乐,经常来自俄罗斯。

我们在列宁格勒参观了著名的冬宫博物馆(Hermitage Museum)。古老的列宁格勒以它色调柔和的意大利式宫殿触动着我,宫殿的影子倒映在夏季的运河里,使人心驰神往。当时是1月初。在这一纬度地区,太阳每天只照射这个城市几个小时。其余的时间都是黄昏,但积雪以另一种方式使到处都亮堂堂的。

然后另一件事深深折磨着我——坟墓。因为宣传运动的缘故,他们带我们去参观了埋葬在列宁格勒附近的二战牺牲者们。这真是刻骨难忘,铭刻肺腑。

Q:为什么要进行宣传运动?

A：为了向我们展示德国人曾经犯下的暴行。但是它的实际效果比向导想达到的强了一千倍，他们甚至根本不用说话。他们的行话(jargon)很荒谬，看到堆积着那么多具尸体的坟茔就足够了。这些普通的坟墓看起来似乎无穷无尽。在列宁格勒，纪念牌匾无处不在："此地，此日，此时此刻，250人曾被屠戮。"博物馆向我们展示了一幅油画，画里有一名德国士兵在故意开枪。这真的让我很沮丧。我们由于意识形态宣传的原因被带去了那里，但是那所谓的宣传和现实中尖叫着的脸孔相比，根本只是可笑的面具罢了。

在苏联的卫星区，波兰，被侵占的痕迹非常明显、无穷无尽。我只看到了华沙的情况。在战争的末尾，维斯瓦河(the Vistula)另一边的苏联人，允许德国人摧毁这个城市以消灭叛乱的民族主义者。那时，波兰人重建自己市区的活动已经取得了一些进展。然而，新的城市建筑很糟糕，尤其是那些被这个巨大的、畸形的、怪诞的人民宫殿(Palace of the People)所摧毁的部分。人们不知道，政治上的希望会导致建筑上体现出怎样的恐怖。

Q：您的恐惧被证实了吗？

A：我不喜欢"证实"(confirmed)这个词。我不喜欢用理性来对抗理性。因为我是一名柏拉图主义者，我不能无视理性。我认为，为了做好事，人们知道什么是好，这一观点具有自明性。我不相信原罪，即让我们从出生起就成为罪人的那个概念。同样我也不相信人性本善。在我看来，这在日常经验中非常荒谬。但是我仍然认为，那些把他们的一生都奉献给思想事业的人，可以理智地确定善存在于何处，也有能力去实现或是成就它。

现在，知识分子们处在一个即将结束的世纪（本书首次出版于1999年），他们所站的立场和支持的政治制度已经造成了数百万人的死亡，更不用说苦难和破坏了。为什么会这样？我们是不是不应该承认，就像斯多亚学派教导我们的那样，即使是理性也会被激情所败坏,并且因此人们的内在没有任何东西是自然的善、先天的理智的——尤其包括理性自身?我认为,我们过于经常用"理智"的外衣来掩盖那些可耻的东西了。

Q:1970年6月,您游历东欧的那一年,您也游览了印度。

A:那是个季风季节。我不知道怎样的奇迹,才能让我们在暴风的中央成功降落。跑道上积了几英寸深的水,你必须把鞋子脱下来。我们去了北印度,也就是孟买、德里、贝拿勒斯、斯利那加,以及尼泊尔。在谈到安全以及舒适问题时,压力真的挺大的,但在人类的层面上,这又非常不同寻常。

1968年,披头士乐队风靡的时候,嬉皮士们会去印度吸食大麻。我被这种宗教与社会政治结构的奇怪混合所吸引,它在两千年里几乎没有进化过。在这里,我又一次陷入到过去,而它比欧洲更为深刻的是,在欧洲,我们很难回溯到中世纪之前。在这里,梵语仍然被几百万识字的人传承着,我想看看这片土地究竟是什么样子。

作为一个在印度的外国人,你立刻就会接触到这个国家的种姓制度结构,也就是说,这个制度是围绕着纯度来组织的,不同的人群按照他们自己在这个系统中的排名来划分("种姓"来自于拉丁语 castus 一词,最早是葡萄牙传教士们用它来描述这里的社会构成)。无论是饮食习惯还是社会关系,一切都被每个人所属的种姓决定着。即便如此,我们也必须考虑到穆斯林、锡克教徒(Sikhs)、佛教徒、耆那教徒(the Jains)以及其他许多在这10亿人口中大量存在的社会和宗教团体。我被这种宗教深深吸引,在其中,神性仍然体现在家庭、社会、工作和与他人的关系中。这些看起来似乎可以使得个体自由地摆脱物质上的偶然事件和联系,从而张扬出他们自己的个性,然而根据经验,所有这一切相对于绝对存在(the Absolute)来说,都只是一种幻觉。总之,这里没有给个体性留任何空间!这种态度令人非常吃惊,它在一定程度上也与希腊和罗马宗教的某些方面相对应;它构成了一种强大的解毒剂,可以对抗以书籍为基础、面向个人救赎的一神论宗教。

Q:对于许多西方人,至少就我来说,毫无疑问,印度代表着绝对的他者。

A:对我来说不是。并且我也不会为贫穷、印度教或是佛教辩解。在印度,数千万人的生活条件一塌糊涂,各种事情都在发生:贩卖婴儿、童工、卖淫、使用各种残疾的乞丐来获取金钱、社会各级的腐败等等。

我还记得,在孟买的郊区,每当清晨的时候,就可以闻到呕吐物的气味漂浮在一片荒地上,那里到处散布着巨大的混凝土管道,构成了数以百计的乞丐们得以度过夜晚的避难所。德里市(Delhi)的郊区和其他主要的聚居区也没有好到哪里去。但是在贝纳勒斯(Benares),在恒河泥泞的河岸上,在他们的所有家人面前,那些希望下一轮回能得到幸福的人的尸体被焚烧得噼啪作响。家人们看起来没那么沮丧,他们表现出了某种深层人性的、非常自然的东西。

有一个清晨,火葬的辉光穿透了薄雾,我突然也想有一天把自己的骨灰撒入恒河中去,当然,并不是出于轮回的原因。

在一个像我们这样的社会里,死亡不经常被提及,它是一个尽头般的存在。在它明显缺席的情况下,死亡仍然决定着我们的许多行为,特别包括那些被强加的或是可以引出宗教问题的行为。

这(我们这样的社会)是一个不能直面死亡、不能把它看作是一个正常现象的社会,一个即使是在最可悲的条件下、即使是人类自身终结,也要把延长寿命作为目的的社会,并且特别是,它不能接受"死亡是自然和必要的"这种观点。此外,我猜想任何相信轮回的人都会体味到,自然对于人类具有同等的价值;对于这个人来说,动物世界也是人类世界的延伸。与普遍观点相反,我认为人类物种比动植物物种更不具有暴力性。因此我们应该更好地尊重和保护它们。

Q：埃及是您游览的另一个有着深远历史的国度。

A：是的，这是我在1971年1月参加的一次非常重要的旅行。也是我在博士考核之前的最后一次旅行。那是在六日战争(the Six Day War)后不久。当时是纳塞尔(Nasser)执政，叙利亚和埃及联合因而产生的阿拉伯联合共和国(the United Arab Republic)，在那时已经穷途末路了。苏联人刚刚建成阿斯旺水坝，哪里都有他们。高速公路经常性地关闭，因为战斗轰炸机会用它们来着陆。在这种条件下，各酒店的高档客房里几乎空无一物。

这是纳赛尔当政时的埃及，他曾经拥抱过卡扎菲(然后就不知道了)并且和他握过手。我和贝鲁特(Beirut)的一名督学(inspector)以及她的女儿一起旅行，她是法国中学系统中的一部分。也就是在那时，我第一次听到关于即将来临的残酷战争的消息。在这次旅行中，我不仅因为古埃及而惊叹，也惊叹于今天的埃及人，他们在战败的艰难条件下仍然过着有尊严的生活：尽管在人们的想象中，他们都应该非常迷狂、渴望着复仇，然而他们仍保持着冷静。这是一个穆斯林国家，但当时的妇女并不需要把面孔隐藏在面纱之下。事实上，一些年轻女性还穿着牛仔裤。我希望有一天，埃及能够克服他们的障碍。埃及在非洲的大门口，是一个有着辉煌历史的伟大国家，即使在最糟糕的情况下，也知道如何保持宽容和平静。

当时几乎没有游客。我们中也只有少数人参观了菲莱神庙(the Temple of Philae)、阿布辛贝的巨像(the Colossus of Abu Simbel)、国王谷(the Valley of Kings)、王后谷(the Valley of Queens)、卢克索的工匠谷(the Valley with the Artisans at Luxor)、卡纳克寺(the Temple of Karnak)，以及人们经常谈及的其他所有美妙的景点。在开罗，在一名警官的陪同下，我们甚至参观了犹太区(the Jewish ghetto)和犹太教堂(synagogue)。

Q：在我们返回柏拉图，返回哲学以及返回您的工作之前，还有最后一个问题是关于巴黎的风气的。您读博士那几年，也正对应着巴黎的一段学术大动荡时期。

A：阿尔都塞已经写就了《保卫马克思》(1965)、《阅读〈资本论〉》(Reading Capital)(1965)以及《列宁与哲学》(1969)，而且他在自己教学并生活的高等师范学院仍具有非常强的影响力。《拉康文集》出版于1966年，随后便是他的研讨班讨论稿的出版。他受到的热烈对待几乎到了可笑的程度。全宇宙的"知识分子"都被他吸引，围绕弗洛伊德式的马克思主义或马克思主义的弗洛伊德研究为中心：菲利普·索莱尔斯(Philippe Sollers)、茱莉娅·克里斯蒂娃(Julia Kristeva)以及《原样》杂志(Tel quell)的合作者们，包括已经在1970年出版了《符号帝国》的罗兰·巴特。利奥塔试图把这一切都总结到《话语、图像》(1971)一书中。德勒兹则把他对于这些的想法表现在了《差异与重复》(1968)和《感觉的逻辑》(1969)中。德里达的兴趣在于写作与民族优越感以及逻各斯中心主义的关系上，这也呈现在他的《论文字学》(1967)、《书写与差异》(1967)、《声音与现象》(1967)等书中，这些问题在之后仍旧有着许多讨论。

我完全在这个知识的温床之外。唯一的例外是福柯，我一直对他抱有真正的兴趣和钦佩：《古典时代疯癫史》(1961)、《词与物》(1966)、《知识考古学》(1969)对我来说都是非常重要的著作。而剩余的一切，看起来似乎都是马克思主义的宣传和第三或第四流的精神分析综合，一个为了应对流行事物仓促而简单的拼凑，那只是一种浮华的修辞，服务于某种巨大的智力敏捷性，为了和其贴合而无视任何与现实的关系。

哲学，完全被修辞所取代的哲学，不再与文学有所区分，也可以被法国文化的两大瑰宝——高级服装业和高级烹饪术所同化。同样的华丽，同样的卓越，同样的徒劳，同样的虚荣。问题是，高级文化是否能够长期维持这种与哲学的关系。

幸运的是，兰诺女士向我介绍了两位对我影响很大的作者：乔治·杜梅泽尔（George Dumézil）和埃米尔·本魏米斯特（Émile Benveniste）。兰诺女士50年代在高等应用研究院（École pratique des hautes études），是杜梅泽尔的学生，她在《伟大的国王》的序言中叙述了爱尔兰的故事、诗歌和传说。杜梅泽尔是研究大量印欧语言的专家（梵语、阿维斯陀语、希腊语、拉丁语、凯尔特语，及当时苏联帝国西南部各个国家的语言等等）。他想证明印欧神话主要受意识形态结构支配，并且可作为反映印欧语系世界观的三个功能之一，这三个功能是：司法和宗教主权、军事力量和物质上的丰饶。人们对于古希腊研究这个过程的兴趣很容易理解。在传统的希腊神话中，几乎没有对这种三分的描述。说来奇怪，推动这一社会组织思想发展的唯一一本理论著作就是柏拉图的《理想国》。

至于埃米尔·本魏米斯特，他在1929年开始了作为语言学家和伊朗专家的事业。他的语言学研究覆盖了整个印欧语系。他也强烈地鼓舞了杜梅泽尔。他是本世纪已知的唯一一位，在比较语法和一般语言学上均有卓越成就的语言学家，并且他能够在语言学与哲学之间展开对话，尤其是在1958年的一篇文章里，他对亚里士多德范畴说的语言学起源提出了疑问。兰诺女士让我们阅读这篇文本，并且要求我们做出评论。阅读杜泽梅尔和本魏米斯特滋养了我对于神话学的兴趣，并且把我引向了印度和梵语，让我在从1976年到1984年的8年中每周参加两个课程，持续学习着。我学习梵语有两个原因：为了推进对于三重功能的研究，以及试图更好地理解古希腊语与拉丁语的语法。无论哪种原因都值得我为之付出努力。如果我在1985年没有受神经外科手术的阻碍，我肯定会继续坚持下去。

Q：现在您停止学习梵语了吗？

A：是的，出于一些个人原因。1984年，一场非常严重的手术打断了我的工作和研究。并且我在时间上也很缺乏。如果这些事情没有发生的话，我就一定可以翻译出七星诗社本(Pléiades)《罗摩衍那》的一些章节了。放弃这一研究领域，于我而言真是令人心碎。

Q：但是您没有停止对于三分结构(la tripartition)的研究？

A：对，我发现在这个话题上我还是会继续写下去，尤其是当我在研究建基于《理想国》文本的论题时。在其中，整个社会群体被划分为三种功能的群组：生产者(农民和工匠)、保卫者(士兵)与领导者(哲学家)。未来的保卫者们所接收的测试就代表着一种三重功能，三重功能甚至出现在疗愈方面：通过药物来治疗(第三群体)、通过刀剑(第二群体)、通过咒术(第一群体)。这样的例子我可以说无数个。

柏拉图在撰写《理想国》的时候可能游历过南意大利的某些城市，也许他对于社会和政治组织的观点，受到过他旅行途中所见所闻的启发。毕达哥拉斯影响下的城市是多里安人(the Dorians)的聚居地，多里安人是希腊世界最为传统和保守的群体了，而我们在希腊文学中有重要文献描述的爱奥尼亚(Ionia)和阿提卡(Attica)，则进化得更快一点。这就解释了为什么古代希腊的传统神话学中，存有的三分功能的记载比较少，尽管柏拉图写就了印欧大陆唯一一本关于这个主题的理论著作。

Q：聊太远了，让我们往回走一点。在进行您关于《蒂迈欧》的论文计划时，您在获得兰诺夫人支持的方面上没有遇到什么困难吗？

A：没有。她也在前苏格拉底领域推进着自己的研究。她在赫拉克利特、巴门尼德和希腊神话学中交替研究，也就是说，她会研究我们曾经在《夜神和夜神的孩子们》(*The Night and Children of the Night*)以及《神话学或者奥林匹亚家族》(*Mythology or the*

Olympian Family)中遇到过的赫西俄德和荷马史诗。为了我的论文,我也被强制要求阅读这些。话虽如此,我的方法却和她截然不同。我对精神分析完全不感兴趣,也对加斯顿·巴舍尔(Gaston Bachelard)评价不高,而这位却是我的老师在她的人际圈里非常仰慕的一个人。并且她的观点比我更现象学,更具有文学性和诗性。她会给人留下想要进入文本中的情节,并参与到其中发生的事件的印象,而我总是让自己游离在文本之外,并且享受这种差异。她从一开始就知道我的这些论断。我始终记得那些在布利特乌尔大街(Breteuil Avenue)度过的下午,我会和她讨论她已经掌握的那些章节。那是在一个光线昏暗的走廊尽头的顶层。兰诺夫人对于我带给她的任何东西都读得很快,并且总会做出富有洞察力的评论。

她是个蛮古怪的人。1968年,她已经比较年老了。她出生于1905年,1927年进入高等师范学院接受学术训练,在那里她和西蒙娜·彼得蒙特(Simone Pétrement)以及西蒙娜·薇依(Simone Weil)成为了朋友。她们是法国前三位既是高等师范学院的学生,又取得了总体考试合格证的女性。想要成功取得法国教育系统里的总体考试资格,你需要通过一个极其困难的考试(萨特第一次考的时候就没有合格),在这之后,你才会被宣布有资格成为一名高中的教师或是获得某些大学的教职。每个学科,包括哲学都有自己的总体考试。她曾经一直在一所高中里教授哲学,直到1958年她完成自己的博士论文答辩后加入了大学。她的主论文研究赫拉克利特,她的附论文《夜神与夜神的孩子们》研究希腊神话学。1958年到1963年,她在阿尔及尔大学(University of Algiers)任教,1965年在楠泰尔大学。她在那里一直呆到了1975年。她的一生见证了许多重要的历史事件——她曾在关于赫拉克利特的那篇专题论文前言中提及过的二战,还有阿尔及尔战争(因为这场战争她被卷入到了哲学系的闭系风波中),以及1968年的五月风暴。

她是一位具有真正政治意识的女性，一个决心解决楠泰尔问题的戴高乐主义者(Gaullist)。那时她代表着教育部长行动，为学生和老师们的利益而辩护。我们第一次见面时，她就叫我永远别去楠泰尔找她。

Q：为什么？那时五月风暴应该已经稍微缓和些了吧？

A：可能吧，但是那里仍然被称作"疯狂的楠泰尔"，你会在必须下车的圣拉扎尔(Saint-Lazare)火车站的方向牌上看到这样的文字。学校建在一个废弃的军事基地上，至今仍保留它高高的混凝土围墙。它被一个真正的贫民窟包围着——到处都是用回收的金属板和瓦楞纸板搭建的窝棚。你下了火车看到的第一件东西，是蓝色的防暴警察用车的半圆形车顶。铁路的两边，遍布着最让人惊异的、脆弱的建筑物。终于，你看到了植被稀少的泥泞土地。教学楼里经常会爆发打斗事件，桌椅会被扔出窗外。之后防暴警察们会来，暂时稳定一下局面，然后就离开了。如果一个像我这样的外国人在类似的混乱中被捕，他就会被送上飞机立即离开。

因此兰诺夫人给了我两个选项：第一，邀请我参加她在周六早晨组织的研讨会，在索邦大学(the Sorbonne)的地下室(名叫"印度人")里，她的博士学生们都在；第二，她建议我去高等应用研究院上课，因为她非常欣赏皮埃尔·维达·那凯特、马赛尔·德蒂尼(Marcel Detienne)和让·皮埃尔·韦尔南的工作。那时他们都在高等应用研究院任教，这里相较而言是一个比较安静的学术环境。学校的第六部分，被安置在第七区瓦雷讷街(Varenne Street)上一座宏伟的大厦里。在高等应用研究院上课，没必要去准备一个文凭。你可以在学校的笔记本上签字，表明你出席于一定数量的课堂里，从而获得学生证。我非常珍视这本学生证，我把它视为我最重要的文件之一。

Q：所以你那时还不了解皮埃尔·维达·那凯特、马赛尔·德蒂尼和让·皮埃尔·韦尔南？

A：是的。当皮埃尔·维达·那凯特住在郊区的时候,兰诺夫人建议我先去见他,他平常都住在巴黎市中心第六区的谢尔什·米迪大街(Cherche-MidiStreet)。

Q：这第一次会面怎么样呢？

A：我们彼此都很惊讶。皮埃尔·维达·那凯特当时仍然不太出名……除了他出庭作证或是被指控的时候。在那时,他的政治信念和记者的工作使他成为一个非常活跃的托洛茨基激进派(Trotskyist militant)。他的外表和激昂热烈的行为混合着不同寻常的智慧、巨大的慷慨和令人难以置信的侵略性,这让我十分困惑。在我之前他从没遇到过纯正的魁北克人,他也不能理解一个讲法语带着这样口音的年轻人,为什么会对柏拉图和古希腊感兴趣。大多数时候,他对我对天主教会诸教条的拒斥很感兴趣,同时,当我把天主教的教条与态度和共产主义的口号与术语作比较时,他既开心又恼火。当然,他理解我对正统的拒绝,但他确实不怎么喜欢我说左派坏话。

Q：你们的关系如何？

A：他们一直都很热情。他很开心看到我出席,甚至是参与到他举办的研讨会中,但他还是不太能忍受我的反对,甚至连我所表达的保留意见都难以接受,最轻微的偏差都会引发激烈的对抗。尽管如此,我们仍然非常喜欢对方,即使我们现在不怎么见面(注：维达·那凯特于 2006 年去世)。我可以说,皮埃尔·维达·那凯特是我见过的最令人难以忍受的人,但他却不可或缺。如果我没有遇见他并与他交往,我就不是现在这个样子了。同时,他有一个悲剧的童年,作为家庭并没有被完全同化的一名犹太人,他遭受到了各种迫害,在回忆录中他也说明了这些。这帮助我理解并和他分享了,在世人钦佩并为之服务的文化之外,他的那些痛苦和经历。犹太人的经历,是对于任何在法国的第一代"外国人"之经历的一种范例。

Q：最初的那些课程如何？

A：那时是在1968年5月学生起义之后，会有一些研讨会，但没有课程。当然，在实践中，这并不意味着什么！所以我去参加了兰诺夫人每周六早上在索邦大学地下室里组织的研讨会。第一次会议的时候，她向其余出席的学生们介绍了我，其中有些人比我年长许多，并且他们都是高等师范学校的学生，他们都是大学中的精英，即使未来不从事高薪行业，也注定会有辉煌的职业生涯。兰诺夫人让我做第一次讲演，而我不能拒绝。因此，我准备了关于《蒂迈欧》(35a-b)中一篇著名文段的讲演，它描述了造物主创造世界灵魂的过程。很自然地，在我对我这篇文本的讲演、翻译和评论中，我会主要谈论到一位英国人康福德(Cornford)和美国人彻尼斯(Cherniss)，彻尼斯曾经邀请兰诺夫人在普林斯顿的高等研究院度过一个学期。所以，我被问到的第一个问题是："为什么你不提及里昂·罗斑(Léon Robin)或是让·瓦尔(Jean Wahl)？"那时我才意识到法国的大学与世隔绝到了什么程度。但是我必须承认，这不是高等应用研究院的情况，因为像克劳德·列维·斯特劳斯、雷蒙·阿隆(Raymond Aron)、罗兰·巴特和其他一些名人，都很开明。无论如何，这场讨论以一种巧妙但却坚持的建议结束了："当你回到魁北克的雪地时，别忘了提到那些优秀的作家。"

这次经历给我了一种会反复发作的奇怪感觉。很快，我意识到，在被用来阅读古代哲学著作的古希腊和拉丁语上，我比周围的人准备得好得多。他们大多数人都只学过两到三年的希腊语，顶多只能检查一下法语翻译。精通英语的人很少，这也使他们难以获取任何学科三分之二的二手文献。虽然我一直认为所有的法国人都能流利地说德语，但我终于意识到，尽管也有少数例外，事实却并非如此。我已经学习希腊语和拉丁语十多年了，英语对我来说是一门自然语言，德语我也学得很好，明白了这些增加了我的自信。

我唯一感到不安的地方是对于口语的掌握：别人说的法语更流畅、更丰富、结构更完善。话虽这么说，在法国呆了几年之后，我开始意识到这个能力的虚幻，这种差异很大程度上是由于这一事实——比起魁北克人，法国人会更经常地采取某些喜剧演员式的习惯表达以及举止，尤其是雷蒙德·德沃斯（Raymond Devos），他们会以一种怪诞的方式来嘲弄。在法国，演讲要有教养得多，这也体现在职业和学术领域的竞争精神中。在法国，任何职位或其晋升都需要竞争。而且在这种竞争的环境中，一个人口头表达的质量起着决定性的作用，甚至在某种程度上可以为自己的书面表达增色。因此，法国人从很小的时候就开始接受一种更精确、更清晰、更有序的演说技巧训练。但是优点也有它的危险之处，对我来说，这些只会令人恼火。据说在拜占庭（Byzantium），去买鱼的时候不可能不进行一场神学讨论，用这个来类比法国也不夸张，你很难在买面包或点咖啡的时候不被卷入争论中，有时这会变得很累赘甚至可笑。在我这里，这通常是一个障碍。我甚至会说这种能力，这种用语言和书写取悦人的能力，已经摧毁了法国文化中好的那部分。因为我一直在处理国际关系，所以我经常在法国人的谈话中听到，大量低声的诸如"修辞的"话语。想要出风头以及被言辞诱惑的欲望，导致人们往往会选择优先考虑修辞，而使信息的传递、对于文本的理解、深刻思想或强烈感情的表达，居于次要地位。

Q：回到您的博士论文，您是否和兰诺夫人讨论过您论文评审委员会的阵容？

A：是，但是这个讨论并没持续多长时间。兰诺夫人想要韦尔南和维达·那凯特成为我顾问小组的一部分，但是韦尔南没有空。她也考虑过把我派去法国国家科学研究中心（CNRS），哪怕只是暂时的都行。她认为我唯一能加入的另一组的组织者，也是另外唯一一位可以加入我的论文委员会的人是让·丕平（Jean Pépin），他同样也在研究古代宇宙论。这也就解释了为什么我在别处了解到的让·丕平,会成为我论文评审委员会的一员。

Q:因此您进入法国国家科学研究中心不是偶然?

A:对。在口试末尾的解释环节,兰诺夫人感到很不适。她认为我的论文与法国研究型博士学位(a French doctorat de troisième cycle)的标准不一致。因此她试图把我的论文改造符合国家博士学位(doctorat d'État)的标准。相应地,法国国家科学研究中心的入门考试会给我时间去修正它。

那时在法国,有三种类型的博士学位。大学的博士学位是一种纯粹的荣誉,它在一两年内完成,不允许你进入任何教学岗位。研究型博士学位在2年内完成,此种博士生可被授予在高中教书或是担任大学助教的的权利。原则上来说,这也相当于博士学位(Ph.D),但至少在法国,这经常被认为只是一种比硕士论文稍微高级一点的研究,因为它只是一个真正的博士学位——国家博士学位的前奏。国家博士学位相当于中世纪工匠们的"杰作"。这是唯一一种被准许获得教职的学位。它需要在一位年满50岁的督导(supervisor)的督导下,经过很长一段时间才能完成(最少需要5年,一般为15年到20年)。在这期间,你在督导的领导下,需要遵守一项不成文的规定,除了报告给督导的,禁止发表任何东西。原则上,完成国家博士学位需要两篇博士论文:一篇几百页的主论文,一篇不那么雄心勃勃的附论文。两篇论文都需要在答辩之前发表。到1968年,只需要主论文了,但它的篇幅却变得越来越庞大。一篇论文有1000页很正常。很明显对于像我这样的外国人,不可能考虑获得研究型博士学位之外任何事。兰诺夫人尝试了所有方式来把我登记的研究型博士学位改为国家博士学位。如果申请被受理了,我就可以在1973年之前完成我的国家博士论文。但是教育部和楠泰尔大学的博士学业部门尽职尽责地完成着他们的工作——这我必须说,而没有接受兰诺夫人的请求。

Q:答辩情况怎么样呢?

A：我在楠泰尔完成了答辩，事实上我很少去这里。房间里可能有七八个人。那是个不错的日子。天气很宜人，但更重要的是，没有任何罢工或是学生的暴力行为。举行口试的小房间一直开着门，因为那天太热了。让·丕平第一个发了言。兰诺夫人是最后一个，但是她并没怎么讲话，因为只要皮埃尔·维达·那凯特一说话，所有事都脱离控制了。至少在他谈到我对《政治家》神话的解读之前，事情其实进展得不太糟，对于这个问题，他在自己的研讨会上已经激烈地讨论过了，而且关于这点，他还专门写了一篇对我观点的批判性文章。

答辩时屋子里的声调一直在升高。我们讲话的声音太大了，以至于经过走廊的学生都会进来看看究竟发生了什么。很快就挤满了房间，一会儿之后，整条走廊都被堵死了。每个人都想参加一场所有人都在互相喊叫的论文答辩！尽管1968年5月发生了一些事件，学生们仍旧对教授们表现出相当的尊重和顺从。经过半小时热烈的讨论之后，兰诺夫人很高兴，她抓住了机会说，由于公众的出席率如此之高，而且在走廊里的消息流通逐渐变得困难，她会把她的讲话限制在5分钟之内。于是讨论很快就结束了。

1985年，我在一个比较奇异的环境中完成了我的国家博士学位答辩（建基于我的研究出版物）。我的口试还是在楠泰尔。不幸的是，这一天又撞上了一起"野蛮"罢工，也就是说，在没有任何通知的情况下，他们只提供最低限度的服务，只有巴黎的公共交通才知道这一秘密。不仅地铁不工作，路面上的交通也瘫痪了。去楠泰尔需要极大的耐心和无与伦比的想象力。尽管委员会的某些成员还没到，考试总算还是开始了。对皮埃尔·维达·那凯特来说，这是常有的事，他刚好在答辩开场之后到达，入场方式也十分引人瞩目。

他对于也在场的安妮狄夫人（Mme. Ionnidi）十分生气，因为她没有用出租车顺路捎他一程！所有评审员的评议中（总共有6

名成员,包括已经退休了的兰诺夫人,她将自己的教职和组织传承给了在楠泰尔任教的雅克·布伦什维[Jacques Brunschwig]),皮埃尔·维达·那凯特的评论再一次给我留下了最深刻的印象。他做出了最严厉的批评,但他却是给我的工作最真诚、最衷心的赞扬的人。

Q:当我们从1974年开始看您对古希腊哲学研究的整体时,我们可以发现一些主题始终保持不变:亚里士多德的缺席,柏拉图和柏拉图主义的无处不在,对所有与神话有关的事物以及神话与哲学之间的关系都保持着持续的兴趣。如果必须让您说的话,自从1974年引导您工作的主题——您的阿里阿德涅之线是什么?

Q:从公民社会的角度来看,人们可以把我定义为哲学史家,而我的主要兴趣在于柏拉图和柏拉图主义。但我认为这并不能很好地反映现实,主要是以下两个原因。我相信在这个术语的最大意义上,一个人由他的所作所为而被定义。一种不能将自身客观化的经验,并没有足够的实在性来成为思想或话语的对象。一种深爱就像一个愤怒的恶棍一样短暂停留,他因为某种原因没有任何办法改变现实。通过语言来客观化思想,仍然是人类传播和交流信息的唯一途径。第二个原因涉及正在考虑的论题。我在任何领域所从事的工作都基于我个人的经验。

确切地说,我想要回答的是以下的问题:鉴于传统强加边界,允许共同体的自我认同和自我定义,那么一个个体或是群体,在柏拉图之后,怎么能以我们称作"哲学"的名义来拒绝传统呢?从我的童年和青春期开始,我就深深着迷于魁北克的这种分裂运动,它是由一场危机引发的,这场危机在当时正要质疑到魁北克与天主教的关系。

但是,为了更具体地回答你的问题,让我们来说些别的。我关于哲学史的工作始于我那篇研究《蒂迈欧》的论文,续之以对柏拉图书目的整理,这种整理以5年为一单位,我翻译了柏拉图的对话集,也撰写了古希腊哲学史的一些章节。

我是从弗拉马里翁(Flammarion)关于柏拉图著作的法语翻译版平装口袋书(GF版本)开始的。我翻译了《书信集》、《克里底亚》、《克力同》、《申辩》,以及我刚刚完成一个新译本的《会饮》(1999年)。在那时,我正在进行《法义》的翻译工作,《法义》因柏拉图的去世而中断了,但即便如此,这也是他最长的对话集(关于柏拉图《法义》的两卷出版于2006年)。翻译《会饮》时,它深深地打动着我,不仅仅因为这篇对话十分优美,也因为35年前我还在特勒博恩神学院的时候,正是阅读到阿尔喀比亚德对于苏格拉底的赞美时,我对于柏拉图作品的热情就开始了。

平装口袋书系列取得了巨大的成功,因为它努力把优秀的学术成果与低廉的销售价格结合了起来。这本书每年能卖几千本。例如,《申辩》和《克力同》在不到一年的时间里就卖出了3.5万本。只要20法郎(约合5美元),一个学生就可以得到现在关于这两本对话集最好的口袋书版本。

一开始总是很困难。起初,一些人试图劝阻我不要参加这个项目,他们声称一旦我出版了口袋书,我的学术生涯就会被毁掉。

在当时,以平装版本出版学术书籍简直难以想象。但是时代已经改变了,现在你不仅可以看到GF版本的希腊语和拉丁语的古代文献译本,甚至还能看到阿拉伯语、梵语等等古语言的。最初的《书信集》,出版于1987年。1984年做完神经手术之后,我马上就开始了翻译工作,实际上那时候我仍然卧病在床。当时我的头部由于平衡问题晕晕乎乎的,这让我时刻感到恶心。

Q:是什么需求激发了这些新的翻译?您怎样看待您的翻译工作?

A:让我先做一个初步的评论。我认为对于柏拉图的翻译确实转变了法国人对于口袋书的看法。在那之前,口袋书是某种比较劣等的产品。作家、学者和历史学家们写书,如果这本书取得成功,几年之后才可以出版一本平装书。但这意味着一本书不得不重印。而柏拉图的新译本则是第一次出版。当时路易斯·奥迪伯特(Louis Audibert)邀请我们(莫尼克·坎托[Monique Canto]和我)从柏拉图开始这个计划。他从英国的企鹅丛书(Penguin series)中汲取了灵感。

我接受这个计划又是出于另一个原因——一个实际的、关乎金钱的原因。我们在大学教书时,想要让学生们采购一些图书的时候总会很犹豫,因为那些书真的太贵了。当我在蒙特利尔大学时非常熟悉这种状况。

除了这些实际的原因之外,还有文化上的原因。为柏拉图的新译本开创一种口袋书版本的必要性,同样也回应了一种比看上去更深远的文化需要。当你教学的时候你会很清楚,学生们越来越难理解柏拉图的文本了。他们遇到的首先就是语言问题。20世纪早期的法语对于当代学生来说经常很难理解。即使是里昂·罗斑卓越的翻译,如果你试图把它直接译为古希腊语,它也会变得难以理解。

终于,在20世纪前半页以纯文学的方式出版的柏拉图的译本,以及里昂·罗斑1950年出版的七星诗社本都是纯法语学界的,换句话说,完全不引用外国学术。二战之后,关于柏拉图的研究在盎格鲁-撒克逊世界开始兴起,那些研究也必须被考虑在内。终于,社会变了。让我举个例子。之前我们阅读《会饮》和《斐多》主要关注的是其形而上学的部分,而关于柏拉图时代的某些雅典同性恋问题的细节和暗示的部分,也会用形而上学的方式来解读。换句话说,一名男性对另一名男性的明确表白,以一种隐喻的方式被系统化地解释了,也就是说,比起内部结构之中一个灵魂对另一个灵魂的诱感而言,他们会倾向于用教育来解释,或者把它形容成,那个把灵魂从感性中拽出来、引导它走向智性和灵性的动力。顺便,至少两次翻译了《会饮》和《斐德若》的里昂·罗斑,1908年在这个项目中出版了一本非常棒的书——《柏拉图爱的理论》(*La théroie platonicienne de l'amour*,1926 年),奥古斯特·迪亚斯(Auguste Diès),他曾经对柏拉图其他著作产出过很精彩的译本,在写《在柏拉图左右》(*Autour de Platon*)的时候,他以一种非常间接的方式表达了他在试图将古希腊的同性恋行为简化为一种单纯的文学或隐喻方式时的挫败感:"而且,如果闭上眼睛,不去面对那些不可否认其意义的文本的话,我们就会轻易无视公元前 5 世纪和 4 世纪的情欲作品,而只会看到这种文学方式以及对隐喻的滥用。"在阅读我的译本导言部分的时候,即便是不甚了解的读者也会注意到在我的文本中,到处都是受到福柯、多弗(Dover)、巴特以及赫尔柏林(Halperin)启发的痕迹,同样我的文本也给予古希腊同性恋行为以必要的位置,关于其社会、道德、心理甚至生理学的因素。因此,我们至少有了四个很好的理由来为柏拉图的全部著作产出一套新译本。

Q:您自从 1977 年开始经常在德国评论杂志《书库》(*Lustrum*)上发表柏拉图参考书目(The Plato bibliography),这也是您工作的另外一部分,虽然它的认知度较小,却同样重要。您从哈罗德·彻尼斯那里接手这项工作,他是一位研究柏拉图的美国知名学者,也是普林斯顿大学的教授,他在 50 年代承担了这个项目。您接管他的职位时仍然是一个相对不知名的年轻博士。您是怎样获得彻尼斯和德国编辑们的信任的?

A:维昂尼·代卡利让我们意识到了彻尼斯的柏拉图文献研究。他后来给了我他在普林斯顿高级研究所的地址。我非常欣赏彻尼斯在他的那两卷《书库》里发表的著作。在我 1974 年发表的关于《蒂迈欧》的论文的参考文献中,我为国家博士学位论文准备的参考书目中,以及在 1973 年提交给法国国家科学研究中心的关于《巴门尼德》的研究项目中也是,我借用并且扩展了它们。正是在对于这些部分的书目的研究中,我萌生了想要接手彻尼斯的项目的念头。我一个人开始了这项工作,但是几年之后皮埃尔·维达·那凯特招募了安妮狄夫人,于是安妮狄夫人加入了这个项目和我一起工作。她是一位非常有教养的女士,她通晓现代希腊语、俄罗斯语、德语、意大利语、英语和法语,但她的灵魂却饱受苦难。她退休后不久返回了希腊,然后遭遇了她悲剧的结局。

此外,人们不应该认为参考书目整理的工作是纯机械式的、无非是收集信息而已。我一直把一位书目学家看作一位制图师,他为研究人员和学生创造了一种工具,让他们能够快速找到自己想要的东西,而不忽略任何重要的信息。此外,一个详尽的参考书目可以让你快速地看到阅读的背景和解释性的方向、一篇文章或一本书的位置。你可以通过对其中的各种相关解释有效性的元哲学思考来达到这个目标。

Q:这真是僧侣般的工作了,因为你必须要对世界上所有出版的关于柏拉图的作品进行编目。每年有多少本关于柏拉图的出版物?

A:我开始的时候每年大约 300 本。现在大约是 350 本。我刚刚完成了"1990-1995 年的柏拉图研究",并且从 1958 年至今,我已经收集了一万个标题了。

Q:我自己特别清楚您的书目工作是我们不可或缺的工作工具。我更愿意说的是,这位书目学家的不被领情的和修行式的工作,并没有因为它的真正价值而受到欣赏。我经常遇到一些学者,他们认为同事做参考书目是"浪费时间",即使他们对此的态度并不轻蔑,但却很居高临下。当然,这种"屈尊"非常虚伪,因为他们很清楚,一旦这些书目整理出版,他们就会省出很多宝贵的时间。

A:我认为,专业化的书目整理变得越来越有必要,最主要的原因是,在我们的领域,知识处在一个积累而不是被废除的过程。哲学史中的研究动态,和盛行于精确科学领域的完全不同,在科学领域中,做研究会持续废弃某些数年甚至数月之前得出的结论。

在科学的王国,有一个加速的过程,会不断地淘汰先前的研究。但这却完全不是哲学史中的情况。最新近的解释也不一定会使以前审阅者的注释无效,无论当代与否,在哲学史中,解释倾向于积少成多而非取而代之。这就是为什么探寻文本的主要解释,有时甚至是文本的一小段,会变得越来越困难。

Q：在一个像我们这样的领域里,面对一个封闭的资料库,我们可能永远也不会再发现柏拉图或者亚里士多德的新文本了,您不认为出版物太多了吗？

A：太多了！我们出版有两个原因：第一点是出于研究和科学的目的,也就是说,我们相信我们有一些新的东西要说；第二点是出于职业原因,我们出版书籍的目的在于获得教职或晋升。没什么阻止这两个原因相互重叠,但很明显事实并非总是如此！

Q：难道不是因为我们学习时太经常地忽视前人的工作,因此经常重复已经被讲述过的内容吗？或者更糟的是,同样的问题在很久之前已经被解决了。如果一个人认真阅读过以往的那些著作,这些事情就不会发生了。

A：像我自己做的这种参考书目应该能够避免这种浪费时间的、错误的行为。然而,与彻尼斯相反,我并不会做任何价值判断。但是通过阅读我的注解,人们可以立即看出这份工作是否有价值。

Q：数据处理的不断发展对您的书目整理工作是否会产生什么影响？直到现在,您关于柏拉图的书目整理一直都在刊物《书库》中以一种硬拷贝的方式出版。但是光盘存储和互联网正在为我们带来惊人的可能性,它们不也是一种不错的传播方式吗？

A：我已经开始计划为我在《书库》上发表的书目整理使用一种数据库的管理程序。这项工作的部分内容已经可以在互联网上找到了,我正在完成一个非常大的项目：从1950年开始出版的有关柏拉图的所有著作目录整理的光盘版本。

Q：现在让我们来谈谈您所做的历史和注释工作。您最近参与了一项关于希腊哲学史的广泛的综合研究。

A：是的,我对我在这个项目上的工作很满意。这是一个集体项目,乔纳森·巴恩斯(Jonathan Barnes)、格雷戈里·弗拉斯托斯(Gregory Vlastos)、莫尼克·坎托(Monique Canto)、和雅克·布伦什维(Jacques Brunschwig)也对这项工作的汇编做出了贡献。

我们的目标是提供一部可以取代埃米尔·布雷耶(Emile Bréhier)的希腊哲学史的综合版本,它是1926年出世的第一个版本。要达到这个目标并不容易。但是我相信这个结果会很有趣。它构成了近900页的作品,涵盖了极广的时间,从泰勒斯(公元前6世纪)开始,以柏莱图(Plethon)结束(15世纪)。

Q：更确切地说,您对这个项目的贡献到底是什么?

A：我撰写了许多部分。首先,是反对苏格拉底的智者学派;然后是苏格拉底时期,关于那些在苏格拉底周围的哲学家们,他们发起了一些或多或少被定义过的哲学潮流,例如犬儒学派,麦加拉学派、昔兰尼学派;新旧学园的柏拉图主义,他们相对于亚里士多德和斯多亚学派;中期柏拉图主义,他们于本质上反对基督教的异端(尤其是灵知主义[Gnosticism])、正统派,以及那种融合了亚里士多德传统的学说。我还想描述一下教父哲学和希腊哲学之间暧昧不明的关系,这是一种在和解和拒绝之间交替出现的态度。我也完成了关于拜占庭世界的一章,在那里,对于异教传统的忠诚,在很大程度上解释了我们在古代哲学领域遗产的丰富性。

Q：什么促使您去从事这个浩大的工程?

A：是一种奇怪的感觉,和出现在30多年前的一部著作的极盛相关。

从公元前6世纪开始,在古希腊,某些思想家就开始探寻包含各种实体(包括人类)的理性世界的本质,他们问什么可能是起源,即它的第一因,但是拒绝考虑任何外部原因来解释它之前的发展,这就解释了对于神话,因而对于传统的神的拒绝。答案多种多样,有的把原理和宇宙、人类甚至是社会的始点联系到了一起,通过四种元素:土、气、火和水,甚至是一个更加原始的实体——一切变化都是偶然的"无定"(阿派朗[apeiron])。

柏拉图区分了实体的层次(可感事物,灵魂和可知事物),这使一切都改变了。宇宙、人类和城邦不再是与四种元素之一或无定相连接的自动过程。相反,在《蒂迈欧》中,他们变成了神意的产物,在世界的创造中,神的影响甚至在世界灵魂的层面上,以神的形式创造了世界。《蒂迈欧》中,柏拉图执行了一种微妙而复杂的综合,在神话与理性之间、在神作为造物主出现的传统与将数学考虑入内的自由探究之间,达成了一种不甚稳定的平衡。

Q:您认为对于柏拉图来说,神话的地位和功能是怎样的?

A:首先需要注意的是,柏拉图给了希腊语 muthos 一词以神话的意义,这是一个音译,现在全部欧洲大陆都通用了。在柏拉图哲学的结构中,你只能通过神话的媒介来谈论灵魂。为了说明柏拉图所理解的"神话",我们或许可以看看电影《泰坦尼克号》体现的一个当代的例子,它有一些特征显示了神话的特性。

这部电影取得了巨大的成功,因为它以镜头的形式,吸引了一个"大众"群体,通过一种在过去几十年里一直占主导地位的价值观:对富人统治穷人的谴责(以爱尔兰和英国为例),对男人统治女人的谴责,以及技术对自然的支配最终得到了报应等等。这部电影确实提及了一个真实的故事,但在这种情况下,我们无法去证实电影中相关的事件(关于一个特定的男人和女人的故事)是否和现实相符。那个唯一能证实这位老妇人的故事的英雄已经死了,而唯一的证据——属于路易十六的珠宝,也消失了。这一切都取决于一位老妇人的故事。现在,遵循一句拉丁语谚语"testimonium unum testimonium nullum"(不存在一个单一证人的证词),我们可以说,一个人的证词根本构不成证据。

这部电影包含了一些可以追溯到 2400 年前的柏拉图的要素。

当他使用 muthos 一词时，柏拉图完成了两种操作，一种描述性的，一种批判性的。在这个术语的帮助下，他以一种让人想起人类学家的方式，描述了某种话语，这种话语在自己与另一种话语的地位上做着价值判断，且他认为另一种话语，即哲学，具有优先地位。

在柏拉图的眼里，传统的神话通过一种媒介表达为一种话语，这个媒介是一个给定的共同体为纪念其过去（被认为是价值所在的那些东西）所保存的一切的媒介，它以口述的形式，从一代传到下一代，而无论这种话语是否由一位通信员（communication technician，比如诗人）所阐述。神话都在讲什么？那些事件发生在很久以前，发生的地点亦不确定，无论是有关于神话的人，还是那些听人讲述神话的人，都无法去证实它们。这些事件是口头叙述的，这也意味着，同样的故事在每次被转述的时候都会稍微发生些变化。写作扼杀了神话，因为它阻止神话适应于其读者的期望，而这些读者会在某个时刻发现在神话中有各种各样的时代错误、荒谬与不可能之处。

在口述的背景下，神话由诗人"创造"，他重新组织了传统的叙事，并赋予了它一种特殊的形式。当神话出现在剧院里，诗人发现自己得到了演员的帮助；而当一个神话在任何一个公共集会中传诵，在荷马史诗竞赛和戏剧竞赛中背诵时，是那些专业人士——诗人或演员，担任着讲述者。在一般意义上，神话可以被任何人讲述；在这方面，一个神话的叙述者有这样两个特征：女性气质和较高的年纪（就像电影《泰坦尼克号》里那位老妇人）。在一个传统社会中，老年人可以通过神话的传播过程传递一种秩序。通常情况下，女性（母亲、保姆、祖母）是神话的主要传播者，而主要的受众则是儿童。此外，这也是神话的力量所在：它是一种从最年轻的一代开始，面向所有人的话语。这是一种特权化的手段，以这样或那样的方式改变着所有人的行为。它是怎么做的，它的目标又是什么？从传播链的一端到另一端，大家都通过模仿进入到情境中。无论他是在创造,还是单纯地讲述,诗人们表现得就好像他们是神话中的一个角色,并且那些听他讲述的人也认同这些角色。由于这一认同令人愉快,受众会被带领着去识别那些他们跟随着冒险的人物。我们现在可以理解,神话作为一种说服手段可怕到了何种程度,以及为什么柏拉图认为必须挑战它的权威。

柏拉图在道德基础上谴责神话,因为它给予了神、灵明、英雄、死者甚至过去的人们错误的形象,同时他也在认识论层面进行了两次批判。在柏拉图的眼中,这两个弱点证明了,首要位置始终要给哲学话语。此外,哲学话语只针对少数人。而柏拉图在政治领域也有着野心。神话在《理想国》和《法义》中占有一席之地。在《理想国》中,神话证明了城市多样化的统一具有合理性。这三个功能性群体(生产者、战士和统治者),必须认同他们出生于同一片土地这一事实,即使他们由不同的质料制成:黄金、白银、青铜。这就是所谓"高贵的谎言"、城市的创始神话。在《法义》第四卷中,柏拉图解释说法律必须是双重的。当然,它必须表达出法律的精神,以及对那些违反法律的人的种种惩罚,但是,为了让大多数人遵守法律,他们必须先进行一些介绍和阐明法律的劝诫。这种劝诫经常都是神话的工作。

因此,柏拉图经常诉诸于神话,甚至创造神话。作为一位哲学家,他只能用这种类型的话语来谈论灵魂。并且,作为一名政治改革家,他必须说服大多数人,而大多数人不接受哲学话语,哲学话语仅仅为少数人所保留,所以他需要通过每个人从小就习惯的神话的话语来进行。

在《哲学家如何拯救神话:寓言阐释与古典神话学》(*How Philosophers Saved Myths. Allegorical Interpretation and Classical Mythology*)这本书中,我尝试向大家展示,在柏拉图之后,哲学家们如何通过一种对我们来说有些惊讶的方法,来为神话寻求一席之地。但是这些方法在希腊罗马世界却很常见,并且直到文艺复兴末期都在很多领域产生过巨大的影响,包括哲学、文学、美术和各种科学领域。这就是我们所说的寓言(allegory)。从斯多亚学派的时代开始——即使我们在亚里士多德那里已经发现了这样的现象,通过一种进入到哲学和科学话语中的方式,传统都得到了再利用。神话们被重读了,但却建基于重新解读。换言之,寓言使神话被转译成了理性的术语。为了做到这一点,解释者们用某种美德、元素(火、气、水、土)或者心理功能等等,把神同化了。

Q:哲学的诞生经常被描述为"从神话到理性的过程"。您同意这种在19世纪末流行起来的说法吗?

A:同意,但需要加一个前提条件:从神话到理性,然后再回来。

Q:再回来?

A:理性不能证实自身,除非它处于神话的对立面。但是哲学家们很快就意识到,如果他们只停留在理性的层面上,他们就不能谈论某些非常重要的事情。这就是为什么有必要在理性旁边为神话寻找一个位置。

Q:我们可以说希腊哲学总是和神话相关吗?

A:是的,也许吧,除了亚里士多德和他的学派。这很令人吃惊,因为他是柏拉图的学生,他们的时期也相隔不远,几乎不到一代。但是在研究柏拉图的时候,我们却发现了另一个完全不同的概念世界。

返回神话最明显体现在基督教时代前后,对于斯多亚主义的柏拉图式反应上。在中期柏拉图主义以及后来从3世纪开始的新柏拉图主义中,我们看到了一种激进的蜕变。哲学家们那时倾向于把哲学本身视为一种神学,这意味着所有的神学——一种神性的话语,都必须彼此同意。柏拉图哲学在根本上和荷马、赫西俄德以及所有新的宗教思潮表达着一样的东西,这些思潮包括新版本的俄耳甫斯教(Orphism)、游吟诗(the Rhapsodies)和迦勒底神谕

(the Chaldean Oracles)，这是公元2世纪形成的一种启示，它与诗歌形式的《蒂迈欧》有关。所有这些都是为了抵制基督教。因此被反对的基督教在公元529年掌权之后，就打算关闭雅典的哲学学院，希腊文化（Hellenism）中的所有事物都维护着它的力量，它也成功在529年关闭了各种哲学学院——而它们是在希腊所有这些领域中最好的那一切。这是我非常喜欢的一个主题。

Q：但您没有简单地概括神话。您还提供了对于传统神话的分析，那些关于忒瑞西阿斯（Tiresias）以及与雌雄同体（bisexuality）有关的不同人物，尤其是对于俄耳甫斯的分析。这是与韦尔南、维达·那凯特以及德蒂尼也感兴趣的那个项目关系十分密切的主题。在雌雄同体的问题上，我们基本上处于哲学的边缘。在我看来，这是一个与人类学关系更大的问题，而不是哲学的问题。

A：是的，完全不是。在我关于忒瑞西阿斯的书里，我的意图是向韦尔南、维达·那凯特以及德蒂尼展示，我和他们一样，可以对一个个案和一个神话进行结构性分析。我密切地跟随着列维·斯特劳斯的脚步，我设立了一个"神话素"（mythemes）的专栏，诸如此类的。但很快，我发现自己面临着真正的哲学问题。

Q：您能帮我们回忆一下神话"忒瑞西阿斯"的梗概吗？

A：这个神话有三个版本。在第一个版本中，忒瑞西阿斯在山中行走，看到了两条正在交媾的大蟒；他打了其中一条，然后被处罚变成一个女人。7年之后，他打了另一条大蟒，再一次被惩罚了，但这一次他又变回了男人。在第二个版本中，众神之王宙斯和他的妻子赫拉经常吵架，这次他们争论的是究竟男人还是女人会在做爱时体验到最多的快乐。他们决定去征求忒瑞西阿斯的意见，因为他两边都经历过，应该会知道。忒瑞西阿斯和宙斯在一起，声称一个男人比女人在性爱中感受到的快乐少7倍。被他的回答激怒的赫拉，便把忒瑞西阿斯变成了盲人。宙斯无法解开赫拉的咒语，为了补偿他，便给了忒瑞西阿斯预言的天赋、长久的生命(他持续活过了7代底比斯的王朝更替)以及死后仍能保存自己的智慧的能力,这让他成为了某种"活死人"(living-dead)。根据卡利马科斯(Callimachus)的第三个版本,忒瑞西阿斯不是被赫拉弄瞎的,而是雅典娜——他无意间看到了裸体沐浴的雅典娜。忒瑞西阿斯的母亲也是一位女神,并且是雅典娜好友圈的一员,为了取悦她,雅典娜给予了忒瑞西阿斯占卜的天赋、漫长的生命、一支魔杖以及在死后保持他的智慧的可能性。因此雌雄同体从第二版本中消失了,然而它又重新出现在第二版本如下的情节里——忒瑞西阿斯在故事结束之前改变了6次性别,然后变成了一只老鼠。

我想要说明的是,忒瑞西阿斯建立了神人之间、生死之间、代际之间的联系,像他这样中介般的存在,必须受到两种性别的影响。换句话说,一个想要在两个对立面之间建立联系的中介者,必须参与到他本性的对立面之中。这也就是连续的雌雄同体的意义所在。

很快,在我的研究中,我就注意到了在古代存在的雌雄同体状况——事情从这里在哲学的层面上变得有趣了:被赋予两种性别的同一存在。第一个例子,也许是最引人注目的,出现在柏拉图《会饮》里有关阴阳人的部分中;奥维德(Ovid)的雌雄同体理论在另一个有点不同的文本中。无论是对神、还是人,甚至动物来说,一个血统、一个物种里首要的存在,那种扮演蓝本的角色都既是男性又是女性。我们发现,在著名的新柏拉图主义的宗教思潮里,也就是在俄耳甫斯教义、迦勒底神谕、赫尔墨斯文献、诺斯替主义中,同样的观点以一种强硬的方式被系统化地表达了;就连从灰烬中诞生的凤凰,也是他自己的父亲和母亲。

Q:但是一种原初的雌雄同体为什么有必要呢?

A:在我看来,基础性观点是以下的内容,并且我们也在《创世记》中发现过这些观点:如果不从想象一个拥有两种性别的人为出发点,如何区分一个人的性别?在创世记的一个版本中(因为总共有两个版本),上帝从亚当身体里取出一根肋骨,才有了夏娃。因此,我们必须得出这样的结论:要么最初的亚当没有性别,要么他有两种性别,而在雌雄同体的情况下,这两者是一回事。正如奥维德描述过的,有一种性别,源于湖中女仙萨耳玛西斯(Salmacis)和赫耳玛佛洛狄忒(Hermaphrodite)这一对儿:中性性别(neutrum utrumque),即,这个存在者不是这个性别也不是那个性别,它是中性的,因为它同时具有两种性别。在另一个版本的创世记中,我们可以读到"上帝创造男人和女人",这也意味着,就像我们也可以在卡巴拉教义里找到的那样,一种对于原始人类的双重性别的肯定。

在柏拉图的《会饮》中,阿里斯托芬讲过一个关于阴阳人(androgynous)的美好神话,在其中我们可以看到,同时拥有两种性别是自主权的一种保障。一个拥有两种性别的存在,实际上自己本身完全可以自给自足。根据阿里斯托芬提供的描述,阴阳人们是球形的。而圆形和球体是最为卓越的自给自足的形式,这种自足对希腊思想来说也非常珍贵。举个例子,在巴门尼德(Parmenides)那里,没有任何需要的存在物会被比作一个球体。而最终,自给自足是神性的主要特质之一。只要同时拥有两种性别,阴阳人就可以从各种需要的钳制中脱离出来——包括爱的需要。爱欲情感的出现,确实是性别分化的结果;一旦被分开了,他们就会不断追求自己"温柔的另一半"(tender half)。爱和爱欲情感都明显地表现为一种表达,一种缺乏与需要的表达,原初人类体会不到这种情感,因为他同时拥有两种性别,于自己内部便足以调和。

雌雄同体在神话层面是一个非常重要的现象。矛盾的是,现实中任何雌雄同体的迹象都会遭到残酷的镇压。在古希腊和直到帝国初期的罗马,当一个性别还不明确的婴儿降生时,一旦有人猜测它可能是双性的,它就会被烧死或淹死。它们被抹杀掉是因为,人们认为这是上帝发出的一个病态警告,为了提醒人类种族,他们不再知道如何进行正常繁殖、将会消失在这个世界上。①

Q：俄耳甫斯主义是您的另一个研究兴趣。在其可重建的主要特征范围内，这一宗教思潮包含哪些内容？

A：俄耳甫斯的形象让古人那么着迷，也持续吸引着我们的同时代人，根本上有两个原因。一方面，俄耳甫斯的歌声不仅会影响人类，而且对神、动物甚至是无生命物都发挥着影响，他可以被认为是一种神秘力量的象征性形象，在某些方面，也是诗歌和音乐的魔力的象征。这是一个由诗人、小说家和电影摄影师不断复兴的主题：比如让·科克托（《俄耳甫斯的证言》）和马赛尔·加缪（《黑人俄耳甫斯》）。

而且，由于他的歌声给他带去了力量，俄耳甫斯实际上是唯一一个能够下到地狱、并把他的妻子欧律狄刻（Eurydice）带回阳间的人。虽然我们知道这悲剧的结局。我做过对俄耳甫斯的研究，在其中，我将爱与死亡——这两个不停困扰人类无意识的主题考虑在内，它们被发现于这些神话事件的背后，在这里像爱一样强大的情感和克服死亡的愿望混合了起来，在对神谱（theogonies）的质问中使它们得以可能。我在 1995 年以《古代希腊罗马的俄耳甫斯和俄耳甫斯主义》(*Orpheus and Orphism in the Greco-Romain Antiquity*)为题出版了我关于俄耳甫斯的论文集。

对俄耳甫斯的兴趣在于这两个特性。在古希腊，它是唯一一个发生在相对遥远的时间、神谱也被收集齐全的时候的神话集，神谱也就是对于诸神起源的记述，是一种宇宙生成论，换言之，它也是对于世界起源的描述，甚至是解释了人类出现原因的人类起源论。另外，所有这些记述看起来都遵循着一种双重运动——来与回的往复。在赫西俄德那里，由于宙斯取得胜利成为众神之王，神

---

① ［译注］这方面的成果已有中文译本参见：吕克·布里松，《古希腊罗马时期不确定的性别》，侯雪梅译，广西师范大学出版社，2005 年版。

与世界的秩序彻底地建立了,而由于提坦神(Titans)谋杀了酒神狄俄尼索斯,俄耳甫斯主义中的一切似乎都在挑战这个秩序,这一谋杀可以预示着同一进程的重新启动。有三个版本的神谱可以归于俄耳甫斯的作品,它们在这一著作中都很有代表性。有一个更古老一点的版本,曾经被阿里斯托芬、柏拉图、亚里士多德以及他的弟子欧德摩斯(Eudemus)提及过,并且很大可能在德尔韦尼草纸文献中(Derveni Papyrus)讨论过。还有两个新近一点的版本。第一个是《二十四赞歌中神圣的会话》(*Sacred Discourses in Twenty-Four Rhapsodies*),第二个归于达玛士基乌斯(Damascius),无疑也可归于希罗尼穆斯(Hieronymous)和赫拉尼克斯(Hellanikos),开端处的这一点是和第一个版本唯一的区别之处。

在他公元前414年创作的喜剧《鸟》中,阿里斯托芬戏仿了俄耳甫斯神谱的一个版本。在这个至今仍最古老的版本中,黑夜女神倪克斯制造了一颗蛋,然后有了爱神爱洛斯(Eros),从这之后万物才开始产生。当谈到神的产生时,我们必须待之以最大的谨慎,因为阿里斯托芬始终在恶搞,他戏剧的主角是一些鸟,而他使这些鸟的种族出现在诸神种族之前。而且,阿里斯托芬对遵循着这个神谱的东西并不感兴趣,他急于结束对于乌拉诺斯(天空之神)、俄刻阿诺斯(洋流之神)、盖亚(土地之神)以及其余众神的描述。此外,由于柏拉图似乎认为神谱历时66代,我们也可以认为在他的时代,神谱始于黑夜女神,终于狄俄尼索斯,遵循着《游吟诗》中阐明的秩序,这似乎也被亚里士多德证实了。然而,我们不知道这个版本是否叙述了提坦神对狄俄尼索斯的谋杀以及吞食。

Q:我们有其他什么文献来佐证这一版本的俄耳甫斯神谱吗?

A:阿里斯托芬、柏拉图和亚里士多德提及过俄耳甫斯神谱近50句,这些都出于考古发现的重大兴趣而被重建了。1962年1月,在萨洛尼卡(Salonika)西北部的发掘工作中,一个6人墓葬群附近发现了一卷纸莎草。我们说的那卷纸莎草不是在坟墓里发现的,而是在它的外面。当时人们很大可能打算烧掉它,而不是将其作为逝者通往彼岸之旅的携带物。然而,它的一端被烧毁了,但正因为烧焦了,这卷纸莎草才没有腐烂或分解。由于这糟糕的条件,想要弄清楚残留纸卷上的内容十分困难。然而,我们还是设法将这些碎片与静电分离开来了——150块纸莎草纸,从中我们可以重建23列文本,以及一些属于它们之前另外4列的碎片。这是一个更口语化的版本,可以让人们读到对于俄耳甫斯神谱的哲学评论,从公元前4世纪晚期或3世纪初开始,在基督教兴起之前,神谱可能就为阿里斯托芬、柏拉图、亚里士多德和欧德谟所知了。

在一个简短的介绍中,俄耳甫斯声称,他愿意为宙斯创造的新神以及因宙斯而诞生的神吟诵。他的故事始于宙斯接受了黑夜女神的建议,即将夺取权力的那一刻。宙斯吞下了普罗多格诺斯(Protogonos,原始神),"第一个出生的存在"。退后一步,它阐明了神的谱系,宙斯是其中的一个部分:夜神、普罗多格诺斯、乌拉诺斯(盖亚)、克洛诺斯(阉割了乌拉诺斯)。在吞下普罗多格诺斯之后——吞咽意味着完全的吸收,宙斯成为了一切的开始,正中和结束,然后便开始进行一个新的创世,史诗会在之后的章节记叙它。但故事以提及宙斯对他母亲的欲望结束,这个事件导致了一场受孕和狄俄尼索斯的诞生。

Q:这个版本是一直维持不变,还是像大多数神话一样,会不断演进?

A:在我们纪元的开始,老版本似乎经历过一个重大的修订。重制版就是我们所熟知的《二十四赞歌中神圣的会话》。这个标题本身便很有启发性。"神圣的会话"(sacred speech)这个术语是"经章"(scripture)的同义词,这是一种在当时获得了许多成就的艺术体裁。题目的前半部分"二十四赞歌",表达了想要与荷马史诗(《伊利亚特》和《奥德赛》)看齐的野心,它们被希腊化时代的编者和文学评论家分为了 24 首诗歌,一首对应字母表中的一个字母。由于自公元前 5 世纪以来就占统治地位的哲学评注(philosophical exegesis),每一首也都变成了某种神学诗歌。这个新版本的俄耳甫斯神谱已经成了神学问题上的真正权威,通过主要来自于新柏拉图主义的大量重要证据,我们知道了它,这就解释了为什么我们可以详尽地了解到它所叙述的内容。但很不幸的是我们永远也无法知道它究竟由多少节诗所组成。

在这个版本中,原始的主宰是克罗诺斯(时间之神)。从克罗诺斯开始,埃忒尔(Ether)和卡俄斯(混沌之神)诞生了。然后,克罗诺斯在埃忒尔体内创造了一枚亮白色的蛋,从这里孵化出了一个非凡的存在,它以许多名字为人所熟知。它是一个双重的存在——被赋予了两双眼睛以及两种性别器官。除了背后的翅膀,它身边还环绕着许多动物的头,较为明显的是以下四种动物:狮子、公羊、公牛和蛇。就像它的外表一样,它也有多种名字。最先被众人熟知的是"法涅斯"(Phanes,"它出现","它使出现发生"),因为它的出现可以向外辐射,它使所有的事物都以显现的方式出现。它同样也被称为爱洛斯(Eros)。有时法涅斯在语词上也以"普罗多格诺斯"(Protogonos)为人所知,有时"普罗多格诺斯"会被单独引用。有时我们称这个存在者为"墨提斯"(Metis,实践智慧之神)。作为万物的创始者,法涅斯一定是天选的,因而在宇宙的治理上,他必须表现出实践智慧。更为重要的是,由于他之后会被宙斯吞食,法涅斯在这点上和墨提斯很类似,赫西俄德在神谱中声称墨提斯也被宙斯所吞食,从而让雅典娜诞生了。最终它被称为厄利克帕奥(Erikepaios),这是个意义含混的名字,各位专家学者至今都无法对它进行准确的词源说明。

夜神和这个具有多种外表与名称的存在有着十分复杂的关系。实际上,她是他的母亲、他的妻子、也是他的女儿。这种三重的女性形象可以作为原始的女性形象的代表。作为万物的显现以及两种性别的拥有者,女性的那部分容许法涅斯拥有各种不同的关系。但是,法涅斯将第二代统治的权杖授予了夜神——他的女儿、他的妻子、同时也是他的母亲。第三代统治权属于乌拉诺斯,他是盖亚的配偶,他们一起使夜神产生。除了海神蓬托斯(Pontos)可能是她独自生下的,盖亚还孕育了三种神明:三位赫卡同克瑞斯(Hecatonchites,百臂巨人)、三位基克洛普斯(Cyclops,独眼巨人),以及七位提坦神。这些神子是盖亚和乌拉诺斯结合的产物,他们的结合被认为是最初的婚姻,而神子们也被视作通过性结合产生的第一代神。他们被放逐到塔尔塔洛斯(Tararus,地狱)。在赫西俄德的神谱记载中,其中一个提坦神,克洛诺斯,在他母亲的唆使下阉割了他的父亲乌拉诺斯,并且出于同样的原因,用同样的方式送走了他的兄弟姐妹。克洛诺斯与瑞亚(Rhea)结合,他们的孩子刚出生便会被他一口吞下。为了避免和他其余兄弟姐妹一样的命运,瑞亚用一块石头替代了宙斯,克洛诺斯便把这块石头吞下了。于是宙斯便在夜神的洞穴里长大,并计划阉割他的父亲克洛诺斯——就像我们在神谱里看到的,克洛诺斯对乌拉诺斯所做的那样。随后宙斯夺取了统治权。

Q:俄耳甫斯神谱与赫西俄德的有什么不同之处呢?

A:在对宙斯的记述上,俄耳甫斯和赫西俄德有着根本的不同,他走了一条新路。它延伸到了一种宇宙进化论上,实际上,是宙斯吞下了法涅斯。因此他成为了原始的主宰,宙斯重建了神族、宇宙以及实际的人类种族。

并且由于现在他与法涅斯合一了,宙斯便作为一个双性的存在者与德墨忒尔(Demeter,宙斯之母)欢好,就像法涅斯与夜神的关系一样。作为宙斯的母亲,德墨忒尔的名字是瑞亚,而作为他的妻子和女儿,她被称作戈莱(Kore)。宙斯与戈莱结合诞生了狄俄尼索斯,当他还是个孩子的时候宙斯便把统治权传给了他。妒火中烧的提坦神们用玩具引诱狄俄尼索斯中了埋伏。他们杀死了他，将他切成了碎片，并且在准备了与古希腊传统祭祀需要的相颠倒的菜肴之后，他们吃掉了他。宙斯知道之后大怒，惩罚了他们。被记述的惩罚有三种：被闪电击打、被铁链束缚以及流放至塔尔塔洛斯。

宙斯将狄俄尼索斯身体残留的部分交予了阿波罗（Apollo），将其埋在了帕尔纳索斯山（Mount Parnassus）上。但是雅典娜想要设法拯救狄俄尼索斯还在跳动的心脏。她将这颗心脏放入一个胸腔中带给了宙斯，宙斯便将狄俄尼索斯复活了。因而狄俄尼索斯得以继续和宙斯一起分享权力。

并且，因为狄俄尼索斯又被称为宙斯、埃利科帕奥、墨提斯、普罗多格诺斯、爱洛斯、法涅斯，一切都可以重新开始。不像赫西俄德神谱以宙斯统治时期的稳定状态结束，俄耳甫斯神谱在分离和重新统一的双重运动中推进，既然结局似乎与开端相一致，它从来不意味着一个稳定的、不可更改的、闭合的状态。

神谱的最后阶段似乎与人类学相关。普罗克洛和达玛士基乌斯认为，从提坦神们吞食狄俄尼索斯的肉身入腹并被宙斯惩罚开始，人类才诞生。他们的构成方式是一种斗争：一方来自狄俄尼索斯，另一方则是吃了他的提坦神们。由此，一个非常复杂的惩罚性的教义发展起来了，它也包含"轮回"（metensomatosis）的概念，这个概念是说，一个人的灵魂可以进入到另一个人类或是动物的身体中，即使是像蛇一样最"邪恶"的动物也可以。在这个意义上，狄俄尼索斯确保了灵魂对神的认同，而提坦们则鼓励它堕落成为物质。

关于这个人类学的描述和它的惩罚体系，考虑到它记载较少且内容晦涩，让任何解释都变得困难而不明确，我们需要非常谨慎才行。至今为止的证据至关重要，即奥林匹奥多罗斯（Olympiodorus）的证据，它可能不是一个俄耳甫斯的学说，而是一种受到俄耳甫斯诗篇中的炼金术启发的理解，而这些诗篇早已消失不见了。(奥林匹奥多罗斯是公元 6 世纪的新柏拉图主义哲学家,他曾经叙述了人类如何从提坦们肉身的残余中诞生——提坦神吞食了狄俄尼索斯的身体之后,被宙斯的闪电击中,由此升起了蒸汽。)

更一般地,我们可以问,在《游吟诗》的结尾,是否宙斯的形象没有一开始时那么完整了,为了获得下面的系列:神谱、宇宙论、人类学,一首为了纪念狄俄尼索斯的赞美诗最初被运用于神话的框架中,而神话被置于神的庇佑之下。

Q:柏拉图没有受到俄耳甫斯教义很大的影响吗?

A:这远比它看起来要复杂。就像毕达哥拉斯主义一样,俄耳甫斯教义吸引着那些对古希腊罗马时代感兴趣,但却又不那么清楚这场宗教运动的真实历史的人。在柏拉图的时代,俄耳甫斯的作品无疑在市面上传播着,传播的往往是承诺着治愈与救赎的巡回神职人员(itinerant priests)。但是想要了解更多太难了。

Q:但是柏拉图没有使用过 sôma sêma("身体是灵魂的坟墓")这个词吗?他曾经在《克拉底鲁》里像俄耳甫斯一样明确描述过这个词。

A:是的,但是问题在于怎样解释这些词。如果你想在这个问题上走得更远,你就必须利用好公元最初几个世纪的文本。当时,在一个毕达哥拉斯主义对柏拉图主义施加了相当大影响的视角下,俄耳甫斯的文本似乎是一个新版本的研究对象。因此,一个新版本的俄耳甫斯神谱就这样构成了,从中期柏拉图主义的视角,加入了大量柏拉图的学说。

当新柏拉图主义者们在许多世纪之后读到这个新版本时,他们惊喜地在其中发现了如此大量的柏拉图的学说。但是他们的解释植根于一种糟糕的赫尔墨斯教义与认识论的循环。事实上,新柏拉图主义者们在柏拉图里发现的一个俄耳甫斯的版本,很有可能受柏拉图本人所启发。所以我在自己大部分关于俄耳甫斯主义的文章里,都把这当作一个问题,我几乎回顾了所有的证据——所有普罗克洛、达玛士基乌斯、奥林匹奥多罗斯引用过的俄耳甫斯主义的观点。我必须说，新柏拉图主义者们只能说是可以接受的，在扬布里柯创造的哲学中，他们在真正的创始神话中加入了信仰。扬布里柯写于公元 4 世纪的《毕达哥拉斯的生活之道》体现了这些观点，阿兰·赛贡（Alain Segonds）和我之前才首次将这本书译成法语。

简而言之，这就是新柏拉图主义者们盲目信仰的奠基性神话。在里伯瑟瑞斯（Libethres），在俄耳甫斯的故乡色雷斯（Thrace），毕拉哥拉斯被一个叫阿格劳斐慕斯（Aglaophamas，这个名字的字面意思是"声名远扬"）的人引入了俄耳甫斯的神话中。俄耳甫斯的母亲是卡利俄珀（Calliope），她是宙斯之后排在第一位的缪斯女神，这也显示了俄耳甫斯与神的亲近程度。当柏拉图来到南意大利的时候，他被毕达哥拉斯引入了俄耳甫斯主义。通过先是毕达哥拉斯、再是俄耳甫斯的中介，柏拉图发现他被告知了几乎可以算是神的话语。柏拉图的哲学因此可以与神启相融合。这种构想柏拉图哲学的方式，在 5、6 世纪被新柏拉图主义官方化了，并且拜占庭人也作为媒介将其广为传播，我们仍然可以在文艺复兴中发现其痕迹。例如，马西里奥·斐奇诺（Marsilio Ficino，去世于 1499 年），便被认为是这一派的。

Q：在这个关于神话的研究，与您和沃尔特·梅耶斯坦（Walter Meyerstein）合著的关于理性的著作之间，您创造了怎样的联系？

A：在回答这个问题之前，我想要回顾一下我与这个非凡人物的相遇。80 年代末的一天，我接到了一个素不相识的通讯记者的电话，他带着很重的德国口音。我们在通往索邦图书馆的楼梯尽头会合。就是在那时，我遇到了沃尔特·梅耶斯坦。梅耶斯坦 1929 年出生于一个德国的犹太家庭，他的父亲是一名医生，也是柏林一家儿科诊所的负责人，尽管他 1916 年在凡尔登为皇帝的军队服役期间,因受伤而失去了一条腿,也不得不在1938年(《慕尼黑协议》签订的年份)离开德国。于是他们一家人去了智利,沃尔特·梅耶斯坦在那里继续他的物理学研究,并成为了一名工程师和一家公司的董事。他一直待在那里,直到萨尔瓦多·阿连德(Salvador Allende)遇到了一些麻烦。政治动荡的加剧,让他回想起了糟糕的回忆。由于当时,他已没有家人并且单身,他在欧洲卖掉了自己所有的东西,更确切地说,是在巴塞罗那卖掉了,巴塞罗那是个对各种各样的影响都很开放的城市。他成为了巴塞罗那自治大学的科学顾问。他邀请所有科学领域的讲师参加会议和专题讨论会的筹备工作。也就是在那时,他开始对宇宙大爆炸产生兴趣,然后他发现这个问题的许多特性都与柏拉图在《蒂迈欧》里提出的宇宙模型的特征相符。他读了我的书,然后想要和我见面。因为他的一个朋友,约瑟·蒙特赛拉特(Josep Montserrat),知道我在巴黎的法国国家科学研究中心工作,所以沃尔特·梅耶斯坦和我的相遇就有了可能。这次意外的邂逅,仍然是我一生中最感动的经历之一。一个人写了一本书,就像把一个放着信的瓶子扔进大海,15年后,可能会有人发现了你留的信,然后和你联系。

我们一起写了两本书,都经历了相当大的困难,因为我们一起实实在在地检查了所有的细节。但这些经历都卓有成效。我们都关心同样的问题——当理性被认为是一种演绎活动时,在它身上会被施加很多限制,它将少量的公理作为出发点,并遵循着所有人都接受的规则。我们试图去描述这些限制,首先在科学方面,然后是伦理学方面。这种关系是显而易见的,因为我们的目标是在理性将宇宙或是价值作为对象的时候,展示它的限制,更确切地说,是在这两个领域之中,理性如何被强制走在一条重返神话的路上。

Q:因此哲学无法超越神话吗?

这完全取决于我们所说的"神话"是什么意思。现代哲学摒弃了众所周知的传统故事,并且成了不同宗教之间的媒介。但是哲学却无力描述自己的出发点。它发现自己的出发点在过去——每个人在必要的时候都能接受的那些无法证实的话语。这就是柏拉图认为的广义的"神话"。让我举个例子吧,"人类主体由感性的形式和知性的范畴构造客体"这一观念,不建基于任何基础,也不能被任何可验证的东西证实。因此这就是个神话,是个不能证实的话语。像海德格尔这样的哲学家所赞颂的向诗人的回归,便是意识到了这点之后的表现。

Q:您的著作《发明宇宙:柏拉图的〈蒂迈欧〉、宇宙大爆炸,以及科学知识的问题》出版于1991年,它重新聚合起了那些古老的问题意识,您对于《蒂迈欧》的研究在其中占着决定性的地位。

A:我们想要证明,《蒂迈欧》和大爆炸理论的标准模型建立在非常相似的原理上,并且只有实验验证才能让我们能够区分不同的宇宙模型。但是当你更仔细地研究这个问题时,你会发现标准的大爆炸模型只得到了三个实验验证的支持。另一方面,它也面临着非常严重的困难,使得它与神话的密切关系得以显现。这本书的结论是,即使是在理性似乎主宰着的领域里,它也会遭遇到大量的限制。下面是一些具体的细节。

在《蒂迈欧》中,柏拉图提出了一种宇宙论,即,一种连贯而严密的表征,针对建立在有限数量的假定公理基础之上的物理宇宙,而宇宙的属性似乎是逻辑演绎的结果。尽管其目的还是传统的,但是《蒂迈欧》在阐释的本质上非常具有创新性,它提出了三种方法。首先,在历史上,柏拉图第一次提出了科学知识的问题:科学解释必须呈现出必然性和理想性的特征,而这种特征不能立即由感官知觉提供。然后是要解决这个问题,即使构成他的系统的公理被设定为后验的,即使允许从定理中推导公理的规则不明晰,即使可能只有非常稀少的观察与实验验证。柏拉图在这里提供的实验步骤也将被后来的所有科学研究所利用。最后,也是最重要一点,在科学的历史上,柏拉图第一次让数学成为了一种工具,使他能够按照他提出的公理来表达某些结果。因为，尽管自亚里士多德以来，科学方法的扩展已经被认识到了，也就是假说——演绎的模型，它是文艺复兴时期几乎一直吸引着人们的宇宙论的正式工具，它也是一种普通的语言。这三点让我们能够从科学的观点出发，为《蒂迈欧》中提出的宇宙论模型与宇宙大爆炸标准理论的模型创造了和睦相处的可能性。

Q：我们可以如何解释柏拉图对于宇宙论的兴趣？

A：对于柏拉图而言，宇宙论必须回答一个决定性的问题：在什么条件下，可感世界才能成为知识和话语的对象？有两个可能的条件。必须存在一些有着真正实在的实体，它们不会改变，并且因此可以成为知识和真实话语的对象。这些实体是可知形式，它们与可感事物截然不同，实际上它们完全分离。并且为了具有可知性，可感世界，即宇宙，必须呈现出某些在所有变化中都维持不变的东西。这种永恒性体现在与可知事物类似的对称性中——数学关系可以保证这一点。而这也只能是这种情况，如果可感事物与可知形式有一种关系的话，那么柏拉图会将其理解为是摹仿与原型之间的关系。

因此，问题就变成了：一个可感世界如何能够以这样一种方式被制造出来，就像它可以被认为是可知形式的一种摹仿一样？我们可以通过考虑图像的概念，来提供这个新问题的答案。图像与它的模型相似，但它必须保持不同，否则它就不再是图像。在《蒂迈欧》中，造物主（德穆格）的形象解释了图像如何与他的模型类似，"考赫拉"（χώρα，第三类）这个概念解释了图像始终保持着不可弥补的不同。存在于永恒之中的考赫拉，独立于可知形式与造物主，它是造物主的作品的"质料"，正是"从这里"，可感事物被制造出来了，并且，正是"在这里"，它们被发现了。此外，由于在的纯考赫拉机械序列中失去了原始的不确定因素，考赫拉被提出作为一个反对抵抗的原则，并对面向造物主的行为进行修正和限制。在造物主能够引入秩序和度量的那部分宇宙中，造物主创造了世界的灵魂和身体。世界的灵魂主管着所有的运动，尤其是天体运动，它们只被认为是圆周的，并且具有其他三种调节：几何的、算数的、和声的。世界的身体只由四种基本元素组成（火、气、水、土），它们被比作正多面体：四面体、八面体、二十面体和十二面体。因此我们可以看到，在柏拉图的时代，希腊数学发展的限制，也决定了在《蒂迈欧》中所使用的数学方法。

我们现在可以看出，为什么柏拉图把他自己的工作理解为一种相似神话（eikos muthos），遵照通常的翻译，即一种可能的神话。事实上，我们可以看到，《蒂迈欧》是一部关注图像或摹仿的著作，也就是说，可感事物是可知形式的图像或摹仿。在《蒂迈欧》中，柏拉图描述了一个图像和摹仿的创造，并且因此它永远不能获得真理。他把这部作品叙述成了一个故事，故事的主角是造物主，他像人类一样行为、思考、慎思，甚至有着和人类相同的情感。这个故事聚焦宇宙的起源——一个没人可以提供直接见证的时代，它关注的是所有可感现实的统一，一个因此更是超越了一切经验能力的对象。最后，也最重要的是，柏拉图拒绝一切实验验证的尝试，这种拒绝的借口是，试图重现创造了这个宇宙的造物主的行为愚不可及。

Q：不像柏拉图，当代的天体物理学家们没有声称可以获得他们提出的模型的实验验证吗？

A：正是在这一点上，事实上，很多人反对标准大爆炸理论像《蒂迈欧》一样，可以或多或少地被解释成一个神话，而那些理论支持便是在这些人中找到的。在这方面，人们提出了以下三种实验验证：哈勃定律（Hubble's Law）、3°开尔文的辐射（the radiation at 3° Kelvin），以及轻元素的相对丰度。但是主要问题仍旧没有得到回答。他们关注的是地平线，宇宙的扁平特性，以及暗物质。

我们测量深空的黑体辐射的时候，来自相隔180度的深空的两个区域,我们究竟在测量什么?根据标准大爆炸理论,在宇宙只有 10^5 岁的时候,这种辐射被散发出来。由于这种辐射直到今天才到达我们这里,所以我们清楚地"看到"的那两个区域,其中一个还没有到达另一个的界域。因此,这两个区域从来没有发生过因果联系。然而,观察结果显示,它们具有相同的温度。而从来没有因果联系的区域,怎么会温度相同呢?就像它的几何学一样,宇宙的发展取决于它的密度。如果它超过自己的临界密度,宇宙的膨胀有一天就会结束;重力的拉力会改变运动的方向,并导致一个大坍缩(这种坍缩会导致宇宙自身的崩溃)。如果宇宙的密度弱于临界密度,宇宙就会放任自己的膨胀,使之无限延伸,直到它超越了万有引力的吸引力,并在最弱的密度中分解。现在,观测天文学提供的数据显示出了一个奇怪的精确调整,临界密度的边界呈现的物质的量,比我们在实验室能够达到的真空状态下还要弱,这就让我们可以假设宇宙是完全平坦的,它的膨胀会持续到永恒。最后,我们已经知道,银河系包含的物质远比发光物质表现出来的多得多。事实上,我们可以测量到银河系的旋转速度(包括螺旋的和椭圆的),我们可以测量到持续 10 亿年的这种旋转运动。那么为什么我们有可能解释,这个旋转的系统,本应因其自身的动能而分解,却可以维持那么久的寿命?

只有地心引力可以解释这个现象。现在,对于这种情况,我们必须假设星系的光晕包含了大量的"暗物质"。这种缺失的物质被描述为"黑暗的",正是因为到目前为止,还没有电磁场能够探测到它。为了确保标准大爆炸理论在物理学框架内的物理连贯性,我们必须理所当然地认为,我们仍然必须发现宇宙中 80% 到 99% 之间的暗物质,然而它们的反应却非常微弱,微弱到可以逃脱掉所有的检测,直到现在都是如此。当然,我们可以在这个列表中添加更多的问题,这些问题顶多能让我们上面提到的那三个壮观的实验验证的结论变得弱一点,而且这导致了将大爆炸理论的标准模型推往《蒂迈欧》这一边的倾向,因此也偏向了神话这一边,而神话被理解为一种应当聚焦于现实的话语,然而它与现实的关系却仍然存疑,因而缺乏真与假的可证实性。

此外,标准大爆炸理论作为一个故事被呈现出来,尽管它没有引入任何拟人化的形象,但却引入了化学和物理的过程。根据某一特定时间所做决定的不同,理论所描述的事件的因果链可能会按照几个不同的方向走。这就解释了许多被认为是理所当然的情景——而它们还远远没有确定,我们所知道的物理和化学定律因而与其相切合。

大爆炸被视为一个奇点(singularity),必须位于宇宙所代表的"时空变化"之外,也是一个起源,根据定义无法直接地讲出什么,至少,对于关于这起源的任何论述,都必须通过回溯性的观察来证实,我们可以看到这些观察都远不够连贯,不能令人满意。换句话说,存在着大量对于无法探测到的物质的假设,这构成了一种可怕的限制,限制我们尝试从头再看一遍那些事件的影像。

最后,这是一个古老的论点,不仅适用于标准大爆炸理论,也适用于所有宇宙论解释,这就是想要解释起源与所有可感现实(即全宇宙)的进化的野心。这个计划着实吸引着人类理性,但也超越着人类理性的范围,由于其对象的程度,也由于信息算法理论(algorithmic theory of information)中存在的限制,这限制主要出现在当数学成为专用工具的时候。

信息算法理论可被视为是哥德尔定理的一类扩展,哥德尔定理是如此阐述的:"在一个正式的系统中,如果一个定理包含了更多的信息,那么它就包含在其系统的公理中,那么这个定理就不能从这些公理中推导出来。"事实上,信息算法理论允许计算,从"算法"这个词就看得出来,一个对象X(例如一个公理系统)的信息内容,决定着我们什么时候知道X有助于生成Y(例如一个制定了一系列命题的理论)。

这些考虑使我们开始思考，是否存在一种关于宇宙、其起源以及进化的一切的话语，而非神话。强调标准大爆炸理论模型神话的一面，有助于我们铭记理性的有限性，甚至，我们在试图描述我们所居住的宇宙的某些地区的时候，也必须钦佩宇宙的力量。

Q：我们再次发现了理性不能解释终极原则的观念。理性发现自己必须超越自己了吗？您与梅耶斯坦合著的这本书：《理性的力量与其限制》（*Power and the Limits of Reason*），和它的后续工作有什么关系？会有关于价值问题吗？

A：在《发明宇宙》中，我们试图提出一种纯粹理性的批判。而在《理性的力量及其限制》一书中，我们试图提出一种实践理性的批判。

把人类定义为一种理性存在者，并且把人类只视为一种理性存在者，这样的观念第一次出现在希腊，大约在耶稣基督之前6个世纪，由我们后来称其为哲学家的一些人尝试提出。通过只允许理性出面，使之独立于任何感性经验，这似乎有可能通过模仿几何学家，以被认为是完整和清晰的公理的手段，得出一个确定的结论。

这种定义涉及了一种建基于自由的生活方式，这种自由被理解为独裁与自治。人们可以接受，以并且只以理性的方式，支配自己的行为，法则不通过暴力在外部强加，甚至也不通过传统被诗人或者祭司加以灌输。简而言之，通过利用自己的理性，人类可以逃脱所有的外在约束。因为理性没有侵犯被视为自治权的自由，所以只有它被承认为一种内在约束，得出了在所有情况下，对所有人都有效的合理结论。正如一个定理的论证，应该在一个理性的存在者内部造成一种确定性的感情，建立在理性之上的一定数量的价值观，也应该自然地把自己灌输给所有理性的人。

这一鲁莽计划的背后有两个信念：天空可以被描述为可以用数学公式来预测其中的恒星运动；一个人可以获得一种对于善的

直觉,因为真理和善良相一致,它们能够自动引导人类的行动。

凡赞成这些信念的人都是自由的,不仅在于与事物的关系上,也在于与他人的关系上。实际上,如果理想的话,组织这样一个社会应该成为可能:在这个社会里,任何组织或个人都只会被理性所强制,一切物理形式或是道德限制都被废除,不因为法令,而是因为除此之外人类无法采取任何行动。苏格拉底就试图提出这样一种体系,从而体会到想要实现它有多么困难。经受了无视与嘲笑之后,他的公民同胞们判处他死刑。

Q:无论如何,苏格拉底的计划不是留存在了西方哲学史上吗?

A:先把苏格拉底的命运放在一边,在超过 25 个世纪的时间里,"哲学家们"赋予自己的目标,就是通过提供无可争议的基础,来使那个计划成为现实。书中引用的另外两个例子——康德和海德格尔,给出了他们在这个尝试上最终失败的证据。这是一个总被承认的失败,但是真正的原因却从那些不断重复尝试的人那里逃脱了。然而,这个失败的原因很复杂,也就是说,描述一个现象的符号序列包含着极为庞大的信息量,无论这个现象是什么都是如此。

这种复杂性决定了理性本身的有限性,因为它要求任何结论的复杂性都不能超过假定公理的复杂性。找到复杂结论建基于其上的自明公理的可能性减弱了,实际上,完全消失了。此外,由于它们无法转译为一种符号语言、让数字和计算起作用,他们所运用的观点和概念没有损失近乎全部的信息,哲学家们就永远无法估量公理的复杂性——这公理由他们假定、其结论也由他们得出。他们在黑暗中摸索,因为他们完全无法确定他们的推论是否有效。

那远离了科学。科学在本世纪获得了如此大幅度的进步,人们仍然希望科学能够提供我们所寻求的答案。但在这个领域中,复杂性亦决定了根本的限制。科学建基于数字和运算。因此,将数字和运算转译为符号就没什么好怕的了。但随着序列逐渐变长,它们的复杂性呈指数增长。无论如何,复杂性抵抗着理性的任何努力。如果世界和人类在算法信息理论的设想下是复杂的,那么理性就永远无法确保哲学家们对自由的理性化理想了。

25个世纪以来哲学的失败不仅是一个文学上的问题,也是一个哲学史家的研究课题。这一失败,由于复杂性问题而具有本质性和决定性,它也开启了人类历史的新篇章,或者说它把我们带回了从前的情境里——即苏格拉底和柏拉图所熟知的那种。的确,维护这样的理论看起来不负责任甚至很危险:大爆炸可以解释作为一个整体的宇宙;神经科学可以通过发展更多强力的药物,解决一个个体的所有问题;或者,被媒体鼓吹的那种功利的实用主义可以为整个星球、所有的社会提供建议——建议一种组织的模型,可以为其成员保证真正的自由。

在这本书中,沃尔特·梅耶斯坦和我本人,我们说明了理性的界限应当被设置在哪里。尽管存在这些限制,但有可能表明,理性仍旧十分强大,足以保证人类的自主性,这允许他们自己决定自己的行为,而不将恐惧纳入考虑。恐惧是否由各种强制力激发,或者说,它是否被各种道德压力所刺激?可能不是,但是有件事情非常确定:只有由25个世纪以来的哲学家们向前沿推进的,那种理性的练习,到现在才能允许并且持续允许那种能力——那种可以意识到由宗教、科学、大众媒体(将他们的目标视作是调整人类行为的那些媒介)所提出的某些命题的不合理和无法辩护的特征的能力。

Q:在这种背景下,哲学的目标是什么?

A:我们不应把哲学看作是一个能够解释任何事物的系统的供应商,我们必须将其设想为一种对于公理的质疑,即对于那些主要原理的质疑,而那原理承担着指导所有生命的责任,这也是亚里士多德在《形而上学》中赋予哲学的任务。

三、文化公民

路易斯·安德烈·多里昂：您已经在法国生活了30年，您在这里结婚生子，也在这里工作。然而一开始您也曾打算返回魁北克。

吕克·布里松：博士论文答辩之后，我没能在北美任何一个大学找到职位。尤其是在魁北克，而一个教会瓦解之后的职位空缺倒是可以很快被补上。此外，我还需要钱来准备我的论文出版。因此，维昂尼·代卡利代我申请了一笔魁北克政府的奖学金。为了获得那笔奖学金，我不得不离开法国，然后我就去了牛津大学。

我与代卡利先生和阿兰·蒙蒂菲奥里（Alan Montefiore）很熟，后者以前在蒙特利尔大学教授过课程。在1971—1972学年，蒙蒂菲奥里邀请我去贝利奥尔学院（Balliol College）做访问学生，他是那里的教员。我于1971年9月抵达牛津大学，当时正好赶上一个盛大的仪式，在此期间，人们必须穿戴方帽长袍，宣誓效忠他们的学院和大学。

Q：您探索全英国了吗？

A：事实上我能看到的只有牛津的一部分，而这并不是英国，是一个牛津自己的世界。当时形势十分紧张。举例来说，在我住的那条街上，一边是巴基斯坦的穆斯林，另一边是印度教徒。

Q：您在哪里打发时间呢？

在贝利奥尔学院，马尔科姆·斯科菲尔德（Malcolm Schofield）是我的导师。他最出名的是写了一本关于阿那克萨戈拉（Anaxagoras）的书，并制作了《前苏格拉底哲学家》新版本。后来，他成为剑桥大学圣约翰学院（St. John's College）的院长。导师制下的教学过程就好像驯马。导师要求你阅读给定的文本，在老师的帮助下，学生翻译文本，对其进行评论并提出疑问。

我也参加了一些讲座，著名的哲学家们会针对各种不同的主题进行演讲。当时，最出名的要属斯特劳森（Strawson），人们认为他提出了一种不包含先验主义的康德学说。他已经单独出版的著作有《逻辑理论导论》和《意义的边界》。在课上，他向我们阐述了《逻辑与语法中的主语与谓语》一书的实质。他的课程很有描述性，清晰又巧妙。然而，他需要拥有良好的幽默感，以免听众睡着。

理查德·黑尔（Richard Hare）是个奇怪的人，他曾经在亚洲的日本集中营里饱受折磨，也时时被他在牛津担任的市政议员（Municipal Councillor）的角色所困扰（obsessed）。《自由与理性》一书奠定了他在伦理学上的地位，这本书到现在仍有很大的影响。

阿尔弗瑞德·朱利斯·艾耶尔（Alfred Julies Ayer），也被人叫做"弗雷迪"，是个精力旺盛的人。他著述颇丰，其中最著名的是他那本于1966年出版的、非常有趣的论文集，名叫《形而上学与常识》（*Metaphysics and Common Sense*）。在1971到1972年他教授的课程中，艾耶尔谈到了一些之后会在《哲学的中心问题》中继续深入研究的观念。他声称他的逻辑经验主义深受休谟的影响。艾耶尔总是穿着方帽长袍，真的会在上课时进行戏剧化的表演，他会改变自己说话的腔调，也会做各种各样的手势，而从来没被嘲笑过。他以一个问题——"狗可以溶于水吗？"开始他的课程，然后在他的最后一节课里给出了解答："是的，只要永远别把狗放入水中。"对于一个经验主义者来说，这是唯一可能的答案了，因为在我们设法证实狗是否可以溶于水之前,我们都可以随意思考。他的课程对我来说是非常喜欢的一段回忆——简直是绝妙的。弗雷迪·艾耶尔是个有着一头明亮灰发的小个子男人。他操着一口令人印象深刻的英语,有时候,大约一小时里有一刻钟吧,他会用无可挑剔的法语表达自己的观点。据说,他作为一名英国军官,却支持着法国南部的抵抗运动。

在古代哲学方面,我参加了约翰·阿克里尔(John Ackrill)关于亚里士多德《范畴篇》的研讨会。在这个研讨会上,有一些在盎格鲁-撒克逊世界内研究这一领域的专家,尤其是乔纳森·巴恩斯(Jonathan Barnes),他是作家朱利安·巴恩斯(Julian Barnes)的哥哥。约翰·阿克里尔时不时会邀请我和他一起喝茶。小口啜饮他秘书为我们准备的上好的茶时,我们会拿着一块饼干,从柏拉图《普罗泰戈拉》中的几个词语,谈到《范畴篇》中的一个表达。那是在一天将要结束的时候,光线会开始变暗。在我的记忆中,这些忧郁的讨论给了我极大的亲切感,以及一种强烈的知性的锐度。

格威利姆·欧文(Gwilym Owen)把出席许多会议都当作消遣,亦从未完成自己的约定。常年酗酒让他病得厉害。这很糟,因为即使我从未同意过他的观点,他也拥有着无与伦比的智力与说服力。

Q:您如何定义自己与分析哲学的关系?盎格鲁-撒克逊世界的哲学对您有吸引力吗?

A:进入这个语境时我总会遇到很多麻烦。尽管如此,我仍可以理解牛津大学的学者们的工作方式。我一直很钦佩他们为区分开事实与对事实的解释所做的努力。这种区分,可以防止修辞被引入一种不被接受的曲解之中。这么来说吧,相对于论证的严格分析,我对作品的历史背景感兴趣得多。无论我们承认与否,论证都总是处在历史的背景中,你无法像读泰晤士报的头版一样阅读《蒂迈欧》。

实际上那一类哲学(盎格鲁-撒克逊的哲学)不太吸引我,除了其中涉及道德哲学的部分。英国的道德哲学以共识(consensus)为基础。一群相对暴力的动物——人类,被迫生活在一起。这如何可能?很简单,回答就是:"你有这样的确信、信念、原则和假设,把这些都聚合起来,让我们试着创建一个系统,尽管它可能很脆弱,它也会形成某种最大公约,让我们试着按照这个系统来生活。"

Q:这个系统是一种宗教还是意识形态?

A:事实上,这就像亚里士多德所建议的那样。我在两件事情上钦佩亚里士多德:他的宽容;以及他对所有领域的传统的接受度,无论是在修辞学、政治学、还是伦理学中。在这个意义上,盎格鲁-撒克逊人是亚里士多德主义者,而非柏拉图主义者。

Q:我也确信这一点。很矛盾的是,这就因此解释了亚里士多德的现代主义。与柏拉图相反,我们在其中看到了很多笛卡尔的观点。我们制造了一张白板,擦除了一切,然后得以重新开始。

A:是的,柏拉图,《理想国》中的柏拉图,甚至《法义》中的柏拉图,与亚里士多德相比,都可被视作具有革命性。获得真理的确定性,促成了一种新的社会组织形式,而这里的真理前所未闻,甚至与传统相抵触。然而,这种对传统的回归始终不断变易,甚至相互矛盾,从而导向了一个更加灵活和微妙的立场。现代革命(在法国、苏联等国的诸种革命)想要通过创造一块擦除了传统的白板的方式,粗暴地与过去割裂开来,而自由民主国家(英国、美国)则允许妥协成为社会和政治协商的基础。由此足以见得,盎格鲁-撒克逊人在何种意义上更亚里士多德式,而非柏拉图式。

Q:您在英国期间还学到了什么呢?

A:出于两个原因,在英国呆的那一年构成了我人生中一堂相当重要的历史课。

1972年见证了数次煤矿工人的大规模罢工。我们(我的朋友们和我)租住的房子里,没有集中供暖。你必须使用电热棒(electric bars），只有当你插入硬币、触发计时器，它才能使用。同一年，由于矿工们的罢工，24小时之内可以断电8小时，有时从早8点停到中午，有时从中午到晚8点，取决于附近地区的情况以及日子的不同。这很不愉快，尤其当你早上醒来，却发现直到中午之前都没有电的时候。这些我都记得很清楚。这种时候我会从床上跳起来，然后立刻就得去牛津的市中心——那有一间宽敞而广受欢迎的餐厅，所有迷失的灵魂都会聚集在那里。那儿的厨房与照明都靠煤气运转。在苍白而又臭烘烘的昏暗光线下，他们会提供给你咖啡、香肠等食物。我们几乎整个冬天都没有电，实在太糟了。

并且，整个社会似乎都会因为一连串的罢工而停止运作。举个例子：在博德利图书馆（Bodleian Library），有关于各种剪贴簿的目录册，这些本册是装订的，但上面却附着粘在更大纸张上的卡片。在图书馆摆放目录册的角落，电力也中断了。整个设施都无法照明，亟待修理。为了修复电力，我们显然需要一名电工，但是如果联系不上木匠拔掉底座里的电线的话，电工不会来，而如果找不到另外一名有空的助手帮助移开旧底座并换上一个新的，木匠也不会来。你可以想象都发生了些什么。这三种人不会同时都有空，因此，图书馆整整一年都没有电。英国社会混乱不堪，因而我也就不惊讶其随后的18年都由保守党来执政了。

Q：您当时可以游历这个国家的大部分地区吗？

A：不，完全没有。我几乎每周都去伦敦，经常是去那儿的电影院。在牛津，只有三个剧场，其中一个专门播放西部片（是的！）。我很喜欢伦敦，尽管它很丑陋。就像西蒙·德·波伏娃（Simone de Beauvoir）提及过的，这是个完全由工程师们建造的城市，但它却是一个非常可爱的城市，并且比起当时的巴黎人，这里的人们大体上都极为友好。

Q：对于一些魁北克人来说，在英国逗留的一段时间，可以提供一个机会，让我们理解全部我们应该了解的英国人的道德与风俗。例如，无疑是英国人，而不是法国人，为我们提供了文明与礼仪，让大城市的共同都市生活变得更容易忍受了。在某种程度上，与法国人所共有的语言可以抹杀掉我们实际上从英国人那里继承来的价值观。

A：在文化上，我的参照点在巴黎。但就日常生活而言，我感觉与英国更亲近。

Q：在1972—1973学年，维昂尼·代卡利可以在蒙特利尔大学为您教授一些课程。与此同时，您也进行了一次重要的旅行——这次是去土耳其。

A：在返回加拿大之前，我想在复活节最后旅行一次，那时我很确定自己会在加拿大找到一个职位。我想去土耳其看看拜占庭文明的遗迹，在我看来，它们经常被忽视。我还想了解那个摧毁希腊文明的帝国。我也想看看爱奥尼亚海岸，那里是现在被我们称作"希腊哲学"的学说诞生的地方。也就是在这次旅行中，我遇见了凯瑟琳，那个将在日后成为我妻子的人。之后我返回了牛津，完成了最后一个学期的课程。6月我和凯瑟琳一起回到了巴黎。为了赚一些钱，我不得不在8月底离开，去蒙特利尔教课。我并不想靠我爱的人过活。三门课里，代卡利先生只教一门，剩下两门由我来讲授——一门是关于哲学研究的导论课，还有一门更综合些的课，关于从前苏格拉底到斯多亚学派的古希腊哲学。

Q：第一次接触教学活动让您愉快吗？

A：非常愉快，特别是那门关于研究的导论课，因为我向学生们真实地呈现了我们的工作过程。与法国学生相比，魁北克的学生们显然没那么"机灵"（在"才华横溢"这个意义上说）。虽然不甚灵巧，但他们却对学习更有热情。总的来说，他们无意为了前进杀死自己的邻人，而且从一开始，他们似乎都不把自己的教授看作是个更想去别处的白痴。所有这一切都可以归结到同一个问题——全国性的竞赛和各种考试。在竞赛的逻辑里，每个学生和他的同学们都处在永恒的竞争之中,他身边的每个人都是潜在的敌人。他们和老师或考官的关系,亦十分特殊:服从,与深不可测的不信任。

Q:那些课程结束之后您返回了法国。在魁北克您没能获得一个教职,所以您决定向法国国家科学研究中心(CNRS)提交您的候选人资格申请。

A:如果我能在魁北克找到一份稳定的工作,那我就绝对不会去法国国家科学研究中心碰运气。我在蒙特利尔遇见过的让·丕平(Jean Pépin),似乎很有兴趣让我加入他在法国国家科学研究中心的小组。这个小组那时仍处于建立的过程中。1968年5月后,索邦大学的希腊哲学系,出于政治原因被分为两部分,那时该系由皮埃尔·马克西姆·舒尔(Pierre-Maxime Schuhl)主管。1969年,皮埃尔·奥本克(Pierre Aubenque)刚刚被巴黎四大(Paris-IV)选中,他负责政治上保守的那部分,其研究重点在于前苏格拉底哲学到斯多亚学派的那段时期。与此同时,让·丕平离开了,并开始为法国国家科学研究中心创立一个合适的小组,他们更左派一点,并且要对古代晚期到中世纪早期的这段时间感兴趣。在招兵买马方面,丕平要困难得多,毕竟巴黎四大处于聚光灯下,而法国国家科学研究中心大多数时间都留在其阴影中。

1973年间,我对自己书的第一批证明做了修订。也就是在这个时候我遇见了阿兰·赛贡(Alain Segonds),虽然他从没见过我,但是在与让·丕平的小组(我亦参与其中)短暂会面之后,他坚持重读并且修正了我关于《蒂迈欧》的书中的一些证明。这位名叫弗斯迪耶尔(Festigière)的学生完成了这些修订,他像这个世界的其他学者一样了解古希腊哲学,并且他那时也在法国出版自己的第一本书,这对我来说简直是种无价的帮助。同时这也是一段永恒的友谊的开始。就像皮埃尔·维达·那凯特说过的"德穆格"(démiourgos,经常被译为"工匠")——他是"希腊历史的秘密英雄"，我们也可以说阿兰·赛贡是"法国古典学研究的秘密英雄"。他与出版商莱斯·贝尔斯·莱特雷斯（Les Belles Lettres）不竭的工作，很大程度上解释了，法国的古希腊与拉丁研究的质量与活力。同是1973年，我也在准备我的国家博士论文，那是1971年我在楠泰尔、在兰诺夫人的督导下注册的。这项工作很重要，因为它构成了我要向法国国家科学研究中心提交的研究建议的框架。这15页的提案最迟必须在1997年12月15日提交。此外，我还得和委员会中最具影响力的成员们见面——这个委员会将决定我的命运：有皮埃尔·阿多（Pierre Hadot）、皮埃尔·奥本克、爱德华·杰亚诺（Édouard Jeauneau）等人。

Q：在1973年的秋天，您返回了魁北克，又一次作为一名课程督导，在蒙特利尔大学和位于蒙特利尔的魁北克大学任教。这些都是有限任期的职位，不会导向任何更长期的任用。但如果您当时能得到一个职位，您会接受吗？

A：是的，又一次。当我将要进入法国国家科学研究中心的未来变得明晰，也就意味着我会留在法国了，凯瑟琳和我便决定生一个孩子并且结婚。生孩子没什么难处，结婚却很困难。我必须提供一张出生证明，要这么做的话，我就必须向魁北克政府申请，因为我只有一张洗礼证明书。我不得不接受医学检查并获得一个新的签证。所有这些都延缓了这一进程，所以我们直到1974年6月才结婚，而我们的大女儿安妮出生于1974年12月。这让一切都看起来像一部糟糕的肥皂剧，一对夫妇因意外怀孕被迫结婚！

Q：您什么时候被选入了法国国家科学研究中心？

A：官方确定的公告于1974年10月发布。然而，这个决定更早些时候便做出了。委员会在五六月份举行了会议。正是出于这个原因，我必须在1973年12月15日之前完成并提交我的档案。我不得不说法国国家科学研究中心的行政机关非常宽容，因为在我被选上的时候，我仍然没有准备好所有必需的文件。

Q：您当时是否知道,您无疑会在法国度过一生?

A：是的,我亲自切断了所有的桥梁,并且几乎没觉得愧疚。我无法忍受不稳定的工作,我想要孩子。

Q：当您加入让·丕平的小组时,他们主要在做什么?

A：我们在做《九章集》第六卷(Enneads VI)的翻译,这是普罗提诺关于算数的论文集。作为其中一分子在让·丕平的团队里工作,让我学到了很多,因为这是唯一一次,我们所有人都作为一个团队的一部分而工作。我们每个月会见一次面,一见就是一整天。剩下的时间则全部贡献给了个人项目。法国国家科学研究中心由"人民阵线"(Front populaire)于1936年建立,与苏联时期蓬勃发展的科学研究院大致相似(当然,没有意识形态限制)。在成立之初,它只关注"硬"科学("hard" sciences),但它的研究领域逐渐扩展到了其他的许多学科,包括哲学。这些年来它的结构发生了变化,这就让我们很难用任何一般的方式对其加以概括。法国国家科学研究中心由35个部门组成(从数学到哲学),按照领域分为了不同的研究小组。每个部门都由一个委员会指导,这个委员会中三分之一的成员由法国国家科学研究中心的研究员们选出,三分之一由大学教职工选出,剩下三分之一由研究部长(Minister of Research)选出。委员会决定很多事:关于小组的形成以及方向的问题,研究员的工作安排以及职业晋升问题,还有出版工作的信贷和补贴分配问题。每年至少会举行两次委员会议。一名研究员,至少是一名关于人类科学的研究员,拥有相当多的自由。他们很大程度上可以做自己希望的事。也就是说,我们没有正式的办公室,并且,原则上,我们的个人项目不会被提供资源。在大学中的职业发展要比其他领域快一些。最后,法国国家科学研究中心的一个职位相当于我们所说的"皇家的官职"一样:例如,像拉·封丹所说的水域和森林的巡官。人们可以一边做着自己乐意的工作,还一边拿着薪水。必须说的是,大多数研究员的工作量相当大，不是出于什么强加的限制，而只是为了快乐。因为在法国国家科学研究中心，我那时可以做所有我想做的研究。我有足够的时间，周围也都是出色的专家。这就是为什么我如此感激让·丕平。

Q：从1974年起，您就有了一个研究员们的常规问题——您的研究工作被两个孩子的出生以及您相当严重的健康问题打断了。

A：是的，我在1984年产生了很严重的健康问题。我做了切除听神经瘤（an acoustic neuroma）的手术。这是一种影响听觉神经的非癌性肿瘤，它会进入大脑以及邻近其他神经的区域。手术之后，我失去了左耳的功能，也患上了面瘫，这让我的左眼再也无法流出眼泪。之后我教学的时候很紧张，因为我无法分辨声音的来源，也跟不上人很多的讨论。大多数时候，我都在平衡方面有很大的困难。我不得不重新学习生活中所有普通的运动：如何站立、行走，如何不从床上摔下来。方向的概念变得混淆甚至消失了：无论是前后、上下，还是左右。我那时真的有一种印象，现实不过只是一种习惯，甚至可能是一种坏习惯。

此外，由于这一手术，我腹部的一块脂肪被切了下来，以填补我颅骨上的洞。手术后的那天晚上，脂肪组织中的病变导致了严重出血。在这一切的作用下，我差点死了。这个经历很怪异。我产生过这样的印象，死亡只不过是另一种自然活动。不是一出戏剧，也不是一场引导我们去相信的斗争——类似于"痛苦"（agony）一词的词源问题。死亡比想象的容易。在这之后，我变得更宿命论了一些。我真的觉得每天都只是避免死亡的又一天。也许正是出于这个原因，我开始尽可能快地出版我正在思考的东西。1987年以来，我的眼睛做过5次手术：两次由于视网膜脱落，两次白内障手术，以及一次面部的修复手术——为了确保我可以恰当地睁开我的左眼。1993年开始，我不再佩戴厚厚的镜片了，这种厚镜片毁了我的容貌，也让我视野变得狭窄。在眼球内部晶状体的被囊里,放置了两个极小的塑料镜片,这种镜片通常被放在角膜上。而这颠覆了我的整个生活。只是几毫米的塑料制品,就改变了你对自己在人群中的位置的感知,因为你的外表改变了,其他人关注你的视角也变了。在这样的情况下,一个人怎样才能不成为一个柏拉图主义者,认为全部可感世界都仅仅是个幻象呢?一个人怎么可能不理解,在我们的可感世界中,智力活动的最高水平取决于这么小一块人肉的正常运作呢?

Q:这反映了人们对亚里士多德主义者的期望,而非柏拉图主义者。实际上,柏拉图认为,要想充分自由地操练思想,就必须让思想从它与身体的关系中解放出来,并只利用它自身。

A:但是它帮我们理解了柏拉图的方法。事实上,关于可知之物与可感之物之间不可逾越的鸿沟的意识(在其中智力取决于功能),解释了为什么柏拉图的根本观点可以被概括为"真正的实在在别处"。这仍然令人着迷,深深吸引着即使是像我这样,对某种对于来世的信仰保持警惕的人。由于我们无法理解,可知之物可能依赖于可感之物,我们便颠倒了其关系,使可感之物依赖于可知之物。起初,这种逆转似乎并不被允许。但反向的逆转始终保持着神秘。精神何以源于可感事物?智力何以取决于腺体的分泌物——大脑?这就是问题所在。

为了回应这个问题,柏拉图提出了一种对于所有参照点的反转,在本体论上让可感依赖于可知,在人类学上让身体依赖于灵魂,在伦理学上让善依赖于知识,在政治学上让权力依赖于知识。即使看起来似乎反直觉,这个反转也让我们理解了,在何种意义上,围绕着我们的世界奇异又矛盾。

Q:让我们再回去一些。60年代,在巴黎的魁北克学生们的生活如何?

那时独立派(separatist)和左派分子(leftist)占压倒性地位。我时不时会去参加由魁北克总代表团(the general delegation of

Quebec)在佩格尔斯街(rue Pergolèse)举行的集会。但我对独立派的论题和马克思主义宣传运动没有任何特别的兴趣。那段时间,最好不要太大声说话。在独立问题或马克思主义的方面,采取批评的立场根本不可能,甚至温和的立场也不行。我从来不相信我们可以通过激进地改变制度来创造一个更好的社会,这就仿佛魔法一样。一个社会止步于自己的历史之中,这使它的变革缓慢而犹豫。这就是为什么我拒绝了革命性变革的观点。我也想补充,魁北克与马克思主义的联系,包括了知识分子们对法国革命运动的拥护,这是他们自己追随着当时的国际环境——那时苏联与中国是国际社会的主要驱动力,对魁北克做了"灭菌处理",使其像魁北克的天主教会一样确定地思考——这也要求它与罗马保持一致。坏习惯总没那么轻易被丢弃。

Q：让我再次指出,比起柏拉图主义者,您更像一个亚里士多德主义者！

A：是的,我从不相信,在宗教或是形而上学的价值观方面,一个社会激进而又野蛮的变革会是一个可以接受的解决方案。这第一个例子将会真实地展示出这个方法的失败与局限。在《理想国》中,为了彻底摆脱诗人们所传播的所有传统价值观,柏拉图提出了一种政治组织方案,在其中,权力掌握在那些拥有诸可知形式的知识的人手中,他们知道可感之物只是真正的实在的摹本。著名的"洞穴神话"很好地说明了这点。我们人类的处境就像那些被锁在洞穴(洞穴对应我们的宇宙)中的人一样,对于这些人来说,唯一的实在,就是处于洞外的真正实存的影子,它们被火焰的光芒投射到了洞穴的墙壁上。哲学家能够设法逃脱那个洞穴,却也被迫返回洞穴之中,尝试去帮助他那些没那么幸运的同伴们,让他们也能逃脱。有趣的是,在《理想国》中,柏拉图正是在这个阶段遇到了问题。如前所述,哲学家们被迫返回到洞穴之中。为了保证由不同功能性群体组成的城邦(city-state)的统一,一种本土化的神话被讲述给了公民们——大家全是生活在这片土地上的孩子们。从这里开始,柏拉图计划的局限性出现了。我没时间全部列举卡尔·波普尔(Karl Popper)阐述的那些批评,但它们大部分都不合时宜,因为它们把柏拉图的计划与现代极权主义同化了。纳粹主义等利用暴力来约束社会中的个体,它们这里,个体与社会之间的关系似乎过于松散了,至少相较于古代城邦来说。而在柏拉图的时代,原则上拒绝政治上对于暴力的系统化利用,个体的概念也并没有被明确定义。

不管怎样,我不接受任何类似的观念:即认为社会的重组需要摧毁其过去,并试图用一块白板重新开始。这种观念尝试强加一个理性模型,但未能考虑到堆叠在各个年龄层的物质利益。因此,暴力总会发生,并且在大多数情况下,大屠杀之后仍基本保持不变的社会,等待它的就只有死亡。

Q:关于魁北克的学生在巴黎的环境,不得不说是种相当人为的境遇,而不能特别代表魁北克社会。毫无疑问,其"左派思想"和不惜一切代价的民族主义,至少是部分地,被社会学、政治学(那些较为政治化的领域)中许多后续研究的事实所解释了。

A:也许吧,但那是我生活过的环境。并且这种环境对表达与行为施加了难以忍受的限制。在某种程度上,这种压力甚至超过了天主教会所施加的,因为旷日持久的权力行使也削弱了教会:某种愧疚感随着时间的推移而不断积累。在我进行自我发现的环境里,我们处在一种无处不在的胜利的意识形态之中,而看不到这种意识形态的边界。

Q:1970年10月,魁北克经历了一场政治危机。由罗伯特·布拉萨(Robert Bourassa)领导的自由党以超过70%的国民议会(National Assembly)席位赢得了选举。魁北克解放阵线(The FLQ)绑架了蒙特利尔的英国商务专员詹姆斯·克劳斯(James Cross),以及劳工部长皮埃尔·拉波特(Pierre Laporte),后者作为自由党的"组织者",并没有获得作为一个政治人物无可指摘的好名声。总理皮埃尔·艾略特·特鲁多(Pierre Elliot Trudeau),援引了《战争措施法》(*War Measures Act*)。某些公民自由权被中断,一些人遭到了逮捕。然后发现了被刺杀的皮埃尔·拉波特的尸体。您当时在巴黎如何经历了这些事件?

A:在巴黎,这场危机在学生群体中的反响相当强烈。我个人也被卷入到了一场不可思议的事件之中。我有一个朋友,他以前是蒙特利尔的大学生,他住在国际学生社区里的美国之家,但是经常来加拿大之家和我们一起吃早饭。这位朋友来巴黎完成他关于笛卡尔的博士论文,他在牛津的时候就开始写这篇论文了,当时指导他的是吉伯特·赖尔(Gilbert Ryle)。吉伯特·赖尔有一本出名的著作《心灵的概念》,这本书批判了笛卡尔。

Q:赖尔也写过关于柏拉图的著作。

A:对,他在1966年出版了《柏拉图的发展》(*Plato's Progress*),但这本没怎么触动我。当你读吉伯特·赖尔的书时,你会有一种在晚餐之前的傍晚遇到柏拉图的印象。但还是让我们回到魁北克学生的话题吧。我的那位朋友被带到警察局的时候,正在安静地完成他的论文。经历了几个小时的拘留之后,他被释放了,但却在他的住所中持续受着监视。他必须每天到警察局报到两次,这个警察局在十四区奥尔良地铁站(Porte d'Orléans subway station)附近。他犯了什么罪吗?没有。但是他叫保罗·罗斯(Paul Rose),而警察们正在寻找的、参与刺杀皮埃尔·拉波特的嫌疑人,也叫保罗·罗斯。当他去签字登记时,我们和他一起去了。我必须坦白地说,警官们很有礼貌,甚至很友好,因为他们那时还不相信魁北克的学生会和那种危险的恐怖分子有什么关系。然而无论如何,拉波特被绑架杀害时,这个保罗·罗斯和我们一起在巴黎,距离犯罪现场几千公里。但尽管如此,他还是被要求每天两次到警察局去登记。

亚里士多德一直对会影响语言的同名异义词很敏感,不知道他会如何看待这一切。保罗·罗斯向《义务报》寄了一封信,题为"同名异义词的受害者"。我不确定这封信是否发表了。我从来没在哪儿看见过它。再者,有一天我们陪着保罗去警察局的时候,我们对一名警官说:"您得知道,这一切没有任何意义。这纯粹是行政上的,并且非常荒谬。你们为什么要继续这样做呢?"那位警官看着我们,用一种非常说教式的、亦非常冷静的语气说:"先生们,请记住法国政府永远不会错。"我觉得这是一种很不寻常的回应。后来,我痛苦地意识到,他并不是唯一一个持有这种观点的公务员。

也就是说,十月危机(October Crisis)造成了十分戏剧化的局面。维达·那凯特得知皮埃尔·拉波特的死讯时,他很激动地打电话问我魁北克发生了什么事。他支持那些分裂主义者,但却从未想到事情可以按照他们做的那样发展。

Q:您怎样看待这次危机本身?

A:我在这个问题上很难表达自己,因为我从未经历过那些目睹了军队的介入的人的创伤,他们被捕,困扰于个人自由权的受限——虽然我们必须承认这限制只是暂时的。

Q:60年代,您目睹了FLQ(魁北克解放运动)的恐怖主义运动。这件事情令您吃惊吗?

A:不。他们的行事似乎遵循着秩序。那个结果是一系列演讲与行动的逻辑后果。你必须把这些都放在时代背景下考虑。当时某些激进主义并不像现在一样,是一种过时又俗气的一时流行。几乎一半的人类都或多或少地受到过革命的意识形态的驱使,在这种意识形态中,暴力扮演着决定性的角色,这揭示了人民的本性,也揭示了当权精英阶层的价值的本性。还有一个古老的迷梦——用烈火和鲜血来净化腐朽堕落的社会。那时越南战争全面爆发,老挝和柬埔寨也受到了牵连。拉丁美洲各种运动也正如火如荼。菲德尔·卡斯特罗（Fidel Castro）忙着输出他的革命，萨尔瓦多·阿连德（Salvador Allende）刚刚掌权。非洲的许多"民主国家"越来越躁动不安。欧洲每天也都有暴力事件发生——意大利的红色旅（the Red Brigades）、德国的巴德与迈因霍夫集团（the Baader Meinhof in Germany，即赤色军团）。你得在这种氛围中生活一段时间才能理解。对于那些生活在仅仅几十年前这些事件中心的偏执狂们，我们谴责地太快了。在全世界，特别是在欧洲，革命的暴力都充斥着日常生活。

Q：除了 70 年代早期的危机之外，您是否关注过在加拿大和魁北克的政治辩论呢：魁北克市（Quebec City）分裂主义政党的选举，宪法的回归，关于魁北克独立的第一次公投，等等。

A：坦白说，大多数事件我都不记得了。当然，我记得 1976 年雷内·莱维斯克（René Lévesque）和魁北克人党（Partiquébecois）掌权的事情，这似乎非常重要。我不是一名独立派，但我对这次胜利很感兴趣。我非常好奇它会带来怎样的结果。但是我并不信任激进变革的迫切性。也就是说，我很尊重雷内·莱维斯克，但我一直认为他的伙伴——那些与他共享权力的人，并不能胜任这项工作。

是的，我对魁北克发生的事情很感兴趣，无论是你刚才提及的，还是其他的一些事件。但我倾向于把自己置于历史之中，越过那些生活在如今的魁北克、也更专注于日常需求的人，去思考这些事情。例如，我记得 1975 年，萨尔瓦多·阿连德丧生于智利的一场政变，而他一倒台，越南、老挝与柬埔寨便落入了印度支那共产党的掌握中。我一直将这场失败视为一场从各方面看都很荒谬的战争的必然结局，20 多年后，在我看来，这成为了自由的幻象终结的开始，这种终结始于第三世界国家内部的暴力行动。对于堕落的恐惧阻碍了一切希望。

我从远方关注了 1980 年的公投。但是 1978 年意大利红色旅对阿尔多·莫罗（Aldo Moro）的绑架和刺杀，1979年柬埔寨的波尔布特（Pol Pot）、乌干达的伊迪·阿明·达达（Idi Amin Dad）以及尼加拉瓜的索摩查（Somoza）的倒台，对我来说都是非常重要的事实。欧洲仍然因恐怖主义动摇不堪。同年年末，在伊朗，国王（the Shah）被推翻，伊斯兰共和国成立。虽然非常困惑，但我们都觉得有什么严重的事情发生了。宗教取代了政治斗争。随着卡罗尔·沃伊蒂瓦（KarolWojtyla）当选教皇，苏联会经受一段痛苦的日子。

至于1982年《宪法》的回归，我认为这纯粹是技术性的举动，而没有改变日常的现实。这是一个不可避免的政治举动，仅此而已。

Q：这不是大多数魁北克人、或者他们的政府的观点，他们都拒绝在这个宪法上签名，也就是说，即便它适用于加拿大的其他地方，也不会受到他们的承认。此外，宪法中《人权宪章》的引入，实际上限制了各省在其管辖范围内的主权。皮埃尔·艾略特·特鲁多很清楚，某些省份反对列入一项权利法案的理由完全合法，而大多数加拿大人不会理解这些理由。确实，如果我们不支持某种法西斯主义，又怎么能反对人权法案呢？

A：是的，人权，它促进普遍性，却很难适应民族认同（national identity）的观念，因为它的目标是凝聚与创造一种特定而排外的社群。原住民（indigenous peoples）的问题也与此相关。据我所知，魁北克将其身份认同建立在宗教和语言的基础上。魁北克的人们，讲法语，信仰天主教，他们知道去哪里寻找自己的身份认同，也明白谁会是敌人。神职人员们实施的所有组织和宣传，都是为了在三种手段的帮助下，明确并保持社群的凝聚力，这三种手段如下：孤立主义（isolation）、高生育率，尤其是第三种——定向教育。

第一种手段是孤立主义——孤立于欧洲，孤立于美国，孤立于加拿大的其他地区。维持一种严格的天主教道德，避免使用所有其他语言,加上贫穷,一起促成了这种孤立状态。讲法语的魁北克人在二战中的重要参与,构成了这种孤立终结的开端。在我的家乡,一个天主教徒和具有其他信仰的人结婚根本无法想象,甚至比无法想象更为严重。

他们使用的第二种手段是出生率。在村子里,牧师会直接干预家庭,鼓励他们生很多孩子。我母亲的故事表明,在 50 年代,情况总是如此。随着教会权力的逐渐丧失,出生率急剧下降,这样的现象也解释了分裂主义的推动力。这一假设的后验证明(a posterior proof)是雅克·帕里索(Jacques Parizeau)对最后一次公投结果所做评论的声明。人口统计学呈现了与事实相符且不可逆转的特征。没有在 1960 年出生的孩子们,便永远不会出生了,三五十年之后的一代人对此做出反应的可能性也很小。

第三种手段是教育。天主教会对于整个教育的束缚,让教会得以在年龄以及理性形成的初始阶段塑造人们的行为。神学院还允许教会在受欢迎的阶层中挑选那些最聪明的人——那些将会成为明日领袖的人。我不会再回到这个问题了。

然而,1960 年 6 月 22 日自由党政府的当选,标志着寂静革命(the Quiet Revolution)的开端,教会的权力迅速瓦解然后崩塌了。随之而来的是神职人员们大出血一般的严重流失。讲法语的魁北克人发现他们自己在几年内被夺去了统一的管理者——那些神职人员。随着孤立状态被打破,他们开始看向国外,向欧洲、向美国,以及在一个稍小的程度上,看向加拿大的其他地区。在法语家庭(the Francophone families),人口结构分崩离析。受到严重影响的教育系统也重新起步,虽然步伐缓慢,但却培养出了新类型的管理者:公务员或企业家。

天主教作为民族认同的支柱之一,就这么分崩离析了。更多的、更令人惊讶的甚至是妄想的教派,会来部分地填补它造成的空白,但却无法重构业已失去的凝聚力。但正相反!在知识界,马克思主义试图取代天主教。我惊讶地发现,一些最坚定的马克思主义者们曾经是特别恶毒的神父:世俗信仰取代了神职信仰。马克思主义不可思议的影响一直延续到80年代,这个事实对我来说就像一个谜。可能因为法国的知识分子们为了维护他们对立于盎格鲁·撒克逊文化的身份认同,才选择去摹仿马克思主义在苏联与中国的版本。就这种不诚实而言,这种明晰性的缺乏令我目瞪口呆。你必须重读《世界报》(*Le Monde*)上刊载的关于论战的文章,才能了解当时某些法国知识分子可能会坠入的轻信的深渊。一群《原样》杂志社的评论员,在从中国返回的路上写就了这篇文章,而当时那些法国知识分子的攻击性行为相当令人不安。对我来说,索勒斯(Sollers)和巴特(Barthes)的文章实际证明了人类精神的愚蠢性。也就是说,70年代中期,在某些威权影响下,我看到了一些绝对难以置信的事情:在蒙特利尔,学生们在魁北克大学校门前挥舞着小红书,叫喊着:"同学们,别读其他的书了,读这本小红书吧。"

Q:简而言之,魁北克身份认同的两大传统支柱不复存在了。剩下的就只有法语,因为宗教不再是社会凝聚力的要素了。在六七十年代,以前给宗教做的全部投资,似乎都被重新投资在了语言上。这也在那些法条里得到了证明,它们使法语成为工作和文化语言,最终使其成为了魁北克的官方语言。显然,让法语成为魁北克身份认同的主要支柱会带来一些矛盾,因为有超过100万的魁北克人,他们的第一语言不是法语。很明显,当他们谈到101法案(Law 101)对商业标识,以及对以英语为母语的人和移民者们的教育所做的束缚、管制和强制措施时,如今的法国人越来越感到不适,甚至似乎有点内疚。这同样给民族主义知识分子们带来了困难,他们必须重定义主权计划。正如民族主义改革不能再像过去那样依赖宗教,它也不能再依赖法语了。它于是试图以一种"公民民族主义"(civic nationalism)的方式使自己恢复活力,也就是说,这是一种集体的主权计划（a collective project of sovereignty），它面向魁北克独立于自己起源、宗教以及母语的全部公民。但我们现在可以比以往任何时候都更清楚地看到，讲法语的人口实际上在如下问题上存在着分歧——讲英语的人和移民者们在民族主义计划中扮演的角色，是否是"公民"。加拿大是否会在其宣称的对多样性和少数群体的尊重上，在一个更大的规模上提供类似的计划？魁北克身份认同的传统两大支柱却没有相同的命运。宗教正在衰落，并且被限制在了私人领域与法语范围之内，法语保持着大多数人口的鲜明特征，尽管它造成了很多矛盾，也对保护着它的法律问心有愧，但却仍起着……

A：起着主要的统一者的作用。是的，我仍然非常热爱这个文化，以及这个我成长于其中、并尝试温和促进的语言。但是，再次地，你必须明确且诚实。尽管法语是一种民族语言，过去的30年内它还是在全世界范围内倒退着，特别是在英语势不可挡的扩张下。英语已经成为了一种"共同"语言，相当于古代世界的"共通语"（koinê）。这门语言不再仅仅被使用于英国或美国东部。这种英语已经被提升到了一种国家语言的地位，而它并不一定与国际上所说的英语相混合。一旦印度将英语作为其工作语言，日本决定用英语销售他们的产品，英语的霸权地位无疑便是无可避免的必然。在任何情况下的国际会议上，不会说英语无疑会构成一个实际的障碍——会议室都会空掉。而且，即使在一种语言作为统一要素的国家，比如瑞典、挪威和丹麦，英语教育也从小学就开始了，这也就解释了如何与为何，在大学里大部分的论文和著作都是直接用英文写的。考虑到我们与英国人的矛盾关系，我不认为魁北克讲法语的人们会欣赏这种解决方案。

最后，与法国人所讲的法语相比，魁北克人的法语口语似乎非常差。但必须承认的是，即使在法国，法语的口语与书写质量也在日益降低。魁北克传统教育的崩溃，以及极简主义（minimalist）口号(例如"只要能理解,拼写就不重要")的传播最终付出了代价。报纸上到处都是错误。我在蒙特利尔大学拒绝了一些作业,因为我连其中一个段落都理解不了——那简直是种完全不同的语言。一个学生如何能以这种水平的语言技能获得一所大学的准入?并且,谁还会在一个句子里同时使用关系从句和状语从句?古典语言的教学总会强迫学生们翻译柏拉图、西塞罗、凯撒的文本来处理这些从句。我不想回到过去,但我认为这个问题对每个人来说都显而易见,而现在这种训练已经完全消失了。

Q:了解希腊语和拉丁语可能会产生什么好处呢?

A:教授古希腊语和拉丁语,可以让学生们了解法语的历史。但我认为对这两种古典语言的知识在另一个层面上更重要:翻译的层面。翻译分为两步。首先,人们应该试图理解手上的文本,其次,便是尝试将自己理解的内容传达给他们的同时代人。把通过古希腊语或者拉丁语表达的思想,用现代语言翻译出来,比直接用母语写作呈现出了更大的挑战性。这就像花样滑冰比赛中的规定动作(a compulsory figure)一样。人们既不能欺骗,也不能同意破例、或是真的赞成用自己的母语翻译过来的古典语言。使用古希腊语和拉丁语工作本身就是一种非常具有教育性的训练,可以帮助人们运用某种技巧、相对轻松地学习法语。

Q:我当然非常同意,我甚至会再进一步。当然,我们必须传达文本的思想,同时,或许也更重要的是,我们必须重建那些译文。从语言本身的角度来看,正是这种重建,构成了一种练习,和我们直接用法语书写文本时完全不同。通过简单地运用与原文相同的句法结构,我们总是可以重写一个文本,使其具有正确但却糟糕的语法形式。然而,译者在面对经典文本以及它们丰富而繁杂的语言时,必须保留这种丰富性和复杂性。于我而言,这似乎是一种很有意义的练习,与直接使用法语没有任何相同之处。后者比如现在,我们从报纸上剪下的各种文章以及罐头食品的说明书中学习,这既可悲又拙劣。来自小报无甚价值的新闻片段,取代了以前那些由伟大作者们提供的语言模型。难怪我们的学生不知道如何写作。

A：是的,但是语言的问题还要更大。这并不是说我们必须返回古典学园的准则,也不是说我们有义务学习古希腊语和拉丁语。但是,我们应当诚实,应当切中要害。一门语言是一种沟通的工具,并且为了学习它,人们必须努力做很多练习,亦即,人们必须完成一定数量的机械任务以获取一定的能力,甚至一定的技艺。然而人们却不能停在这个阶段,而不是坠入一个真正的修辞世界中。但我们也不能认为语言能力仅仅依靠直觉便能获取。

在北美还有另一个问题——文化渗透(cultural impregnation)。大多数情况下,我们的耳朵听惯了英语歌曲,我们的眼睛盯着荧光屏,演员们在屏幕里用英语表达着自己。一个人如何在这样的情况下习得并擅长一门像法语一样的语言?这个问题在欧洲也越来越尖锐了。

Q：就魁北克而言,在北美的语境下,法语很明显是一种受到威胁的小语种。即使是法国这个只使用一种语言、拥有5000万(2015年应该是6500万)人口的国家,仍然很需要通过立法来捍卫自己的语言。

A：当我离开魁北克时,我感觉自己将会抵达一座坚不可摧的堡垒。而随着时间的推移,我逐渐意识到法语在全世界尤其是在欧洲,遭受的威胁的程度。曾经有一段时间,在西班牙、意大利、荷兰,在北欧各个国家以及希腊,知识分子和有教养的人会在他们国语的基础上说法语。而今天他们说的却不是法语,而是英语了。法国自己便感到它的语言与文化受到了世界其他国家的威胁。

Q：法国人感受到的威胁和其自身的问题没什么关系,而主要来自于他们国外的影响。自己的国家失去了法语曾经是一种通用语言的影响力和威望,相较于其他国家的人,法国人更难接受这个事实。例如,我不相信丹麦人甚至德国人,会出于"世界被英语统治而非为人们所共享"这一事实,像法国人一样痛苦。

A:对,法国很难接受自己不再是世界的模范,就像它以前在17世纪,甚至是18世纪那样。法国人倾向于将他们的修辞普遍化,但环境迫使他们意识到了修辞与现实之间的鸿沟。然而,至少在文化上,从魁北克依赖于法国的程度来说,我们更清楚地感知到了这一鸿沟,这就构成了一个实际的身份认同问题。

Q:魁北克的情况可能更严重,因为法语还面临另外两个威胁。首先,我们的出生率在西方世界属于最低的那批。如果我们不想要更多的孩子,不想活下去,如果我们正在进行一场看似缓慢却不可阻挡的大规模自杀,那么捍卫法语又有什么好处呢?如果我们把法语强加给移民者的孩子,却不愿生自己的孩子,让他们传播这种语言,这难道不荒谬甚至矛盾吗?

A:村子里不再有神父去提醒女人们生尽可能多的孩子了。其实这件事本身就很荒谬,尤其是那些人曾经发誓守护贞洁。但是就社会效果而言,这是个合理的计划。塑造个人命运的意志,更重要的是塑造社会命运的意志,不能与个体价值的排他性选择(如舒适、休闲和享受)相调和。我们的文化给予个体以首要的优先性,这是最公认的价值观。这不是一个类似于公民道德演讲的问题,像我村子里神父们所做的那些演讲一样。但重要的是要记住,维护法语,以及维持一个合乎情理的出生率(显然,这并不意味着回到过去的"大家庭"),是能够确保法语在北美存活的仅有的两种手段。这些问题和牧师们提出的宣传主题相一致,但是如果以此为借口顽固地拒绝处理这些问题,人们应当如何支持对于魁北克文化认同的维护呢?真正的问题不涉及时间线或者政治拥护。

Q:其次,法语也面临着其可怜的口语和书写质量的威胁。魁北克人非常热爱他们的语言,但条件是如他们所愿地允许他们说和写。他们不明白,或者是他们不想明白,他们不能再肆无忌惮地继续滥用了。他们不仅不会因为口语好而感到自豪和愉悦,而且任何使用文雅语言的人在他们看来都会立即被怀疑。而且,如果讲法语的人都不尊重法语的话,我们就更不能期待移民会尊重它了。如果我们想要移民接纳法语,法语就必须对他们施加一种吸引力。而一种败坏的语言不会这么做。

A:在我早些时候谈及法语的口语与书写质量时,这种社会和政治的层面就缺席了。不幸的是,在各种情况下,很明显一个移居到北美的非法语移民总是更倾向于学英语。如果他们不想去蒙特利尔的话,可以去多伦多。如果也不喜欢多伦多,他们可以去温哥华或洛杉矶。这就是为什么人们想要在魁北克,保留一种主要以法语为基础的特殊文化的存在,我在我的书和文章中实践、热爱并试图推广这种文化,在一个真正联邦化的加拿大的更广泛的背景下,我不会感到不适。话虽如此,我们必须承认,加拿大政府利用了一种反常的方式——人权问题,去反对魁北克独立。但是根据你的说法,要如何解释独立意愿的复苏呢?

Q:"意愿"(Willingness)这个词太强了,因为它预设着决定与决心,而实际上这恰恰是大部分魁北克人所缺乏的。或许最好还是谈谈这个意愿的"暗示"吧。魁北克讲法语的人在加拿大形成了一个种族与一个独特的民族,在任何时候,一旦他们感到其受到威胁的独特性没有被承认与保护,独立的问题都发挥着其吸引力。只要联邦政府和其他省份除了以纯粹象征性的方式之外,不愿意承认这种独特性,对独立的渴望便将持续存在。此外,独立总扮演着海市蜃楼的角色:我们把它当作万金油(a panacea),当作经济繁荣的必然保证,也当作确保法语以及法国文化生存的保险。这显然是一种诱惑,但它也得到了明智的维护。

A:这有个问题。自60年代以来,魁北克用了大量的力量试图实现这个政治独立计划,而不问问它自己这种渴望从何而来,也不问问这计划是不是保证文化独立性的最好方式,而就像我之前说过的那样,我认为魁北克所有讲法语的人,包括我,都强烈地热爱着这种文化独立性。60年代以来,世界发生了根本性的变化。欧洲以一种痛苦但却无法避免的方式构建自己。在这个欧洲,法语和英语不论好坏都必然地联系在一起;在这个欧洲,英语经常在不同语言之间起着沟通作用;在这个欧洲,他们唯一严肃的对话者是美国的力量。在北美建立一个新法兰西(New France)有什么益处?联邦的权力如此沉重吗?一个没有准备好"笑"的人,能够谴责它的"暴力"吗?

Q:但是独立也可作为一种消失点(vanishing point),瑞吉斯·德布雷(Régis Debray)揭示了这一点,而它对于任何政治共同体的凝聚力都很有必要。在他最近的一本书《赞颂是我们的主人》(*Praise Be Our Lords*)中,德布雷解释了,出于人类社会的任何"不完备性"——这是他呼应哥德尔定理的一种说法,"消失点"才有了必要性。在这个不完备的情况下,"一个共同体的基础无法在其内部",因此,"每个人都在寻找事实真相之外的东西"。魁北克社会的消失点,即为确保凝聚力而寻求一种基础或一种外部理想,也构成了独立的概念。如果我们从魁北克社会中移除独立的念想或希望,魁北克社会内部的紧张局势与政治冲突,十有八九会比现在严重得多。但是,由于"民族问题"一时半会儿可能不会得到一个肯定的答案,被理解为一个"消失点"的独立会有一个光明的未来。

A:对,这就是问题所在。但问题是,要知道什么样的行动会开启这个"消失点"。是促进事物的有益行动,还是一种重复又无效的失败者的行为?在现实中,事情远没这么简单,前途未卜。个人和他们所生活的社会并未被灌注理性,远非如此。感情、怨恨、幻想,甚至是最不体面的利益,都扮演着不起眼但却至关重要的角色。这就是为什么我不想教授课程。我只要求所有的卡片都放在桌子上,所有的问题都被提出来。

Q：当然。

我想重申这一点：因为事实上，无论魁北克人的政治地位如何，所有人都想保持他们的文化，他们文化的独特性、他们的文化认同。尽管个体之间存在诸种差异，但这是实现这一目标的一个方式，而没必要去隐藏它。在魁北克，我们面对着两种霸权文化。法国文化在17世纪和18世纪占据主导地位，现在则轮到盎格鲁-撒克逊文化，对于它，我在上面列出了所有的保留意见。法国不满意被驱逐出北美，也不满意自己在世界上失去了领先地位。说法语的魁北克人则在国际和国内舞台上遭受着双重打击。人们忘不了美国曾是英国在美洲的殖民地。

Q：对，但加拿大是一个没有神话的国家。它没有一个能将这两个社群融合到一起的创始神话。历史、语言和政治都让它们更对立，而非更亲近。即使是美国人都有他们自己的神话：征服西部、新边疆、美国梦以及美国式的生活方式——这些都可算作神话。好莱坞电影经常取材于这些神话。美国人保有了这些神话，需要的时候会对其做些修改，然后再传播到地球的其他地方。但是回到您的问题上，我想经由这次访谈我更了解您了，恕我直言，我觉得您在某些方面有点无国籍化。

A：确实。但这种无归属的痛苦情感，我从11岁半就有了。进入神学院时，我便从我的家庭及社群中被撕裂开了。理解这意味着什么很重要：一个圣埃斯普里的孩子，要学习古希腊语和拉丁语，要阅读法语经典，要翻译塔西佗、贺拉斯与柏拉图，要爱柏拉图！如果你戴着厚厚的眼镜，如果你不喜欢啤酒味，也对运动不感兴趣，如果你没有驾照、更喜欢城市（无论其规模如何）而不是乡村，这就无药可医地将你置于魁北克人的文化之外。

Q：您在法国生活了30年，也拥有了法国国籍，但您并不会感觉自己是法国人，或者"一名魁北克出身的法国知识分子"，就像您在《义务报》上写过的那样。

A：对。在一个像法国这样的古老国家里，第一代移民不会觉得自己是一个彻底的法国人，即使是你理应属于的家族，也不会真的把你当成法国人。

Q：但另一方面，您不想念魁北克吗？你从来不想家吗？

A：从来没有。我很高兴重回魁北克，但我离开的时候也不痛苦。像我的祖父一样，我也是个游牧民。但于我而言，游牧的本性被一种非常强烈的情感所调和，这是一种对于法国文化的归属感，贯穿其中的是一段历史，它始于印度，经过欧洲的过渡，然后来到了北美。这就是为什么在时间上我倾向于回到过去，在空间上我想要向东航行。是否呼吸在那块土地上，对我来说无甚区别。而且，就我所取得的成就而言，我满意于自己的工作和生活，我很开心。此外，我还希望我身边的大多数人都能够说出相同的话。

幸福是一种实际生活与理想中的生活相一致的感觉。但是生活本身并不足够。它必须在身体与思想的层面上进行。从这一要求中，幸福获得了它的客观性，与柏拉图相悖，它不需要在自身假设一个善的概念。幸福伴随着一种接受着其持续时间的生活，尽管有其中诸种事件转瞬即逝的本性以及它们的不确定性。

近30年来，我一直致力于研究宗教和古代哲学，并且我必须承认，直到最近，我还从未遇到另一个人，对古希腊哲学有如此深厚而诚挚的兴趣。这要如何解释呢？这个问题太大了，无法简单回答，但我们可以冒险进行部分假设：在最先进的国家里，总有人会对制度性宗教，以及尤其是在历史的浑水中对各种激进主义的崩坏有所不满，而出于这种不满的普遍行动，当其涉及到可以提供答案的参照点时，已经孤立了那些追问自己生活意义的人。凭借事物的力量，我们因此必须回到最开始，亦即回到发生在雅典街道上的柏拉图的讨论。在这时，苏格拉底开始了他关于美德的研究，他研究人类的卓越性，研究美——即拥有了便可获得幸福的那种东西，最后，他研究幸福本身，这种丰富的情感伴随着实现目标的意识。

与此类似的是,近年来,皮埃尔·阿多解释了柏拉图之后的那些哲学家,包括斯多亚学派、伊壁鸠鲁学派以及柏拉图主义者,是如何继续同一研究方向的——他们不把哲学看作一种信息或知识的获取,而将其视为一种改造个体生活的精神性训练。为了获得幸福,斯多亚学派提倡脱离激情,伊壁鸠鲁学派提倡脱离对于死亡的畏惧,柏拉图主义者们则主张获取真正的实在,这也使我们得以摹仿神。从这个观点出发,不仅仅从历史的角度来看,过去成为了现在。也就是说,古希腊哲学重新发现了它的现实性,并为我们的同时代人构成了一种强大的变革工具。

尽管我对人性的无常不抱任何幻想,尽管我与苏格拉底和柏拉图的境况不同,根据德性与知识密不可分这一点,我依然坚信,与古代的哲学家们一起,探寻美、善、德性与幸福只会使人变成一个更好的人。这能让人们意识到生活与竞争的实践必要性无法构成存在的边界。尤其是为了共同生活,一个人必须承认指导其存在的原则,并且对此,他必须对坠入无意义之中的痛苦保持忠诚,这也意味着对于指导他人存在原则的尊重。实际上,调节这些要求并不容易。

就像苏格拉底在《申辩》中所说的,未经检验的生活是不值得过的。正是在这个检验中,古希腊哲学对我们发出了邀请,而这一召唤,由我们一些同时代人的回答来判断的话,并没有失去其针对性与现实性。

下 篇
论学:从柏拉图到柏拉图主义

四、助产士：苏格拉底
——整体解读柏拉图的《泰阿泰德》的一个关键提示

陈宁馨 译 梁中和 校

今天，我想要应对那些最新近的、对《泰阿泰德》的阐释，我部分地赞同康福德(F. M. Cornford)的观点，即无论是理型，抑或是分离于肉体的灵魂，都尚未在《泰阿泰德》中有直接的展示。然而，这篇对话仍然有别于其他的"早期对话"：后者专事批判，《泰阿泰德》中则已然包含了"后期对话"的理论背景。在对话的第一页，就能够找到昭示着这种变化的语言信号与哲学标识——"助产术"(midwifery)一词出场了。我将试着证明，助产术暗示了灵魂回忆说(reminiscence)，而这一学说又牵涉到"理型"，并使得脱离于肉体的灵魂之存在得以可能。"如同邓尼斯·奥布瑞恩(Denis O'Brien)所说，这篇对话告诫我们，若没有关于理型的理论，我们就无法解释对物体的感觉(perception)——即便我们如此明确地感受到它们，看见它们环绕在周围。"换言之："重点在于，如果没有理型，就根本不能有任何关于可感世界的感觉。"[①]

这一证明应有两点要求：首先，务必不要将《泰阿泰德》与其他对话相孤立；其次，应就柏拉图在《泰阿泰德》中所事的描绘，将对

[①] D. O'Brien, «How tall is Socrates? Relative size in the *Phaedo* and the *Theaetetus*», *Symposium Platonicum Pragense* (congrès) VI, 2008, 55—119.

对话的分析聚焦在苏格拉底之形象上。神禁绝苏格拉底产生任何种类的知识；因此，当他与那些年轻的追随者相处时，他并不能作为一名产生嘉言懿行的教师。那么，既然他不拥有任何知识，他又如何可能是一名教育者呢？答案就是：通过扮演助产士的角色。助产士能做三件事：发现错误的怀孕，替健康的胎儿接生，以及拿走不能养活的新生儿。在早期对话中，苏格拉底行使了前两种功能，而根据《申辩》，也正是这两种功能招致了他的死亡。第三种功能则在《美诺》与《斐多》中有所描写：它暗示了灵魂回忆学说，而唯有进一步地去牵涉理型论，这个学说才能讲得通。在柏拉图那里，"先验知识"(innate knowledge)是无从讲起的，那么假如没有单独存在的理型，知识从何而来，又如何可能呢？如果我们同意《泰阿泰德》，相信这种知识既非来自感官，也非来自伴有定义的真意见；那么它一定来自其他的什么东西。这就是我今天想要展示的。

（一）文本举要

《泰阿泰德》处理的问题是，科学(epistéme 一般译为"知识")与知识(sophía 一般译为"智慧")的性质。泰阿泰德提出了三个定义，全部都被苏格拉底否定了：科学是感受(151e-186e)，科学是真意见(187a-200d)，科学是伴随定义的真意见(200d-210a)。最后对话以承认失败而终。对话中的两个特点——苏格拉底重新作为主要对话者出现，以及，结论中那种困惑的(aporetic)语气——使得《泰阿泰德》这篇看起来应属于后期的对话，被划分为了早期对话。①

---

① 在我看来，将对话划分为三个时期——早期，中期与晚期，这种分期方式只具参考意义而已。在关于独立的现实之存在的问题上，以及在灵魂独立于肉体而存在的问题上，我不相信柏拉图从《巴门尼德》开始就改变了自己的想法，转而采取了亚里士多德的方式，并且与现代哲学的准则更为一致。这也是我不赞成伯恩耶特的原因，BICS 24(1977)，p. 11。

我们怎么才能解释,其实事情并非如此呢?

《泰阿泰德》中确实存在困惑性(aporetic),但是这一特点是有限的。我支持一种传统的解读,即认为柏拉图正试图展示,如果撇开理型,我们往后将不能够定义科学(science),更遑论从事科学了。这印证了巴门尼德在同名对话中提出的警告:假如没有理型,那么辩证法,作为哲学之心灵,也就完了。因此,在《泰阿泰德》中,柏拉图试图表明,如果撇开理型,我们必将重回苏格拉底的困惑性对话中——其中的辩证法完全是消极的。这种辩证法是诘问式的(elenchos),不能传递任何积极的知识。① 此外,虽然在整篇对话之中,我们都无法在这个意义上找到对理型的提示,但是对话的末尾②预告了《智者篇》——它恰恰是一篇用辩证法处理理型问题的对话③——那么我们怎么可以假设,柏拉图在《泰阿泰德》中抛弃了理型理论呢? 同样地,这种解读方法让《泰阿泰德》对助产术的介绍也说得通了:即便苏格拉底不拥有且不传播任何科学或知识,但通过"助产术",柏拉图也可以在科学与知识的领域将苏格拉底塑造为一个积极正面的角色。

让我们从头开始。泰阿泰德想得到这个问题的答案:什么是科学或知识? 他说:"我向你保证,苏格拉底,以前听到你问问题的传闻,我常试图把它搞明白。但是我从不能说服自己,我能很好地回答你的问题;并且我也从没听过,哪个人按照你要求的方式回答了问题。然而我也无法停止思考它(古希腊语中对应的动词是 apallagênai)。"(148e)之后苏格拉底便说出了 apallagênai 一词,它的意思是"接生"。他向泰阿泰德透露说自己是一个产婆的孩子,他可以通过模仿其母替肉体接生,来替灵魂接生(148e-150b)。于

---

① 我要感谢 Louis-André Dorion,他阅读过这篇论文,并且提出了评论和建议。请参考 L. -A. Dorion, *Socrate*, Que sais-je? 899, Paris, PUF, 2004.

② At 210d.

③ At 210d.

是他向泰阿泰德伸出援手,帮助他免受分娩之苦。

  苏格拉底——我的助产术技艺(têi tékhnei tês maieúseos)与他们[一般的助产士]的助产术在绝大多数地方都是相同的,区别在于我的病人是男人而不是女人,我看管(episkopeîn)的是灵魂的分娩,而不是身体的。我的技艺最重要的地方[150c]就是通过各种考察,去决定这个年轻的思想(toû neoû he diánoia)将要产生(apotíktein)的是一个幽灵(eídolon),也即虚假的,还是丰盛的(gónimon)真理。

  在一件事情上我和寻常的助产士一样,那就是我自己对智慧是不孕的(agonós sophías)。人们常责备我,说我总是向别人提问,但却从来不就任何事情表达我自己的看法,这是因为我并没有智慧;这实在再正确不过了。这里的原因就在于上苍强逼我接生,但禁止我生育。[**150d**]所以我自己在任何意义上都不是一个有智慧的人(ou pánu ti sophós),我也不能宣称我的灵魂之子(tês emês psukhês égkonon)是什么配享智慧之名的发现。

  但是那些与我结交的人则不一样。他们有些人一开始显得无知和笨拙,但随着时间推移,我们交情不断,他们全蒙上天青睐而取得进步——这进步让其他人和他们自己都感到惊讶。不过这肯定不是因为他们从我这里学到了什么东西;而是他们从自身之中发现了许许多多美丽的事情,然后他们使其得见天日。只不过,是我,得益于神的帮助,替他们接生了这个孩子。[**150e**]关于这一点有一个证据,很多时候,那些没有意识到这一点的人,将一切都归功于自己,对我心存芥蒂。于是,或是出于自愿,或是受他人影响,在应当的时间之前,他们就早早地离开我。而在远离我之后,他们又结交了有害的伙伴,结果就是原本还留存在他们之中的,最后流产了

(exémblosan);而我已经为他们接生下来的孩子,也受到冷落,他们也将失去他,这是因为比起真理,他们反而认为谎言与幽灵更有价值;最后,他们就成为真正的无知的傻瓜,[**151a**]无论是他们自己还是其他的人,都这么认为。吕西马库斯之子阿里斯底德就是这样一个人,还有许多人也是这样。有时候,他们会回来,希望我重新伴之左右。这种情况下,有的时候灵机会阻止我与之结交,有的时候它又允许,于是那些人又重新开始获得进步。

另一方面,那些与我为伴的人同生孩子的妇女(taîs tiktoúsais)一样。他们也承受着分娩之痛(hodínousi),痛苦填满了日与夜;事实上他们比孕妇更为痛苦。而对于这种痛苦,我的技艺[**151b**]既可以止痛,也可以引起痛苦。

对这些人来说就是这样。但与此同时,泰阿泰德,我还遇到过一些人,我看他们怎么也不会怀孕(egkúmones)。我就意识到这些人并不需要我,于是我怀着世界上最大的善意做起了媒;我完全知道他们与何人为伴最有裨益。我已经将他们中的许多人都介绍给了普罗狄科斯;还将很大一部分人介绍给其他受到神灵启发的聪明人。

我的好小伙呀,这话说起来可真长;不过,说这些的原因就在于,我现在怀疑(也正如你自己所想的)你的灵魂已经怀孕了,并且正在分娩(odínein ti kuoûnta éndon)。所以我希望你来到我身边[**151c**]——这可是助产士的儿子,何况他自己也对这种技艺颇为擅长;请尽你所能地回答我的问题。在考察你所说的话时,我可能会把其中一些判断为幽灵,或认为它并非真实,那么我就会将其引产(hupexairômai)并将它抛弃(apobállo)。①

---

① 关于其方法请参阅,E. Eyben, «Family planning in Graeco-Roman antiquity», *Ancient Society* 11/12, 1980/1981, 5—82。

如果这真的发生了,请你别像一位被夺走头生子的母亲那样怪我残忍。你知道,人们过去常常对我怀有那样的感觉,当我将他们那些愚蠢的观念拿走时,他们简直就要扑上来咬我。他们从不相信我这么做完全是出于好意;他们也难以意识到,[**151d**]没有哪位神可以盼人不幸,我也不会出于恶意做这种事,我不过是不能容忍谎言,且希望重振真理罢了。

所以,泰阿泰德,重新开始吧,试着说说知识是什么。

(《泰阿泰德》150b—151d)①

接下来是我对这个段落的理解。有一个年轻人,其灵魂据称怀孕了。而苏格拉底,由于他自己不能够怀孕,所以扮演了助产士的角色,根据助产士的三个任务,他要做以下三件事情:1. 如果他发现这个年轻人没有怀孕,那么他就将之送到普罗狄科斯那样的智者身边去:苏格拉底惯用的反讽;2. 如果年轻人的确怀孕了,那么将面临两种情况:(a) 如果他的灵魂怀有的是(关于真理的)影像(image)——也即其中包含错误——那么苏格拉底就会将它取走并丢弃;我认为这是对 elenchus(诘问)②之过程的暗示,苏格拉底在《泰阿泰德》中也有使用。③ (b) 也有可能年轻人怀有真理;那苏格拉底就会想办法让真理降生。根据这种解读,助产士有着与 elenchos(诘问法)一样的消极面向,即表现出对话者灵魂的空洞,

---

① 中文翻译转译自英译本,Plato, *Complete works*, J. M. Cooper 与 D. S. Hutchinson 编注及修订, Indianapolis/Cambridge, 1997。有轻微改动。

② G. Vlastos, "The Socratic *elenchus*", *Oxford Studies in Ancient Philosophy* 1, 1983, pp. 27—58; L.-A. Dorion, *Socrate*, pp. 55—66. 反驳的结构如下所示:1. 对话者替命题 p 辩护;2. 苏格拉底使得他的对话者承认命题 q 与 r;3. 苏格拉底展现出命题 q 与 r 可以推出非 p,并且诱使其对话者也承认这一点;4. 苏格拉底下结论说 p 是错误的,而非 p 是对的。

③ 参考对话的结论,210c-d。

或者将错误从他们的灵魂中驱逐出去;但是它也展现出积极的一面,即它能够使得真理诞生。① 因其消极的一面,助产术使得许多学生离开了苏格拉底,之后倘若他们还要回来,苏格拉底的灵机会决定是否接受他们②。

不过我们要如何解释,为何《泰阿泰德》是仅有的提及助产术的对话呢?③ 在回答这个问题之前,我们应首先面对如下两个问题:1. 被柏拉图形容为"助产术"的教育实践之构成究竟几何?以及 2. 为什么助产术暗示了理型之前提?

(二) 助产术之为苏格拉底式教育方法

为了回答第一个问题,最好先仔细地阅读《会饮》中第俄提玛④讲辞中的两个段落,其中无论是观点还是用词都与《泰阿泰

---

① 将苏格拉底描述为"产科医生",参阅 L.-A. Dorion, *Socrate*, pp. 66—69。

② 关于这一观点,详见我的论文"Socrates and the divine signal according to Plato's testimony: philosophical practice as rooted in religious tradition", *Apeiron* 28, 2 [special issue: *Socrates and divine sign*, P. Destrée and N. D. Smith(ed.), 2005, pp. 1—12]。

③ 我的目的并不是要去验证这种教育方式是否属于历史上的苏格拉底(Burnyeat, *BICS* 24(1977), p. 7),在这个问题上,我认同 L.-A. Dorion 的观点,他认为,在阿里斯多芬尼、柏拉图、色诺芬尼以及亚里士多德等人给出的关于苏格拉底的形象之间,我们是不可能进行选择的:因此我忽略了好一些二手文献。所以,我的问题也就仅仅限于,助产术如何与柏拉图所希望描绘的那个苏格拉底的形象相结合的? 关于这个问题,请参阅 Julis Tomin, "Socratic midwifery", *CQ* 37, 1987, pp. 97—102;以及 H. Tarrant, "Midwifery in the *Clouds* [Aristophanes', v. 135 sq]", *CQ* 38, 1988, pp. 116—122。

④ 对第欧提玛的讲辞及对其人的一个非常精妙而详尽的分析,请参阅 D. Halperin, David M. Halperin, "Why is Diotima a woman?", in *One hundred years of homosexuality and other essays on Greek love*, 1990, pp. 113—151, notes, pp. 190—211。这篇论文亦有节略版,登于 D. M. Halperin, J. J. Winkler and F. I. Zeitling(eds), *Before sexuality. Experience in the Ancient Greek World*, Princeton, Princeton Univ. Press, 1990。

德》中的段落十分接近。① 第一段落(《会饮》206c-e)中,第俄提玛在灵魂生育与肉体生育中作出了清楚的划分。

> "我会说得更明白一点,"她(第俄提玛)说道:"我们每个人都有生育能力,既在肉体的方面,也在灵魂的方面,②[206c]一旦我们长到一定年纪,我们就会自然地渴望生育。没有谁能在丑陋的事物中生育,只能在美的事物中。这是因为男女为了生育而结合在一起,这是一件神圣的事情。③ 怀孕,生育——这是有朽的动物所能做的不朽之事,它不能在不和谐的事情中出现,[206d]丑陋与神圣就是不和谐的。④ 而美,则与神圣是相和谐的。因此,掌管生产的女神——她被称茉伊拉或者爱勒提亚——就是真正的美(Beauty)。⑤ 这也就是为什么,有生育能力的人和动物一旦靠近美,就马上欢欣鼓舞精神焕发,然后怀孕生产;而若是靠近丑,他们则兴味索然;他们会退却、畏缩,而不会生产,因为如果他们坚持体内所怀有的,分娩是十分痛苦的。这就是为什么每个妊娠并已怀育生命之人都人对美激动万分:[206e]因为美能替他们缓解那巨大的痛苦。"⑥(《会饮》206b-e)

---

① M. Burnyeat 反对这种比较,他提出了两个理由[Burnyeat, *BICS* 24(1977), p.8]:我们可以在《会饮》中发现以下两点:(a)对苏格拉底式方法一个方面的展现,以及(b)一种形而上学立场,尤其是与理型相关的。而在《泰阿泰德》中,Burnyeat 则认为我们不能找到任何与理型相关的内容。

② 关于同样的说法,亦可查阅《斐德若》251a,《泰阿泰德》150b,《蒂迈欧》91a。

③ 阿尔基洛库斯(Archilochus, fr. 196A15)所使用的表达是 tò theîon khrêma,它实际上非常强调男性与女性之间的性关系。但在此处,它似乎是一种夸张的手法,我们可以将其理解为对不朽性的影射,Cf. 208b。

④ 这个预设需与《理想国》卷二、卷三中关于"善"的预设联系起来。

⑤ 爱勒提亚(Eileithyia)是掌管分娩的女神的名字,她可以让分娩顺利进行,也可以使得分娩变得艰难。有一个或者几个茉伊拉也与分娩有关。请参阅《伊利亚特》12,270;24,209;赫西俄德,《神谱》,922。

⑥ 关于分娩的剧痛,请参阅《斐德若》251e-252a。

男人与女人的结合（sunousía）会导致受孕（kúesis）。在我们的世界里，除非受到茉伊拉或者爱勒提亚的帮助，那些孕育着（spargôn）果实的，不会发育（diakheîtai）、分娩（tíktei），抑或出生（gennâi），这两位神掌管着生育；而在理性的王国里，则是美在扮演这一角色。一面是茉伊拉与爱勒提亚，另一面是美，他们在分娩（odînos）之痛中，来替身体与灵魂接生。在我们的世界里，受孕所孕育的果实是孩子，在与美相和的情况下，孩子保证了某种形式的不朽，使有朽的更靠近神圣的。而对于灵魂而言，受孕所孕育的果实则是思想和卓越（excellence），它们会转变为良好的行为与话语，从而保证了其生产者的真正不朽。

第二个段落（《会饮》208e-209e）则在强调肉体怀孕与灵魂怀孕之区分的基础上，描述了源自其中的教育实践：

> 有些人在身体方面生育，于是他们转向女人，去追随这样的爱，通过生育，他们让自己常青不朽，让自己被铭记，也让自己幸福，就像他们一直以来所想的那样；①而另一些人则在灵魂中生育 **[209a]**——因为他们更多地在灵魂方面有生育能力，而非在肉体方面，这些人怀上了那些合宜于灵魂的东西，然后再将其生育出来。那什么东西才是合宜的呢？智慧以及其他各种美德，每个诗人都以生育它们为己任，各种据说有创造性的工匠也是如此。然而，迄今为止，智慧（tês phronéseos）中最伟大、最美丽的部分，是关于城邦与家庭之正确秩序的智慧，也就是所谓的节制（moderation）与正义。
>
> 如果有人非常亲近神灵，②从小就在心中孕育这些美德，

---

① 可能是一句诗。

② Parmentier 认为应将之读作 héitheos，即"未婚的"。也有人认为此处应是 éntheos。虽说 theîos 在此语境中颇有些令人惊讶，但是这两种纠正都使得意思发生了根本的改变。

[**209b**]那么一到年纪,他就会渴望生育,他一定也会四处寻访,寻找一个正确的时刻好让自己生育,因为他绝不会不合时宜地生育。既然他已有孕,那么他就会更容易被美丽的身体所吸引,而不是那些丑陋的;如若他恰好碰上一个灵魂,既美又高贵,且秩序井然,那么他更会受到这种组合的吸引;这样一个男人可以使他关于美德的想法与论证立即充盈起来——一方面是美德之人会拥有种种德性,另一方面则是美德之人总会行其该行之事;[**209c**]因此,这个男人会对其施以教育。① 瞧,在我看来,他与一个美丽的人结交、伴其左右,他怀孕,并将其孕育了多年的东西诞生出来。此后,无论他们是待在一起,还是分离,他都会记得那"美"。而且,通常他们还会一同抚育新生儿,比起养育人类小孩的父母,这类人彼此分享得更多,他们友谊的纽带也更加牢固,因为他们的孩子——他们所共同分享的——更加美丽,也更加不朽。

只要有可能,比起人类小孩,人人都乐意要这样的孩子,②[**209d**]人人都尊敬荷马、赫西俄德以及其他伟大的诗人,对他们留下的后裔嫉羡(envy)又钦佩——正是因为这后裔自身是不朽的,所以也为其父辈挣来了不朽的荣耀与铭记。③"譬如",她说道,"你可以想象莱卡古斯留下的法律,他给我们留下多么好的子女啊,证明了他是斯巴达的救星,甚至全希腊的救星。④ 或

---

① 关于希腊世界同性恋的教育面向,可以参阅我的《会饮》译本的序言:Platon, *Le Banquet*, Collection GF 987, Paris(Flammarion)1999。
② Cf. 197d。
③ 对话先开始提及的是诗人,然后又讲到立法者。关于美德的话语也被提及了,这个对象是属于哲学家的。我们很自然地会联想起《斐德若》的结尾。
④ 通过莱卡古斯与梭伦,我们触及到了关于立法者的问题;关于这个主题,请参看《斐德若》。据传,莱卡古斯替斯巴达建立了法律。因此,一方面他借斯巴达的军事力量,使得斯巴达免受奴役,另一方面,由于斯巴达在希波战争中扮演了一个关键的角色,他又间接地拯救了整个希腊。在对话中,他所处的语境是十分戏剧化的,因为在柯林斯战争之后,雅典就将斯巴达视作敌邦。所以,我们可以这样解释对话中对莱卡古斯的赞美:同柏拉图一样,苏格拉底也被看作(无论这样看是对还是错)斯巴达的拥护者。

者也可以想想梭伦,你们之所以尊崇他,正是因为他创造了你们的法律。① 还有其他地方的其他人,无论是在希腊的其他城邦,[**209e**]或者是外乡,他们令美丽的形迹得见天日,或者诞出各种各样的美德。为他们、为其子所修建的圣所庙宇早已林立,人类子女何曾享受过这样的待遇。"②(《会饮》208e-209e)

那些在肉体方面多产的(egkúmones)人,其恋爱方式(erotikoí)中就包含了对女性的偏爱,他们使之怀上孩子(paidogonías),从而保证一种相对的不朽;而至于灵魂方面的生产,则孕育智慧(phrónesin)以及其他形式的美德(aretḗn),它们会表现在行为与话语中——这是他们真正的后代(ékgona)。这些话语可能是诗人的话语,譬如荷马与赫西俄德;可能是立法者的话语,譬如莱卡古斯与梭伦;还有可能是其他创造者的。这些人或会成为教育者。他们会去寻找那些拥有美丽身体,尤其是拥有美丽灵魂的年轻人,并与这些年轻人谈论美德,谈论善好之人的责任与事业。他们与这些年轻人交往(haptómenos)并不懈地与之相伴(homilôn),之后他们便生产、繁育出(tíktei kaì gennaî)长久以来孕育在他们内部的(hà pálai ekúei)东西。此处有一个非常有趣的地方,就是实际上是较年长的一方怀孕(kuōn),并生产与繁育(tíktei kaì gennaî),也就是说,他们才是从这种关系中得益的人——正如我们前面所谈,美的年轻人在分娩的过程中意义重大。另外,还有一点值得注意,他所生育出(tò gennethén)的东西是已经孕育在其内部的(hà pálai ekúei),在我看来,这是对灵魂回忆说的影射。然而,"出生"并非终点,孩子还要接受这两位主人公的哺

---

① 对梭伦的赞美多少平衡了对莱卡古斯的赞美,柏拉图的母亲即出身自梭伦的家族(cf. D. L. III 1),可参阅《蒂迈欧》的开头。

② hierá 一词有多个意思:在这里我取了"圣所"之意。据说曾有一座为纪念莱卡古斯而修建的圣所(Herodotus I 66; Plutarch, *Life of Lycurgus* 31)。

育（sunektréphei），将孩子产出的那一方将喂养这个孩子，而那个美丽的年轻人或者确实在场，或者人虽不在，但却留存在了另一人的记忆中。这使得这种存在于男人与男人之间的关系（koinonían），比共同生育一个小孩（tôn paídon）的那种关系更为紧密，因为它为他们的"不朽"提供了更大的保障。

哪怕仅仅在词汇方面，我们也要承认《泰阿泰德》与《会饮》的这两个段落之间存在着好几处联系。

第俄提玛在这里描述的是教育者与学生之间的关系。她的这段描述以分娩生育为其模型，这种模型原本是一种女性的模式，它实际上与另一种模式形成对立，也即教育者-学生的男性模式：后者被表述为"少男之爱"（paiderastía），《会饮》之中，泡赛尼阿斯以及阿伽通都分别在自己的讲辞之中为其辩护。一边是泡赛尼阿斯与阿伽通的演讲，一边是第俄提玛的演讲，它们共同地提出了三种对立：①1. 首先是两种教育观念的对立，其中一种观念将教育视作在教师与学生的同性恋关系中，知识乃至理智力量、社会力量与经济力量的传递；另一种则以为，教育是对某种已经呈现在教师那里的知识的发现，通过学生们的帮助，老师使其得见天日，就好像将之诞生出来一样，它往往表现为善好的话语与行动；2. 其次是两种关于师生关系之观念的对立，第一种观念认为师生关系是一种制度化的（institutionalized）同性恋关系（也即 paiderastía），年长的是爱者，年幼的是被爱者，后者为了获益于前者的知识、权力或财富而必须成为前者的奴隶；而另一种观念则认为灵魂的处境就好比一位怀孕的女子，她必须使自己怀有的胎儿得见天日，方能顺利分娩。而在

---

① 关于这个主题，请参阅我的论文"Agathon, Pausanias, and Diotima in Plato's Symposium. *Paiderastía* and *Philosophia*", J. Lesher, D. Nails 与 F. Sheffield（eds.），*Plato's Symposium. Issues interpretation and reception*, Center for Hellenic Studies, 2006, 229—251.（[译注]已有中译本，参见《爱之云梯：柏拉图〈会饮〉的解释与回响》，梁中和等译，中国人民大学出版社，2018 年版。）

灵魂的这种处境中,反而是教师需要借助与学生的长期关系,在后者的照看下分娩。在这里言辞虽然模糊,但是没有任何地方指示了教师与学生之间存在着性关系。① 3. 最后,在美的层面上,我们会注意到,肉体之美与灵魂之美存在某种对立关系,前者是消耗的对象,后者则使得分娩成为可能。需注意,在这三个层面上,柏拉图所采取的整体立场与雅典的习俗实践都是完全相反的。

然而,第俄提玛借生育的图景而阐明的这种教育模式,却并不能适合于苏格拉底,他自己在《泰阿泰德》中说:"这里的原因就在于上苍强逼我接生,但禁止我生育。[**150d**]所以我自己在任何意义上都不是一个有智慧的人(ou pánu ti sophós),我也不能宣称我的灵魂之子(tês emês psukhês égkonon)是什么配享智慧之名的发现。"因此,苏格拉底无论如何也不能成为一个在教育的过程中进行生育的教师。这也就是为什么伯恩耶特阐释《泰阿泰德》时,拒不援引《会饮》。他止步于指出两篇对话的不同,这种不同的确存在,但是必须结合苏格拉底本人的人格(personality)来处理。在第俄提玛所描述的寻常的师生关系中,怀孕的一方是教师——他怀育着善好的话语与行为,而学生则发挥了"美"的作用,帮助其分娩。在《泰阿泰德》中则恰恰相反:苏格拉底替年轻人接生。但是文本中有一个令人奇怪但是异常明确的说法,伯恩耶特并没有考虑到:神禁止苏格拉底孕育知识。② 所以苏格拉底不能够扮演第俄提玛所描述的那种教师的角色,而必须将这种关系进行反转。

---

① 即便如此,我也无法接受伯恩耶特的这些说法:"对于爱,怀孕是因,而不是果。"(Burnyeat, *BICS* 24(1977), p. 8)以及"简而言之,任何层面上,怀孕都在交合之先,因为分娩与交合被想象成是相等同的"(Burnyeat, *BICS* 24(1977), p. 8)。在文本中难以找到任何对这两种论断的支持。而下面这一说法则更加令我不解,它根本与《会饮》或《泰阿泰德》无关:最后这些关于同性恋的评论实在很奇怪:"我们就此遇见了柏拉图的一个'盲点'(……)人们或许更倾向于简单地说,在对话的这里与那里,尤其是我们刚刚讨论过的关于助产术的文段中,我们得以窥见柏拉图人格中的幽暗一角。"

② 请参看他在《会饮》之中对苏格拉底的赞美。

苏格拉底扮演的其实是那些年轻人的角色——不断地提出问题，好帮助老师顺利分娩。此外，还要注意，苏格拉底同时还反转了性关系：阿尔喀比亚德就是最好的例子。通常的情况中，都是年长的追求年轻的，然而在这个例子中，却是阿尔喀比亚德去追随苏格拉底。这也是为什么，苏格拉底的教育实践变成了助产士的活计：帮助那些可以诞生的胎儿得见天日，至于那些无法产出的胎儿，则将其取出并抛弃。这种角色的倒置看起来十分微妙，但是它实际具有解释上的便利，且最为关键的是，它可以解释，《会饮》与《泰阿泰德》在教育方法方面所表现出来的那些不同。因此，苏格拉底只能够作为一个辅助者——也即一名助产士——介入这一过程，他或是发现灵魂的空洞，将错误流产，或是促成真理的分娩。

（三）助产术及其形而上学意义

在《泰阿泰德》中，苏格拉底所作的仅仅是流产掉三个关于科学的错误定义，而在《美诺》中，他还试图让真理分娩。一开始，苏格拉底消除了美诺童仆关于复制四边形的错误意见——这时还停留在 elenchos 的过程中——而之后，苏格拉底通过极有技巧的提问，成功地使得童仆找到了解题办法：这时则来到了助产士的环节。后一环节使苏格拉底得出了两个重要的结论：灵魂是不朽的，以及，它已然拥有了关于所有事物的知识。于是，知晓也就是回忆：

> 既然灵魂是不朽的(hē psukhḕ athánatos)，它已经出生过多次(pollákis gegonuîa)并且在这里和世界各地①见过了所

---

① 在《克拉底鲁》中（403a3-7 与 404b3），苏格拉底玩了一个文字游戏，他将 Haídes（哈德斯）与 aidés（不可见的）联系起来。通过"不可见"这一特点，苏格拉底又在《斐多》（80d5-8）中，将哈德斯与理性实在的王国相联系。因此，我认为，在文本的这个地方实际上包含着对理性事物的影射。

有事物(kaì pánta khrḗmata),①所以已经没有什么事情是它不曾学过的了(ouk éstin hóti ou memátheken);因此,如果灵魂能够把它从前已经知道的(há ge kaì próteron epístato)回忆(anamnêsthênai)起来——关于美德以及其他事情的——我们也没必要因此而感到惊讶。灵魂与整个自然十分亲近(tês phúseos hapáses psukhês oúses)并且已经学会了所有事(kaì memathekuías tês *psukhês ha panta*),②所以,当一个人通过他所谓的学习(máthesin),回忆起某件事情(anamnesthénta),并且他持之以恒地探索,从不懈怠,那么就没理由说他不能靠自己去发现(aneûreîn)其他所有知识,因为探索(tò zeteîn)和学习(tò manthánein),就整体而言,正是回忆(anámnesis)罢了。(《美诺篇》81c5-d5)

假如严格地从方法角度出发,那么助产术在其积极的维度实际上是不可能与回忆说联系起来的。因为苏格拉底所接生的对象,必须已经在其体内怀育了知识,否则苏格拉底不可能通过提问而帮助这个灵魂将其分娩出来。伯恩耶特提出了四点拒绝将《泰阿泰德篇》与《美诺篇》相比较的理由:1. 在《美诺》中,每一个灵魂都可以生育,而在《泰阿泰德》却不是这么回事。然而,即使苏格拉底展示了美诺的童仆的灵魂也可以生育,但是《美诺》却并没有哪一个文段谈到每一个灵魂都可以生育;而《泰阿泰德》(210b-c)也

---

① 应当注意,虽然 khrḗmata 常指广义上的"事物",但是在柏拉图与柏拉图主义者们那里,它也用来指理性实在,正如《斐多》66e1-2。
② 对句子的这一部分的解读,对我的立场是决定性的,它又是以一个因果从句为开头——háte 引导一个独立属格,构成这一从句。它可作两种解释。其一,将 tês phúseos apáses suggenoûs oúses 视作一个独立部分,伯纳特取此解,他在 oúses 后加了一个逗号,这样一来 kaí 就使得它与 memathekuías tês psukhês ápanta 相并列。另一种解释则以为 tês psukhês 同时充当动词 oúses 与 memathekuías 的逻辑主语,这样一来情形会清晰不少。

并没有说未孕的灵魂将会一直处在不孕的状态。2.《美诺》主张，所有的知识都是通过向内的回忆得到的(81c-d,85c-e)，而在《泰阿泰德》中则只有重要的真理是以这种方式得到的(150d)。但是，这两篇对话中都没有提到是哪种真理。3.《美诺》之所以谈到回忆说，是为了说明人如何能探索他所不知道的事情；而在《泰阿泰德》中，要知道某些事(185e, 201b)，甚至要解释某些错误判断(183a-194b)，都必须诉诸于感知。我们应注意，苏格拉底在《美诺》与童仆研究的是物的图形。4. 而《泰阿泰德》说，任何与灵魂有关的东西，都不会处于肉体之外。这是真的，但是这不过是一个缄默论证(an argument e silentio)；即它不能说明柏拉图已抛弃了这一观点。

关于灵魂与理型的"形而上学"文本暗示还有待讨论。Burnyeat 声称，《泰阿泰德》对理型没有任何提及，而这是一个缄默论证，因此它也只具有缄默论证所具有的有限价值。除此之外，并没有任何证据表明，柏拉图抛弃了独存的理型理论——尤其在《巴门尼德》之后——并以一个更合乎于亚里士多德哲学以及现代认识论的，关于观念的理论取而代之，正如我试图论证的，我认为仅仅依靠"精神怀孕"是不可能理解《会饮》与《泰阿泰德》的。①

我们刚刚引用的，苏格拉底在《美诺》中的那段论证，可以作如下重现：1. 灵魂无所不知。其知识的对象就是理性事物，当灵魂从肉体中完全分离，它便对这种知识进行沉思。2. 但是作为整体的自然组成了一个家族，这意味着可感事物也分有理性实在。3. 所以，即便学习就是回忆，我们有可能如此发现所有事情；但是这个过程起始自可感事物，为了触及理性事物，必须要不断地使自己脱离于可感事物，这一过程是要求勇气与毅力的。

在这里，开头的那个问题依然悬而未决。既然，在既未讨论分

---

① Burnyeat, *BICS* 24(1977), p. 8.

离于肉体之灵魂,亦未讨论分离于可感事物的理性事物及其分有的情况下,我们的确无法讨论回忆学说;那么,为什么《美诺》的80e-81e中并未提及理性实在呢?在我看来,答案十分简单。这篇对话中,柏拉图并不需要通过讨论理性实在来回答美诺的问题。对美诺而言,知道灵魂脱离于肉体、灵魂的不朽性,以及灵魂的轮回就足够了。而且,面对一个将美德定义为军事与政治之成功的贵族,谈论理性实在或许会适得其反。《斐多》则是一个相反的例子,克贝(Cebes)与希米亚斯(Simmias)是菲洛劳斯(Philolaos)的学生,后者已经与他们谈过灵魂的话题,所以在与他们的讨论中,苏格拉底才需要提及理性实在,并通过灵魂与这些不朽实在的联系,来解释灵魂的不朽。简而言之,①《美诺》的这一文段应该与《斐多》中关于灵魂学说的段落放在一起读。

所以我们先来考察一下《斐多》中的段落。在回顾了回忆说中所包含的假设后(《斐多》72e-73a),克贝随即提出了使之成立的证据:

> 有一个绝妙的论证,克贝说道,通过正确的方式追问,被提问的人往往可以自动得出正确的答案,如果他们不拥有知识(epistéme),他们是不可能做到的,这也就是说(kaì),正确的理解(orthòs lógos)就在他们自己之中。如果有人向他们展示一些几何图形(tà diagrámmata),或者其他此类东西,那么这就再清楚不过了。(《斐多》73a7-b2)

这几行句子非常明显地涉及到《美诺》(80e-81e)中的理论,这

---

① "La réminiscence dans le *Ménon* (81c5-d5)", *Gorgias-Menon*. Selected papers from the seventh Symposium Platonicum, ed. by Michael Erler and Luc Brisson, Sankt Augustin(Academia Verlag)2007, 199—203.

一点是很难忽视的,正是通过提问,苏格拉底使得童仆证明了这一理论是有理有据的(《美诺》81e-86c)。由于希米亚斯记性不好,苏格拉底又向他解释了回忆说的两个前提条件:

——我想我们都同意,如果说某人回忆起什么东西(ti anamnesthḗsetai)来,那么他必定之前(próterón pote)就知道(epístasthai)它,对吗?

——是这样,他说。

——那么我们是否同意,当知识以这种方式(trópoi toioútoi)出现在思维里(epistḗmē paragígnētai)时,它就是回忆(anámnēsin eînai)? 我指的是哪种方式(trópon tónde)呢? 就像这样:当某个人看见或听到,或者以其他某种方式感知到某事,并且不仅知道(gnôi)这个事物,还思及(ennoḗsei héteron)了另一个事物,它不是同样一种知识(epistḗmē)的对象,而是不同种的,我们难道不可以说,他回忆(anamnēsthē)起了后面出现在他思维(énnoian)中的那个对象?(《斐多》73c1-d1)

回忆是一个复杂的过程,或许可以这么描述它:1. 首先,存在着对对象 O_1 的感受。2. 当它出现时,这种感受会引发一个关于对象 O_2 的认识过程,这种过程:(i)一定与 O_1 存在着某种关系;(ii)主体已经提前地知道这一对象(通过例子里所说的那种感受),以及(iii)主体将这一过程保持在自身之内。

《斐多》的这一文段更多地讨论的是对象。我们可以从中得出三个结论:1. 首先,关于对象 O_1 产生的任何感受都可以纳入考量。2. 这种感受会触发一个关于对象 O_2 的认识过程,这一过程中,对象会展现在他自己之中(《斐多》73c1-d11)。遗忘抑或无法认识这种展现也是有可能的,这种可能性与时间的长度、不耐心的程度成正比(《斐多》73e1-4)。3. O_1(感知到的)与 O_2(展现出来的)可能类似,也可能不同(《斐多》73c5-74a4)。如果回忆起的是不同的事情,则可能出现两种情况:从对 O_1(七弦琴)的感知到对 O_2(七弦琴的主人)的展现;或者从对 O_1 之影像(希米亚斯的肖像)的感知到对 O_2(关于克贝的记忆)的展现。回忆的对象也可能是同类的事情:在这种情况下,对 O_1 之影像(希米亚斯的肖像)的感知,会直达对 O_2 的展现(想起希米亚斯)。在柏拉图思想的框架中,这些例子——无论是被感知的,还是被展现出来的——都是属于可感世界的。

然而,上面所说的这些只能算作是预备步骤,原因在于:1. 最后一个例子(《斐多》73e9-10),涉及到影像(image)与模型(model)的关系,它给我们带来另外一个问题:在柏拉图哲学语境下的模型/影像的关系中,影像代表可感事物,而模型则是可感事物所分有的理性形式。2. 另一个例子实际上也强调了这一点,它表明,当两个对象是相似事物时,对于二者之差异的感受将自行呈现出来,也即是说,正是 O_1 比之 O_2 的缺点与不足,唤起了对 O_2 回忆(《斐多》74a5-75a5)。这种感受是涉及可感之物的,不过当它的对象是我们所爱之人时,与它的对象涉及某种无生命的可感物时,其实是完全不同的。下面这段话就是在澄清这一点:

> 假定你看到某个事物,你对自己说,我能看出这个事物想要(boúletai)变得像另外一个事物,但是它有所缺乏,不能(ou dúnatai)真的相同,因为它是次一等的(endeî)。我们是否同意,作此想之人必定有关于他说的那个有些相同(hôi phēsin autò proseoikénai),但不充分相同的事物的预先的知识(tukheîn proeidóta)吗?(《斐多》74d9-e4)

在我看来,这种对两个对象间关系的拟人化暗示着,我们已经来到了关于可感与理性的本体论关系之语境,对话先前谈到的石头、木头的例子也印证着这一点,就其各自与"同"(Equality)的关系而言,这二者是等同的。

不过,好几个问题接踵而至:1. 关于人们是在何时获取这种关于理性事物的知识的问题;2. 关于此种知识之范围的问题;3. 最后,关于我们以何种方式拥有它们的问题。下面是对这些问题的回答。

> 既然可感的知识以我们的出生为开端,那么我们必定是在出生之前就有了关于理性事物的知识,如此一来我们才可以一出生就可以使用它。(《斐多》75a5-c6)

这种知识本身不仅仅与"同"(Equal)有关,而且还关乎作为整体的理性事物:

> ——因此,假如我们已经拥有了这知识,那么在出生前,以及甫一出生,我们不仅仅知道(epistámetha)"同",我们还知道"更大"与"更小",以及其他此类事情,因为我们目前的论证不仅仅适用于"同",更要适用于"美本身"、"善本身"以及"正义"、"虔诚",以及如我所说的,所有可以烙印上"其所是"(toûto hò ésti)①的东西,无论我们是在提问时,还是在回答问题时谈到它们。所以说,我们必定是在出生前就已经获得了所有这些知识(tàs epistémas)。
>
> ——确实如此。

---

① 根据 BT 与 W 的手抄本;Burnet 写作 tò "autò hò ésti",Duke 则写作 et al, "toûto, tò hò ésti",我则认为这个短语是在指涉理型:这个短语等同于《斐德若》247e2 中的 hó estin ón óntos,或者 249c 中的 tò ón óntos。关于对这一短语的阐释,还请参阅 Plato, *Phaedo*, ed. by C. J. Rowe, Cambridge(University Press)1993, note *ad locum*。

(……)

——如果,我们在出生前就获得了这知识,而在出生的时候又将其遗失,后来再通过我们的感官(taîs aisthḗsesi)与先前提到的那些对象相联系,我们恢复了先前曾经拥有那知识(analambánomen tàs epistḗmas),那么我们所说的学习(manthánein)就是恢复我们自己的知识(oikeían epistḗmen analambánonein),那称之为回忆(anamimnḗiskesthai)是没有错的。

——没错。(《斐多》75c7-d5)

因此,出生之前我们就拥有了关于理性事物之整体的知识。

那么,我们是以什么方式知道的呢?对我们而言,这种知识要么是一劳永逸的,它会随着时间自动地回到我们这里来;要么我们就在出生的时候失去它,而后为了重新得到它,我们必须付出充分的努力——也即通过学习。第一种假设是站不住脚的,因为所谓知道,就在于阐明其所知的,并不是人人都总是能够做到如此,所以这种知识不可能是普遍的。因此,我们只能保留第二种假设。这就意味着,灵魂回忆并不适用于所有人(《斐多》75d6-76d6);以及,既然我们必须付出一定努力,那么回忆学说就与伦理学相关了。

我们由此可作结论:在出生之前,理性实在与我们的灵魂就已经预先存在了(《斐多》76d7-e8)。那么,在什么条件之下,灵魂才可以思考真正的实在?它又是以什么方式思考的呢?《斐德若》(245c-246b)中的神话回答了这个问题。

《理想国》中有一个段落,非常清楚地描写了灵魂与理型的结合方式:二者同源,理型使灵魂受孕,并因而会带来分娩之痛。直到灵魂诞生出了彰显在良好言行中的真理与理性事物,这种剧痛方才停止:

> 那么,我们难道没有理由如此为他辩护——真正爱学习

的人,其天性就是要努力地朝向所是的,他不会流连于那许许多多被相信如此的事情,他会继续前行,他那渴求之爱既不会松懈,更不会丢失,直到他通过他的灵魂中专门适用于此的那部分,掌握了每一种本性之自身;因为,灵魂的这一部分与之有亲缘关系,他一旦接近那真正所是的,他就与之交合,并生育出洞见与真理,他知道了,他真正地活了,他受到了滋养,并且——恰恰从那一刻,以往都不行——他终于从分娩阵痛中解脱了出来。(《理想国》,VI 490a-b)

在这样的条件下,我们很难不将《会饮篇》中第俄提玛所说的怀孕与理型相联系①。

在什么条件下,又以什么方式,灵魂会沉思真正的实在呢?《斐德若》(245e-246b)的神话回答了这一问题:在灵魂降于肉体之前,它已经花费了1000年去沉思形式,之后它会在不同的肉体中度过9000年。

的确,我们不能在《泰阿泰德》中找到任何对理型的提及。然而,关于科学是什么,通过"感受"或"意见"而作的定义全都遭到了抛弃,这似乎暗示了存在着某种异于可感事物的东西。除此之外,《泰阿泰德》的篇末还对《巴门尼德》中的警告、《智者》中的训诫有所预告,而这二者都需要以理性事物为其前提。既然如此,在柏拉图的语境中,在不提及理性事物的情况下,我们如何能讨论真理呢?唯有讨论理型的情况下,将对话者怀孕灵魂中的真理诞生出来才是讲得通的。至于灵魂是从何处受孕的——是通过以往的可

---

① 所以这其实是对 M. Burnyeat 所提的问题的回答:"那么,为什么有些人怀孕,其他人却没有呢?这些概念是从哪儿来的? 即便撇开隐喻,影像也会引起这些问题,不过柏拉图预先就将那个明显的答案抛出了:他在《会饮》中将交合置于怀孕之后,在《泰阿泰德》中则将顺序颠倒过来,学生自己受孕,并通过其师的帮助生产。"(Burnyeat, BICS 24(1977), p. 13.)

感经验，还是通过某种内在的(innate)真理呢？《泰阿泰德》本身就已然驳斥了第一种答案；至于第二种答案，柏拉图的所有著作都不曾提过它。

若要对理型与独立于肉体的灵魂等形而上学意涵避而不谈，那么唯一一种挽救助产术的方式就只剩下，将它局限为一种提升自我知识(self-knowledge)的教育方法。但如此一来，我们就将关于客观知识的所有问题都一并回避了，然而找到科学之定义，却正是《泰阿泰德》的初衷。在《泰阿泰德》的背景下，"脱离于肉体的灵魂已然沉思过理型"——假如承认这一假设，那么这篇对话的困惑性的特征就可以得到解释；而除了这种困惑性特征，《泰阿泰德》与其他早期对话没有任何相似之处。

从《泰阿泰德》150a-151d，我们可以得到一个怎样的结论呢？"助产术"之范围看起来比诘问法(elenchos)更为广泛。首先，它也具有一个消极的面向，即向对话者揭示出其灵魂之空虚，或者即便其灵魂是善好的，但仍向其揭露其中包含着一些必须被抛弃的错误；这就是《泰阿泰德》中，诘问法(elenchos)介入对话的时刻。不过助产术同样展现出了一个积极的面向：它的目的在于，帮助那些怀有真理的灵魂，替这些真理接生。这两种面向在《美诺》中都有所展现。从这个角度看来，纵使苏格拉底宣称自己并不具有任何知识，但借助于助产术，他仍可以扮演教育者这一重要的角色——就根据《会饮》中第俄提玛提出的、与阿伽通与泡萨尼阿斯所赞许的"少男之爱"(paiderastía)相对的那个模式。的确，助产术的这一面向在《泰阿泰德》中尚无表现，但是，即便如此，既然我们谈到了《会饮》、《斐多》所描述的那种教育模式，那么就不可能不提起回忆说；而既然谈到了回忆说，也就不得不涉及到理型论。如果我们拒不承认这种形而上学背景，我们就会将助产术限定为一种实现自我知识的方式。然而，自我知识并非《泰阿泰德》之主题，这篇对话旨在讨论科学之定义，因此在我看来，这种立场并不能自圆其说。

有人会说,这种解释方式未免过于传统,它太过时、太古旧。那么问题来了:我们究竟应如何阅读柏拉图?

柏拉图的文本及其注解的历史开始于公元前387年,于公元529年左右正式结束:它有着近900年的历史。无数可以读写古希腊语,并且在阅读柏拉图上投入大量时间的男男女女,已经保证了它的连续性;此外,这也解释了文本传统的价值。关于他们究竟如何,我们当然可以有自己的想法,然而所有证据都表明,这些人是严肃且兢兢业业的。那么,我们又如何能够仅凭借文本缄默(e silentio)论证,就漠视这些人所作的解读工作呢?这种做法就是彻头彻尾地拒绝考虑文本的解读史。

的确,这种解读包含一种彻头彻尾的形而上学大杂烩——尤其关于理型与独立于肉体的灵魂——而现在的哲学家们完全可以不需要它们。然而,这种预设本身是不可接受的,事实上,不论在亚里士多德的逻辑中,还是在弗雷格(Frege)的逻辑中,都有一个形而上学的背景,它们只是被隐藏了,或者被小心翼翼地隐蔽起来,就好像它并不存在一样。即便现代的形而上学与柏拉图的形而上学形成直接的对立,也不能说明,这种预设就是唯一的可能性。

这种传统的解读方式,与另一种解读柏拉图的方式相对立,后者将所有注意力都聚焦在在一个段落中,只为了在其中找出一系列现代的问题。接纳一些"时代错误"(anachronism)并不一定是坏事,只要这种"时代错误"是有限的。或许有人一听说或者一读到这种解读方式,很快就自问:我们到底在讨论什么?事实上,这种读法将引发一个更令人不适的问题:当我们读柏拉图时,我们是在做什么?

是为了在其中找到与我们的相似性吗?还是为了让柏拉图成为康德、弗雷格或者维特根斯坦、语言分析、现代逻辑学以及各种各样道德学说的先师?这些问题看起来丰富多彩,趣味盎然。然而它却带来了一个问题:对相似性(similarities)的追寻实际上暗示了一种确信,即在这一领域,我们已经身处顶峰了。这种信念是可以通过对结果之验证来不断得到证明的,好比天文学,它的问题就诸如地球绕日的轨迹。然而,哲学的王国却是超出实证之外的,在这里寻找过去与我们之间的相似性,就无异于瓦解过去。为了避免这一弊端,我们最好多想想差异,少想想相似性,通过对过去的思想家们的研究,对我们自己的立场提出质疑,并且试着提出新的想法。正是出于这个原因,对古希腊作品进行整体阅读,并留意它与历史的勾连,绝不过时;反而,对于那些为了盖棺定论,而武断地强加前见之人,这种读法可以化解他们的不耐心。

附释:

我想试图重新梳理对"助产术"的研究文献。唯一相关的文本证据在《泰阿泰德》中,就我看来,若仅仅通过伯恩耶特1977年所作的那篇论文(译注:伯恩耶特是英美学界最具权威的学者之一,曾著影响深远的《泰阿泰德》研究:The *Theaetetus* of Plato, with a translation of Plato's *Theaetetus* by M. J. Levett, revised by Myles Burnyeat, Hackeet Publishing Company),就结束对该文本的研究,未免过快了。

对柏拉图的《泰阿泰德篇》历来有诸多种类的阐释。在此我仅枚举五种:

1. 第一种解释常被定性为传统型的解释,因为它曾经是古代柏拉图主义者[1]所持有的立场,后来又被康福德[2]、彻尼斯

---

[1] 对《泰阿泰德篇》的同名注疏 47.8—59.34;Plutarque, *Questions Platoniciennes* 100e; Proclus, *In Alc.* 29,1—5; *Prolégomènes anonymes*, 11, 13—15。

[2] F. M. Cornford, *Plato's theory of knowledge*, London, Routledge & Kegan Paul, 1935, pp. 27—29。

(H. Cherniss)①、迭斯(A. Diès)②与罗斑(L. Robin)③等人重提。塞德利(D. Sedley)如是描述它:"依照这种解释,《泰阿泰德》则并没能完成自己的任务(定义知识与科学),但是这种失败是刻意为之的,它产生了某种积极正面的观点。苏格拉底已经完全地忽略'理型是知识的合宜对象',因这种忽视而形成了经验的获取知识的方式,正是通过这种方式的失败,对话才表明,认识论如果不回归到柏拉图的形而上学中去,可能会遭受到毁灭性的打击。④"在本文中,我拥护的是这种立场,然而它与当今的主流解释方法是对立的。

2. 现下主流的解释提出了"一个受到了诸如罗宾森(Richard Robinson)⑤与欧文(G. E. L. Owen)等牛津学者启发的《泰阿泰德》的解释路径,它出现在1950年前后,并至少在30年间,都保持着其主流地位,在英文柏拉图学界尤其如此。他们采取一种将《泰阿泰德》视作非学理性的,或者说批判性作品的策略,如果他们拒不放弃这种立场,将会忽视柏拉图中期作品中的形而上学。"⑥伯恩耶特1977年发表的那篇关于助产士的文章就隶属于这一解释流派。⑦ 在那篇文章中,伯恩耶特试图在撇开理型、脱离于肉体的灵魂等形而上学性质的暗示的前提下,去解释助产士一词,从而将

---

① H. F Cherniss, "The philosophical economy of the theory of ideas", *AJP* 57, pp. 445—456; reprint in R. E. Allen, *Studies in Plato's metaphysics*, London 1965.
② Platon, *Théétète*, texte établi et traduit par A. Diès, Paris, Les Belles Lettres, 1923. pp. 128—130.
③ L. Robin, *Platon*, Paris, Alcan, 1935, pp. 52—55.
④ D. Sedley, *The midwife of Platonism*, Oxford, Oxford University Press, 2004, p. 4.
⑤ R. Robinson, "Forms and error in Plato's *Theaetetus*", *Philos. Rev.* 59, 1950, pp. 3—30; and by D. W. Hamlyn, "Forms and knowledge in Plato's *Theaetetus*: a reply to Mr. Bluck(*Mind* 65, 1956, pp. 522—529)", *Mind* 66, 1957, p. 547.
⑥ D. Sedley, *The midwife of Platonism*, p. V.
⑦ 见注1。

《泰阿泰德》的意义仅仅缩小为一种提升自我知识的教育实践。20多年之后,伯恩耶特又为莱维特(M. J. Levett)①的译著写了一篇长序,在其中,他仍没有否认自己1977年文章的观点,并且还提出了对该对话的一种新解读:"在伯恩耶特看来,《泰阿泰德》更多的是一次辩证法练习,而非学理性练习。柏拉图的手法实际上是创造出一种双重的辩证对立——其中之一蕴含在对话中,另一种则在于读者与对话之间,这种关系因读者与文本之间复杂的相互作用而十分有力,读者会对文本所探讨的哲学问题进行反思。而在伯恩耶特看来,这一切都是通过开放思维的探究方式而完成的,完全与柏拉图中期理论的特点无关。"②

3. 我们可以将第三条解释线索形容为"接生术的"(maieutic),因为它导向了对柏拉图式定义之知识的真理的接生。"对话所采取的形式是,它不断地逼近对知识的真定义。第一次尝试是一次令人沮丧的失败,从第二次尝试开始,之后的每次尝试都有所进步。临近对话结尾的最后一次定义已经十分接近这个真定义了,所以苏格拉底在此处制止了对话。他为什么要停止对话呢?因为对话自己告诉我们,真正的哲学方式是助产术,仅仅对于对话者来说,这意味着诞生真实的理论。一旦柏拉图尽其所能地带领读者至于真实定义之前,而非真实地启动它,那么他的作品就完结了。最后的工作要留给读者自己,我们要亲手得出它,并且看看我们的产物能否被成功地养育。以这种方式看,这篇对话的失败其实并非流于表面的。"③这种解释十分机智,但是在我看来,它犯了时代错误。无论人们是否乐于接受,古代哲学总是与某种受学理

---

① M. Burnyeat, Introduction to The *Theaetetus* of Platon, translation by M. J. Levet, Indianapolis / Cambridge, 1990, pp. 6—7; see also T. Chappell, *Reading Plato's* Theaetetus, Sankt Augustin, 2004, pp. 42—47.
② D. Sedley, *The midwife of Platonism*, pp. 4—5.
③ D. Sedley, *The midwife of Platonism*, p. 5.

指导的生活相联系的。因此它不大可能跳出作品本身,并暗示听众与读者去超出作者,走得更远;这种对读者的暗示是一种非常晚近的倾向,它与某种特殊的美学观念(译注:指接受美学)有关。这种态度意味着,作品的结局与作品是分离的,它将不再属于这部作品,而是属于作品所面对的人。必须要剥去作品所有积极的内容(理型与脱离于肉体的灵魂),将作品缩小在一个可以为所有人拾起的形式结构中,不考虑作品的历史背景,才可能得到这样的观点。

4. 朗(A. A. Long)①最近的论文中说道:"不管是以何种方式,《泰阿泰德》都是柏拉图对苏格拉底的重新评价。"②

5. 塞德利在其最近的著作中也试图替第三种解释辩护:"……我从这四种方式中都得到了收获。从康福德和他的先驱者那里,我得到的想法是,成熟的柏拉图主义在《泰阿泰德》就已经有了重要的展现。从伯恩耶特那里我借鉴到的是,两种阅读方式的系统性共存,以及对对话内部的辩证法与存在于文本与读者之间的外部辩证法的区别。至于之后我对接生术阐释方式做的进一步区分:内部辩证法与外部辩证法都以其自己的方式,实践着哲学助产术。最后,我想分享的是这样一种认识:正是存在于作者、柏拉图以及其主要对话者之间的清楚区分,重现了早期的苏格拉底。"③

---

① «Plato's apologies and Socrates in the *Theaetetus*», in J. Gentzler(ed.), Method in Ancient Philosophy, Oxford, Oxford Univ. Press, 1998. 113—136.
② D. Sedley, *The midwife of Platonism*, p. 6.
③ D. Sedley, *The midwife of Platonism*, p. 6.

五、柏拉图眼中，什么是神？

张浩然 译 陈宁馨 校

在柏拉图以前，传统希腊宗教的主要特征是将神和人、或者不朽者和有朽者做出区分。受到少数宗教信念的启发，柏拉图反对这一预设，并指派给了人类与神同化的任务。这一重大的倒转（这个柏拉图式的传统可以说是贯穿了古代）基于两个方面的反对：一是对理智实存和可感个体而言，哪一个才是可理解的。二是对灵魂和肉体而言，哪一个才可理解的。灵魂导致了生灵的自发运动，但它却可以为了将其自身转化为另一个灵魂，将其自身从原初的肉体中分离出来。

柏拉图为了解释这个万物都处在不断变化中的世界，是如何展现出足够的永恒性和稳定性，从而让人类能够去认识，影响和谈论它，他坚称理智形式是存在的。由于持有这样一个信念，即这样一种永恒性和稳定性无法在可感世界中找到，柏拉图因此假定了另一种真实的存在，这种存在可以满足上述需求以及解释，为何在一个从不停止变化的世界中存在一些并不变化的东西。在《斐多》(79b)处，苏格拉底承认"存在两类事物，一类是可见的，另一类是不可见的"。事实上，这两类事物是相互分离的。尽管如此，可理解之物和可感之物之间的分离是不完全的，这仅仅是因为可理解的形式的存在必须有助于解决如下悖论，即可感的个体从不停止生成。可感个体的称谓取于可理解的实存。总之,可感之物只有透过可理解之物这一中介才能被真正理解。

在《蒂迈欧》中,可感的个体被解释为由火、气、水、土四元素独立组成的形体(body)。因为形体是生成的,没有形体就其自身而言是不可摧毁的(《蒂迈欧》28a3)。尽管如此,在那些由外界推动的形体和自发运动的事物之间必须做出区分,因为后者天生具有的灵魂,能被一种更高的能力所引导:理性(intellect、nous)。理性能察觉到可感个体分有的理智实存。

灵魂被定义为既包括肉体也包括精神在内的一切运动的自动原则(《斐德若》245c8,《法义》第十卷896e-897a)。这个定义立马造成如下结果:我们必须把灵魂从整体上视为不朽的,因为就其定义而言就是无所谓开端或结束的(《斐德若》245a-d)。我们将会看到,那些个别的灵魂,即那些有朽的(能转移到人类其他肉体上甚至动物的肉体上)存在,它们处在一个一万年的轮回之中,最终它们将会失去它们的特征。在接下来新的轮回里,它们将获得新的特征。

如果我们希望谈论柏拉图的宗教,我们必须首先问我们自己,柏拉图所理解的神(theos)是什么?它是不朽的。在《斐德若》(246c-d)中,柏拉图尝试描述神是什么,柏拉图表现的非常谨慎。他首先设置了论述的语境,他的论述不是基于使得宣言为真的论证知识的逻各斯(logos)层面,而是在神话(muthos)层面,或类似的故事的层面。柏拉图采取了一种恳求神的仁慈的祈祷的方式为结束。然而,存在一个不会改变的定义:神是不朽的生灵(《斐德若》246d1)。

由于理智实存(包括善)都被定义为理智形式,于是它们不可能被视作神。由于它们是无形的,这些理智形式不可能具有形体,并且由于它们是不可改变的,根据灵魂是自动的这个定义,它们更不可能是或有灵魂。此外,柏拉图从未将一个理智形式,甚至是最高的理智形式善,描述为神(thos)。即使有时可理解之物被描述为神圣的(theion),比如在《斐多》中(81a3、83e1、84a1),在《理想国》中(卷六 500e3、卷七 517d5、卷十 611e2),在《治邦者》中(269d6),在《泰阿泰德》中(176e4),在《巴门尼德》中(134e4),以及在《斐勒布》中(22c6、62a8)。在这里,形容词具有夸张的意味,旨在与"人类"作对比。"神圣的"(Theion)意味着在其类别中是最好的,其用法就在于关联于这种赋予其身的最佳性:可理解之物,因此也就是神圣的(theion)。可理解之物带有神的滋养及其神性(《斐德若》247d)。于是,为了模仿智慧的(sophos)神,人类必须试图让自己变得智慧(philosophoi)以及力图朝向那种由凝视可理解之物所赋予的智慧。

对柏拉图而言,一个生灵是天生具有形体和灵魂的(《斐德若》246c5)。然而,在生灵之中,一些是有朽的而另一些则不是。由于灵魂被定义为不朽的(《斐德若》245a-d),因此生灵被称为有朽的只能是就其作为形体功能而言的。那些形体能被摧毁的生灵是有朽的,因此结果就是,它们的灵魂能自己脱离形体而去(《蒂迈欧》85e)。这就是人类的情况,也是所有居于天空、地上、水里的存在物的情况(《蒂迈欧》90e-92c)。然而,存在着一种灵魂和形体永远合一的生灵,因为它的形体不可能被摧毁。这个生灵的形体不是在其自身不可摧毁的,因为根据希腊人的格言,生成之物是容易毁灭的。是制造它们的那个东西的善意确保了它们不会被摧毁(《蒂迈欧》41a-c)。

除了天生具有一个不能分解的形体之外,神还拥有一个灵魂,这个灵魂具有一个更高的能力,理性(努斯[nous])。这个理性能够立刻毫无障碍地不断活跃地捕捉其对象——理智实存。一旦其灵魂肉身化,人类只能通过其感官这个中介去认同可理解之物,在这个复杂的过程的最后,柏拉图给予了这种回忆一个名字(anamnesis),它能够让它的灵魂记住当其从一切形体中分离出来时所凝视的理智实存。最终，正是这种凝视的品质让神成为神。简言之，对柏拉图而言，神是天生具有形体的生灵，它的形体不可摧毁，但这不是因其自身而是通过造物主的意愿，神还具有一个拥有完美理智的灵魂。

作为形体和灵魂的复合物，诸神构成了一个巨大的层级结构的一部分。它们与灵明一起处于这个巨大的层极结构的顶层位置，其中最有名的是爱若斯（Eros）。接下来是人类，男人和女人；接下来是居于天上地下水中的动物。在其中，人类可能凭借他们的理智活动这一品质得以肉身化；我们必须把植物放置在层级的最底部（《蒂迈欧》76e-77c）。有两个标准使神得以从其余生灵中区分出来：它们的不可摧毁性以及它们的理智品质。在这种情况下，让我们草拟一份具有神的品质的存在清单。

首先，存在一个宇宙，其组成已在《蒂迈欧》中得到了描述。这个世界独特的形体表现为巨大的球体，没有组成部分。这个球体自身构成了其全部的元素，所以没有东西能从外部对其进行攻击，因此也就免除了疾病和死亡。此外，由于造物主的善，它不希望宇宙受到腐蚀。造物主在形体之内放置了灵魂，其位置是在可感之物和可理解之物之间，灵魂还天生具有一个精确的结构。事实上，它有两方面的特性：运动，它使得形体作为整体运动，包括天体；认知，在神范围之内的事物。运动使得这个生机勃勃的世界尽量简单的得以可能：球体围绕着它的轴旋转，自西向东，当场完成。这个物理的运动转过来又与两（第二）方面的认知能力有关，这个能力看似是处理可理解之物和可感之物的（《蒂迈欧》37a-b）；如果一个人承认宇宙灵魂必须统治宇宙的话，这是一个必要条件。宇宙灵魂，与坚不可摧的肉体相连，加上其天生具有完美的永不停歇的理智，决定了其统治权。那么，我们如何能够不下这样的结论，即宇宙就是神（《法义》第七卷，821a）？

由火和土尤其是土组成的天体被视作神圣的，这是因为它们满足了上述标准。它们的确是由不能被摧毁的形体,以及天生具有理智的灵魂组成的不朽的生灵。在天体之中存在着等级制度,这个等级制度与它们的运动有关,《蒂迈欧》38b-39e 见证了这一分层。固定的星辰以一种完美的统一的方式自西向东运动,其灵魂不对其运动造成任何干扰。灵魂管理着那些在其运行轨道中引入异常的漫游的星辰。其中的地球(大地),居于宇宙的中心,仅仅是因为在诸相互争斗的运动类型之间达到了平衡。

传统的神在一个神秘莫测的文段中被提及:"于是,当所有的神,包括那些我们观察到的处于环形运动中的神,还包括那些只有当它们希望时才展现出来的……"(蒂迈欧 41a)这些同样是不朽的生灵,天生具有灵魂和肉体,即使很难知道传统的神的肉体是由什么组成的。我们猜测是火,因为我们在《蒂迈欧》的一个文段中发现了不同种类的活生生的存在都关联于一个元素:神与火,鸟与气,行走和爬行的生灵与土,鱼和水。(《蒂迈欧》39e-40a)我们可以认为与火相连的神圣事物只有天体,但是看似将其推广到传统的神上面也可以,原因有两个:在下文中,天体首先被提及(《蒂迈欧》40a-d),接着是传统的神(《蒂迈欧》40d-e);造物主接着总体性地处理了这些神(《蒂迈欧》41a-c)。

传统的神的灵魂与人类的灵魂,在每一点上都具有相似的结构(见《斐德若》246a-d);这就是为何神会遭到侵略,拥有感受和激情。与人类的灵魂不同的是,神的灵魂永远是善的,因为它们的灵魂永远受其理智的指引,其理智永远凝视着可理解之物(《斐德若》247c-e)。在这一壮丽的文段中,我们发现了一个在传统和新奇,神话和哲学之间的不断的混合。神话是转换(transposition)的对象。诸神,根据诗人的描述,它们在奥林匹斯山上过着盛宴般的生活,它们在那里以琼浆玉液和仙肴为食,在《斐德若》中,这些东西被描述为用以滋养它们那拥有理智的灵魂。我们同样需要注意它们奇怪的语言,这种语言比人类的语言更准确,这可能是由它们凝视的品质所致。

这种凝视使得神得以同化:"这就是诸神的生活。让我们转移到其他灵魂上去。即那些最好的,因为它紧跟着神并且寻求与其相一致……"(《斐德若》247e-249a)在此,我们必须将理智形式理解为神圣的。然而,赋予传统神的运动并没有赋予天体的运动那么一致。在《斐德若》的核心神话中,我们发现它们升起又降落,即便许多描述这些运动的动词表现了循环的思想。

这里有一个最有争议的问题:造物主或《蒂迈欧》的工匠,我们必须将谁与理想国中的园丁(phutourgos)同化呢? 在《蒂迈欧》中塑造了宇宙的那个他被明确地视为神:"因此,为了与一个仅仅是很有可能的解释相一致,我们必须认为这个世界(cosmos),即一个天生拥有理智的灵魂的生灵,将果真是神的反思性的决定所产生的一个结果。"(《蒂迈欧》30b-c)然而,这个神却被描述为一个有思想、感觉、言说以及行动的工作者。在《蒂迈欧》29e-30b,变得很明显的是造物主是一个天生拥有理智的神:它"推理"和"反思",它"考虑事情"和"预视",它是"意志"行动的主人。它的责任涉及:它"言说",以及它凝视它的作品,它"欣喜"。此外,对它行为的描述几乎与对缺乏肉体之物的描述不兼容。此外,它被视为"父亲",那致使宇宙出现的人被视为"造物主"、"工匠"、蜡像塑造者、木匠,它还是重要功能的组装者。此外,如果我们考虑比喻性地描述它的行为的动词,我们会意识到造物主完成了许多具有代表性的艺术和手工活动。

然而,并没有地方说过造物主拥有灵魂和形体;仅仅是因为它从总体上塑造了灵魂和形体。可能这也是为什么一些注释者坚称造物主不能与世界灵魂相分离的原因,因为它必须以某种方式与其理智相似。但是看起来很难接受这种立场,因为这会撤掉刚才使用过的梯子。总的来说,柏拉图描述的造物主,就算只是比喻性的,也是一个天生具有形体和灵魂的神。

在柏拉图式的神圣层级的顶端,我们发现了造物主,它制造了其他的神。因此它被视作总是这般的神,它处在一个对于它应该制造的灵魂和形体而言自相矛盾的境地。接着我们发现了宇宙,它是造物主的行动的结果;这个神使其呈现出最佳形式的外表并立刻使之内的事物旋转。接下来是固定的恒星,以及行星,其形体也是球形的;但固定的恒星做着极为规律的圆周运动,若我们与之和行星比较,我们会发现行星的运动特征是不规律的。地球的地位也是成问题的:丧失了运动,处在宇宙的中心,呈现出一个不完美的球状形式。传统的神,从它们的角度来说,处于一个不仅仅是周期性并且是线性的运动中,因为它们能从天空升起又落下。

简言之,当我们观察传统的神话学,无论是柏拉图的、亚里士多德的、斯多亚的或者是伊壁鸠鲁的,诸神总是被视为不朽的生灵,天生具有一个不朽的形体以及拥有一个理智的灵魂。可能会存在一个并不拥有灵魂或形体的神的观念,这看似是中世纪的柏拉图主义者为了确保第一神的卓越而努力制造出来的。在这个神学中,它们同时看到了《蒂迈欧》中的造物主以及《理想国》中的至善,它们将之视为现实的理智,其可理解的形式是其思想。此外,其带有由普罗提诺做出的将理智和可理解之物最终同化的标志,这在所有的新柏拉图主义者中都得到了继承。然而,甚至在这个文段中,低等级的神仍然具有其重要的位置,天生具有灵魂和形体。

位于诸神这一层级下方的存在也像神一样拥有理智的灵魂,但与神不同的是,它们更倾向于隶属于会毁坏的形体。这些下层级的灵魂是暂时的;它们的存在处在一万年的循环之中,受到命运的驱使,参与到一个基于再生的报应系统之中。

为了说明灵魂与不可摧毁的形体之间的关系,柏拉图在《理想国》中开始区分了灵魂的三种能力,第一种是在其自身就是不朽的,然而另外两种只有当它们统治的形体是不朽时,它们才是不朽的。灵魂的不朽能力——即理性——凝视着理智实存,而可感个体只是影像。根据这个含义,人类类似于神,或更类似于灵明(daimon)。另外两种能力,一方面是使得有朽的生灵为自己辩护的血气或激情(thumos);另一方面是让它们保持活力和再生的欲望(epithumia)。而理智可以被说成是不朽的,这两种能力则是有朽的,因为它们和使得灵魂附加在其上的可感物体的存在得以可能的功能相关,其生命是有年限的。

当应用于有朽的生灵,尤其是人类时,灵魂的三分只在与肉体甚至是社会相关时才被提及。在《蒂迈欧》中(69c-71a),柏拉图将灵魂的各个能力联系于人体的各个部位。最低的或欲望这种能力,它确保了生存的功能(通过激发对食物的欲望)和再生的功能(通过激发性欲),这种能力被置于横膈膜之中,即肝脏的区域。在横膈膜之上,是心脏的区域,这是血气能力的位置,它使得人类通过同时确保对内和对外的防御功能而保持活力。这第二种能力使得置于欲望和理性之间的冥想得以可能,这个能力是置于大脑中的,它是拥有所有能用语言表达的知识的原因。在人类中,只有理性是不朽的,因为精神能力和欲望能力致力于确保有朽的肉体在一定时间内能够保持良好的运转功能。当肉体摧毁了,与之相关的精神能力和欲望能力也只有消失,这也是它们被视为有朽的原因(《蒂迈欧》69d)。

这个与肉体相关的灵魂三分,除此之外还和社会环境的功能三分有关。在《理想国》第二卷末尾,柏拉图提出了一个个体因其功能的不同而被区分为与这个层级秩序相一致的组织结构。这个组织是基于人类个体中的三种能力的优势而形成的:理性、血气和欲望。其中数量最大的一组,它致力于确保食物和财富的生产,由农民和工匠组成。这一阶层由护卫者或确保城邦内外秩序稳定的武士保护。在此范围内,它们既不能拥有财产也不能拥有金钱,护卫者完全与接受其保护的生产者分离,为了与之相交换,生产者必须确保喂养护卫者。在这一功能划分中,非常少的一部分个体被选中去接受更高的教育以及管理城邦。

作为整体的灵魂是无肉体的存在,是不朽的;但一个个体的灵魂能与特定的肉体相连,这是一个要摧毁的部分。然而,灵魂每一万年就要循环一次;以此来看,柏拉图的灵魂学说与东方的轮回观念并无太大差别。现在我们来看看灵魂的游荡。

在第一个一千年(《斐德若》245d-248c),灵魂与所有世间肉体是分离的,但在接下来的九千年里(《斐德若》248c-e),它作为其之前存在的道德价值的功能从一个肉体转移到另一个肉体,而这取决于其理智活动的质量。这个理智活动是当灵魂从所有世间的肉体分离时,对理智实在的凝视的一个回忆,或记忆。在第一个一千年再生轮回的末尾,所有的值得与居于人类中的可感肉体——即男人,甚至是性器官——相连的灵魂都始终不存在。这一联系在接下来的千年中依旧保持空缺。一个爱知识或美的人,一个在连续三个千年中选择了正直的生活的人,将能够从这样一个轮回的循环中逃离出来,重新升到天界中。其余的将从一个肉体旅行到另一个肉体,开始第三个千年(《蒂迈欧》90e-92c)。在这些不完美的灵魂中的第一类肉体可能肉身化为女人:怯懦将进入女人的肉体中并将展示出来,因为在古希腊,男子气概是与战争相关的。只有在这一千年的进程中,性别的区分才出现,因此紧跟着的就是性繁殖。接下来,肉身化出了各种我们称之为动物的东西,即使古希腊并没有对此类生灵命名。它们因元素的功能(从气开始,由于火是留给神的)而被作了垂直顺序上的分类。在顶端是翱翔于天空的鸟,接下来是居于地表的生物;它们是四足动物、昆虫、爬行动物。最后是水生动物:鱼、贝类,以及其他最不具有理智的。

事实上,柏拉图描述的灵魂连续性,我们在其中发现了一个等级秩序,即神、灵明、人类、居于空中的动物、居于地上的动物、居于水中的动物,甚至如我们即将看到的,植物。理智活动被设想为对可理解的形式的直觉，包含如下标准，即能够在所有灵魂中做出区分。神和灵明直接并且不间断地凝视可理解的形式。人类只在其存在的特定阶段才享有这样的特权，这个阶段就是当他们的灵魂从所有的肉体中分离出来之时。一旦人类灵魂肉身化，他们对可理解的形式的凝视就是间接的，因为他们必须借助感官这一中介；总之，这或多或少是不确定的。相反，随着存在的级别越来越低，动物对它们的理智的使用也就越来越少。

在上面提到的灵魂级别之中，我们发现了两处中断：一是在神的灵魂及灵明的灵魂与人类灵魂及动物灵魂之间的中断。神的灵魂和灵明的灵魂从不隶属于一个要摧毁的形体；而人类的灵魂和动物的灵魂都要居住在外表各异的要摧毁的肉体之中。二是在人类灵魂及动物灵魂和植物灵魂之间的中断，人类灵魂和动物灵魂中天生具有理性能力，而在植物灵魂中则被弱化为了欲望能力。

让我们一个一个来考虑这两处中断所造成的结果。

1. 在这个等级系统中，只有天生具有理智的灵魂才隶属于报应系统，这个系统让处于之中的灵魂上升或下降，根据它们的理智活动的质量而具身化。神和灵明处于这个层级的上层，植物则处在下层，因此神和植物总是保持它们的层级，处于最高或最低的位置。

2. 结果，处于灵魂具身化这一层级中最高层的人类，必须拥有和神及灵明类似的目标，要想实现这一目标需要凝视可理解的形式。因此，与神的同化这一主题对朝向知识的哲人而言，是对可理解的形式或真实存在的凝视。

3. 人类和动物这一层级，其功能是练习理智活动，具化为了肉体。肉体中的灵魂是致力于阐明灵魂的理智活动的质量；简言之，肉体是"灵魂之城"。从这个角度看，所有居于天上地下水中的人类和动物组成了一个巨大的符号系统；既有从外表视角出发而来的符号，也有从行为视角出发而来的符号，这证明了一系列动物扮演的角色所依赖的比较、图像和比喻的合理性。在《蒂迈欧》中，这些符号代表着不同种类的灵魂，它们的道德质量从根本上取决于它们对可理解之物的凝视。根据一系列可能看似讽刺或荒谬的细节，但只能以此方式来进行的解释：鸟是天真的天文学家，它认为视力是知识的终极来源；四足动物需要四个脚是为了支撑它们的脑袋，它们的脚已经通过其理性能力的循环进化的变形而被延长；缺乏理智的陆生爬行动物；鱼是拥有更少理智的，贝类是最无知的。

4. 与人类类似，不论男人还是女人，动物的灵魂天生也具有理性能力。即便动物正是因为它们很少使用其理智从而是动物，但它们拥有理智能力却是不争的事实。无论怎样，不管是如何可能的，没有什么能够阻止动物爬上级别的阶梯从而变成人类。

于是吃动物可能暗含着杀掉或吃掉了一个从前的人类，甚至，灵魂自身可能再一次肉身化另一个人。在此意义下，需要喂养自己的活人如何能够确保不将它们变成"人"？答案是通过给予它们天生不具有理智的一类食物，即蔬菜。在提到了四类居于宇宙中的生灵之后，诸神联系到了火；人类，男人和女人；居于空中的鸟和行走或爬行于地上的动物；以及水生动物。《蒂迈欧》迅速地提到了蔬菜的起源，它与第三种或灵魂的欲望能力相关联。然而，这对素食主义的看法与传统的对城邦的献祭发生了冲突，因为后者暗示着屠杀受害者以及消耗它们的肉体。刚在《理想国》中提到的是，这种献祭看似在《法义》的城邦中扮演着重要的角色。柏拉图是否接受这种矛盾，或者他是否给了献祭（thusia）一个宽泛的含义？不可能这么说。

因此柏拉图是同意传统神学的，尤其是当他坚称神拥有形体之时。但是，即使是在这一点上，他也与他的同时代人不同。他既不能忍受神拥有具身化的一面或拥有使它们与人类相似的行为（因为神只能是善的）这样的观点，也不能忍受神可能变为有具身化的外表或按其意来表现外表。严厉的批评构成了《理想国》的第二卷和第三卷,对诗歌的指责是在第十卷,这些地方清楚地证明了上述观点。神话只有由诗人在那些知道的人——哲学家——的控制之下编造出来才是被允许的。这类神话与一种修辞学一起可以作为法律前言中的说服手段起作用,因为有人可能会试图打破法律,就像在《法义》第四卷中由雅典的异乡人解释的那样,这可以作为预先的劝阻。

类似的立场可以在《法篇》第十卷中找到,那里旨在向年轻的无神论者表明(1)诸神是存在的;(2)它们关心人类的命运;(3)它们对所有试图影响它们判断的行为并不敏感。最后一点使得传统的宗教过时。在这里,试图用做祈祷或提供献祭来动摇特定的神将不会存在任何问题。信仰的唯一目标是带着让自己与之同化的视角去凝视神从而赞美神。

总之,即使他接受了古希腊的有关神的许多观念,但是当柏拉图给人类指派使它们与神同化的目标,试图承认那些谈到神的行为和功绩的神话是受到哲人的控制时,并且将宗教崇拜和原始结局的仪式归结于只是赞美神时,柏拉图表现出了一种革命的态度。

六、何为柏拉图主义？

李博涵 译 梁中和 校

在古典时代，尤其是希腊化时期，一个柏拉图主义者通常要么是柏拉图哲学的注解者，要么是柏拉图哲学的门徒。对于第一类人而言，如对《蒂迈欧》进行注解的斯多亚派学者帕纳埃提乌斯（Panaetius of Rhodes），他们并不完全站在柏拉图主义的立场。无论柏拉图的追随者们是否宣扬那些早期对话录的重要遗作，或是他们认为由其他对话录发展而来的那些学说，他们都是在学园的框架内进行着基本活动，包括阅读和解释那些大师的作品，以及对其进行注解，这些活动都基于一种非常强大的重视手稿的传统，并与对美德的实践紧密联系在一起。作为一种其灵感很早就来自于毕达哥拉斯学派的基于学园的现象，柏拉图主义在历史中显示出惊人的多样性，并且对于忠于这个现象的规则而言，创新并不是不可兼容的。

这种多样性源自于柏拉图的文本本身，在柏拉图文本最初的重要时期，柏拉图以苏格拉底的口吻质疑他同时代人的观点和价值，并且以一种较为武断的方式在伦理学、认识论和本体论中建立了许多准则。在所有这些领域中，一个相同的理念贯穿于全部领域之中：那种超越性意味着，一方面，现实被划分为两个领域：感官的，亦即不断变化的个体性的领域，以及理智的，亦即是绝对不变的领域;另一方面,对于每一个人类来说,这种两个领域的区分也是一个具有五种感官和肉体的凡人,和一个可以获取理智的不朽灵魂之间的区别。

柏 拉 图

在早期的对话录中,直到《美诺》,苏格拉底都采用了一种被称之为诘问式的方法:如果,而且只要有一种与原观点相矛盾的观点可以从对话者的意见中演绎出来,那么这种观点就可以被驳倒。事实上,诘问式呈现出四个本质的特征:(1)如果从形式上看,这种方法是一种消极的方法:苏格拉底并不为自己的观点进行辩护,而是让自己去检视那些由对话者预先提出的观点;(2)当苏格拉底寻求发现真知却意识到自己一无所知时,他必须从他的对话者坚持认为是真的那些前提中得到这种真知;(3)他必须将所得到的真知接受为暂时建立起来的,以及(4)进而得出结论,即作为一种寻求真理的工具的诘问式,并不能保证真知的确定性。

从而,柏拉图为了达到那种源自于追求真知的自信的确定性,并鉴于几何方法的巨大成功,他采用了数学的方法,这些方法被认为是所有方法的典范。一种真正具有说明性的方法应当呈现出以下的逻辑结构:为了把命题的真实性和命题的推论联系起来,一种方法必须能够证明命题的真假性,因为这是问题推论的必要结果,并且这种方法要在它的最终分析中得到它自身的真实性,因为这种真实性是系统化其公理的必要结果,这也就是说,这些命题的真理性在系统的框架内是无矛盾而自明的。柏拉图使用的方法意味着哲学家有一种"教义",虽然这种"教义"必须是一种连续而重要的详尽过程。现在,问题中所讨论的教义是矛盾的,它的特征是双面矛盾。首先,对于柏拉图来说,通过感觉所感知到的事物仅仅是理念的摹本,并且这些理念隐藏了自己的存在,并构成了真正的现实。其次,人不能还原为肉体,他的真实存在与一种可以解释人体每一种运动的灵魂实体相关,无论这些运动是物理的(如成长、身体运动等)还是心理的(如情感、感官知觉、理智能力等)。对于这种关于理念存在的假说,柏拉图从来没有定义过它,而只是以其反面的特征来描述它,而这种推论也为他的伦理学、认识论和存在论建立基础。

基于雅典的混乱统治,那时古典城邦在其对手的攻击下濒临崩溃,并且人们都反对共同价值,柏拉图为了继续苏格拉底从事的活动,他寻求建立一种基于绝对可靠的道德原则的政治秩序;这也解释了为什么早期的对话录都在解决伦理问题。这就涉及到定义一个完美的城邦公民的必要的道德品质,这种定义的需求就暗示着一种绝对规范的存在,它既不取决于诗人传颂的传统,也不同于如智者那样的人所宣称的,以任意约定的规范来评估人类状况的观点。

但是这种使得伦理体系得以可能的假说,又要回溯到一个认识论的层面,这也是《美诺》中特别澄清的一点。为了把握伦理学要求的全部规范,我们必须假定一种人有不同于意见的能力存在:理智。现在,理智和意见之间的区别意味着它们各自对象之间的区别;意见统摄处于生灭变化中的感性实体;而理智则把握不变的和绝对的现实。总之,为了给他的道德体系所需求的认识论建立一个基础,柏拉图假设了一种现实的存在,亦即是他所说的理型(理念形式)。

理型解释了理性知识形成的过程,然而,可感觉的现实则不依赖于这些过程。如果在感官世界中,客体以及它们的特征都被简化为一种复合运动的暂时结果,那么伦理学和认识论就不可能被建立,并且从这样的立场来看的话,对于理念世界存在的推论就使自己显得空洞和无效。因此,除了建立伦理学和认识论的需求外,必须建立一个存在论的基础,它能够允许我们解释感官现象自身的不断变化,这些感官现象会在一种连续的发生中消解。只有感官现象呈现出一种可靠的稳定性,它能够使我们的理智参与其中,我们才能理解这些感官现象,并能够言说它们。总之,在感官世界中存在一种世界的建筑师或是造物主,这个建筑师或造物主在创造宇宙的同时,使他的双眼注视于理念的形式,这才能允许我们理解并言说这个世界,并且在城邦中,这些标准的存在也同时规范着个人和集体的行为。这也是柏拉图专门撰写《蒂迈欧》的一个重要目的。

老 学 园

这一柏拉图在对话录《美诺》中或多或少谈及到的学说,也一定正是他在公元前 387 年所创立的学园讨论过的内容。那时他刚从南意大利的大希腊殖民地(Magna Graecia)和西西里岛结束他的第一次旅行,在殖民地那里,他遇见了包括阿库塔斯(Archytas)在内的一些毕达哥拉斯派学者,而在西西里岛,他在叙拉古的狄奥尼修一世(Dionysius the Elder)宫廷里受到了款待,并结识了狄翁(Dion)。柏拉图在雅典自费建立了学园,那里花木繁盛,并有一座为了纪念英雄阿卡德摩斯(Academos)而建立的公园。这座公园坐落于通往城市依洛西斯(Eleusis)的路上,靠近于科菲索斯河(Cephissus River),并且离科奥诺斯(Colonos)不远,有一座体育场坐落于学园的中心位置。这所学园建立的目的就是让青年人通过接受柏拉图在《理想国》第六卷和第七卷中提出的哲学教育,来让他们积极参与政治活动。学园建立后迅速取得了很大的成功,它很快成为重点教授修辞学的伊索克拉底(Isocrates)学园的主要竞争对手。

柏拉图周围聚集着他的朋友和追随者,他们每个人都会对某一个具体的学科负责。其中最著名的是亚里士多德(Aristotle of

Stagira)、斯彪西波(Speusippus of Athens)、色诺克拉底(Xenocrates of Chalcedon)、菲利普斯(Philippus of Opus)、赫莫多鲁斯(Hermodorus of Syracuse)、赫拉克利德斯(Heraclides of Pontus)、欧多库斯(Eudoxus)、赫斯替埃乌(Hestiaeus of Perinthus)、泰阿泰德(Theaetetus)等。我们同样认为这些人中也有一些数学家和天文学家,如梅内克缪斯(Menaechmus)和他的兄弟迪奥斯图(Deinostratus),安菲诺摩斯(Amphinomus)、艾米达斯(Amyntas)、阿忒纳乌斯(Athenaeus)、赫尔摩底谟(Hermotimus)、卡里普斯(Callipus,他重新定义了球体系统)、忒奥厄斯(Theodius of Magnesia),以欧几里得风格写作的《元素》(Elements)被认为是他的作品。以及其他的在往来书信中提及的人,包括尤菲罗斯(Euphraius)(柏拉图《书信五》)、伊拉斯塔斯(Erastus)和怀疑派的科里斯库斯(Coriscus of Scepsis)(柏拉图《书信六》)。

从一开始,学园就是一个可供激烈的自由讨论的场所,而不是一种独断的特权教义传播的地方。记住这一点很重要:无论是亚里士多德还是其他柏拉图的继承者,他们都没有保持柏拉图本人正统思想的核心,亦即他关于理念的理论。我们可以考虑一下与柏拉图和斯彪西波保持着关系的狄翁,他在听过柏拉图的讲座后经常光顾学园,并且在他回到西西里岛后掌握了当地的政权,其政治活动和其在天文学和几何学上的活动一样重要。

此外,我们有理由相信,作为一种几何学所规定的方法,对最高原则的寻求也是在学园的框架内进行的。根据当代的作家和一些同时代人的观点,这种也许在《斐勒布》中设计过其蓝图的追求,产生了"秘传学说"核心的原则体系。在这种秘传的情况下,真正的柏拉图是亚里士多德所批判过的,并且是只有他那些最亲近的门徒才知晓的柏拉图。由柏拉图主义传统传承的柏拉图形象本身就是一个"亚里士多德化"的柏拉图,这样的柏拉图学说已经在学园的框架内讨论过,并且在许多情况下,这些学说都经由亚里士多德修正过。

  这所学园既不被看作是柏拉图本人的财产，也不作为针对特殊身份的人所准备的协会，它的制度由学园掌门（scholarch）的选举而产生，这一掌门人，或首领，就成为了柏拉图的继任者。学园一直自信地遵守着其创始人的发展方向，然而，学园活动的核心是系统化和传播那位大师（柏拉图）的思想，以针对于其他学园所教授的东西。亚里士多德的哲学是在吕克昂（Lyceum）的体育场进行教授的，而被认为是犬儒主义（Cynicism）的创始人的安提斯泰尼的哲学也是在犬儒主义的体育场教授的。后来，雅典又建立了两所新学园，它们分别是斯多亚学派和伊壁鸠鲁学派的学园。

  对于智者和柏拉图来说，哲学训练的目的是让青年人为成为一个城邦公民而做准备，这要通过教会他们一些课程，以及对他们进行通过辩证以及修辞方式进行的对话训练，从而使他们领会其中涉及的理性原则，这些理性原则涉及无论是个人还是群体的生活，并且在某种程度上，对对话术的精通是经常的内容。

  这意味着，那些至少在柏拉图主义者、亚里士多德主义者和斯多亚学派内被使用的辩证方法，让人在对话的练习中，使对话者掌握了与他人以及自己进行辩证对话的方法。虽然大师课程存在于学园之中，这些课程类似于教授亚里士多德的《物理学》和《形而上学》，但整个教学系统并不是哲学大师独自的长篇大论，而是教授者总是对听者的问题或是某些具体的问题进行回应。教学一般包括三个不同的领域，这些领域被认为是由色诺克拉底提出的，他是柏拉图之后学园的第二任接班人。第一个领域是关于逻辑和认识论的，其中涉及的内容直到今天仍然被人们使用，这些内容被斯多亚学派称为逻辑，被伊壁鸠鲁学派称为准则（canonics），被柏拉图主义者和亚里士多德主义者称为辩证法，虽然这两个学派对辩证法教授不同的内容，但所有的学派都在第二个领域内教授物理学，并在第三个领域内教授伦理学。

新 学 园

随着阿凯西劳斯(Arcesilaus)于公元前268年到264年继承了在克拉特斯(Crates)的位置,学园便变为了"新"学园,此前所有使学园系统化的努力都废止了。此时悬置判断(Suspension of judgment)成为哲学的一项基本准则,对确定性的拒绝判断导致了普遍怀疑。阿凯西劳斯认为他自己是实现这一转变的人。他一开始与奥托吕科斯一起研习数学,然后在泰奥弗拉斯托斯(Theophrastus)的学园呆了一段时间,之后与迈加拉(Megara)和埃雷特里亚(Eretria)的一些辩证学家相识,至少通过他们的作品而结识。在背离了色诺克拉底由柏拉图成熟时期的对话录影响下建立的宏大体系之后,阿凯西劳斯回到了早期对话录中讨论过的苏格拉底的实践方法。这就是为什么他将批判性的对话和对无知的肯定放在了首要的位置,这正是他理解柏拉图的那种怀疑式对话模式和神话式叙事方法的结论。他的哲学原则所针对的自然是当时最为广泛传播的斯多亚主义独断论,斯多亚主义将整体性的概念建立在对宇宙的延伸探索和其确定性上,并将此看作是智慧的必要前提。

像苏格拉底的做法一样,阿凯西劳斯述而不作,并不遵循任何独断的方法,而是选择与对话者进行生动的对话,并听取他们的意见。他的学生并不完全遵循任何大师著作的权威,而是遵循自己的理性,同时阿凯西劳斯对自己学生的回复又会提出新的问题。阿凯西劳斯的教学精神为卡尔涅阿德斯(Carneades)所继承,他试图建立起一个依据事物的真实度而进行陈述的哲学方法,从而他坚持认为任何一个给定的既定陈述都不能声称自身的真实性。

无论如何,学园的历史似乎从公元前88年就结束了,那时菲洛(Philo of Larissa)逃离在米特里达梯(Mithridates)围攻下的雅典,并前往罗马寻求庇护。但是即使在菲洛流亡之前,柏拉图学园也在安提库斯(Antiochus of Ascalon)的离开后经历了一次大分裂,那时安提库斯声称他找到了旧学园的灵感,并说这一灵感外在于新学园,从而也是他为柏拉图主义的历史插入了一段插曲。他的做法有着双重的目的:一方面重建对于柏拉图主义的权威释义,另一方面说明了吕克昂和斯多亚主义的伟大,在那里,亚里士多德和芝诺(Zeno)追随着柏拉图。因此他的柏拉图主义受到了亚里士多德主义,尤其是斯多亚主义的影响。安提库斯从未被公认为学园的首领,此时的学园的传承血脉也被打断。学园此后被安提库斯接管,使新学园比它的创立者多存在了 100 年。

中期柏拉图主义

以上描述的这个时期从公元前 4 世纪到公元前 1 世纪,具有两个特征:它以雅典哲学学园的方式呈现,并且其教学的目的是言说与生活技艺的训练。那些主要的流派,如柏拉图派、亚里士多德派、伊壁鸠鲁派和斯多亚派的学园都分布在雅典城邦的不同地区。教学包括辩证法的练习和讨论,其目的是为了训练学生为知识启发而进行的政治活动(柏拉图派)、为科学奉献人生(亚里士多德派)、为道德而生活(伊壁鸠鲁派和斯多亚派)。

在罗马共和国的最后时光中,这些哲学学园在元首制统治的早期几乎都消失了。雅典地区哲学学园的消亡以及地中海流域众多哲学机构的形成,使哲学的历史进入了一个新阶段。

为了确认它们每一个学园中哲学灵感对于传统学园的忠诚度,当时这四个哲学流派在东方和西方的不同城市中传播,这些学园也不再支持其创建者所创立的雅典制度,那些人坚持一种口头的传统。尤其是柏拉图主义哲学成为了一种文本注释的哲学,其主要关注于柏拉图的《斐多》、《阿尔喀比亚德前篇》、《高尔吉亚》《斐德若》《会饮》《泰阿泰德》《理想国》《法义》《政治家》，以及尤其是《蒂迈欧》。

这种哲学注释的传统有很遥远的历史，事实上，克冉托尔（Crantor）很可能在公元前300年对柏拉图的《蒂迈欧》进行过注解，而在罗马帝国建立后，这种注释传统得以系统化发展。在之前的哲学训练中，学生们要学会言说，并在言说的过程中学会如何生活。而现在他们要学习阅读，并在阅读中学会如何生活。哲学事业因此而成为了解释性的事业。例如，一个人诘问"生命"（the Living Thing）与理知物（the intelligible）和理智（intellect）之间所保持的关系时，我们就可以从《蒂迈欧》中的短句里得到答案："理智可以在生命事物中感知到理知物"。反思不再是解决一个既定的问题，而是在于解释那些由亚里士多德和柏拉图解决过的问题。

从公元前1世纪到罗马帝国早期，占主导地位的哲学仍然是斯多亚主义，这是一种受到亚里士多德主义强烈影响的折中化和相对化的柏拉图主义。但逐渐的，一种宗教哲学成为了需要。此时柏拉图主义哲学解释世界为另一种秩序，这种神圣的秩序只能由灵魂把握。这即是柏拉图主义的一次复兴，即后来被称之的中期柏拉图主义。

在公元前1世纪中期，波勒蒙（Polamon）被认为是折中派柏拉图主义之父，其形态以菲洛哲学的形态呈现，这是柏拉图主义与其他哲学形态最具代表性的一次结合。普鲁塔克（Plutarch of Chaeronaea）在新思想的领域占据一席之地，在他之后，在公元2世纪的中期，又出现了智者马克西姆斯（Maximus of Tyre）和阿普列乌斯（Apuleius of Madaurus）；以及后来的医生盖伦（Galen），还有和他一起做研究的阿尔比努斯（Albinus），阿尔比努斯被认为可能是盖乌斯（Gaius）的门徒；凯尔苏斯（Celsus），基督教护教者奥里根（Origen）对他的激烈抨击使我们能够部分重塑他的作品《真言》（*Real Discourse*）；努麦尼乌斯（Numenius of Apamea），他在柏拉图之后再次发掘了摩西(Moses);阿尔基努斯(Alcinous),他的《柏拉图教义旨归》(*Didaskalikos*)是一本柏拉图主义指南。所有这些柏拉图主义学者都继承了柏拉图的有神论精神,用寓言的方式调和占星术(astrology)、灵明学(demonology)甚至是魔法,并且至少,他们将柏拉图主义和亚里士多德主义、斯多亚主义,以及基督教的护教者的观点结合起来。

柏拉图哲学复兴的一个标志,同时也正是它改变了许多哲学学园,是公元176年罗马皇帝马可·奥勒留(Marcus Aurelius)在雅典建立的哲学学园,它包括四种哲学:柏拉图主义、亚里士多德主义、伊壁鸠鲁主义和斯多亚主义。被认为很可能是希律王阿提库斯(Herod Atticus)家族的阿提库斯是新柏拉图学园的第一任掌门,这也能解释他那种公开反对亚里士多德主义的态度。

在旧学园中,由斯彪西波和色诺克拉底借其发挥柏拉图主义的毕达哥拉斯主义的影响,此时仍起着关键性的作用,虽然其历史传承的细节仍然模糊不清。这种倾向在欧多鲁斯(Eudorus)的思想中是明显的,他被认为在公元前的亚历山大城生活过,并且和同城人斐龙(Philon)注解过《蒂迈欧》。毕达哥拉斯主义已被转换成为普鲁塔克哲学中的一些假说,这些思想对特拉绪洛斯(Thrasyllus)来说十分重要,他是提比略(Tiberius)时期的一位占星家,在尼禄(Nero)时期他是一位哲学家。

毕达哥拉斯主义的影响不仅停留在哲学原则的层面,而且深入到了物质层面。柏拉图的作品顺序反映在了特拉绪洛斯所采取的顺序中,特拉绪洛斯本人也撰写了关于柏拉图和毕达哥拉斯的一些原则。事实上,柏拉图的作品被改写成为四联剧共九大组,这很可能要归功于德拉克里德斯(Dercyllides),可以追溯到西塞罗(Cicero)的朋友阿提库斯在罗马制作的注释版本。这一版本很可能得益于阿里斯托芬(Aristophanes of Byzantium)在亚历山大城进行的修订工作。亚历山大城的柏拉图作品版本是三联剧,它们都被认为是以柏拉图死后30年,由色诺克拉底出版的学术版本为基础进行改写的。

毕达哥拉斯主义对柏拉图的影响有许多方面,而在一个隐秘的方面是至关重要的。这种隐秘的方式在柏拉图主义的传播中有两个要素:其传播手段与编写。传播哲学的最基本的首要方式是口头的话语,因为这种方式至少理论上是可以让每一个人都获得信息。而毕达哥拉斯主义所使用的方法则被称为"倾听"(akousmata),它被用于建立备忘录(hupomnēmata)或是一些辅助记忆的作品。柏拉图式的传统和写作之间的关系从未断绝,从而柏拉图主义和毕达哥拉斯主义之间的联系又进一步加强了。第一种传播的限制方式伴随着另一种,即那些教义成形时用的象征性和神秘性的方式,这也是其被称为"象征"(sumbola)和"秘语"(ainigmata)的原因。

《蒂迈欧》和《理想国》是最初用来构建新权威的对话录。但至少在早期阶段,它们还不是被广泛注解的对象,但其注解者以三种原则的系统语境:神、范型和质料,来寻求他们关于神性、世界、人和社会的观点。

对阿提库斯、普鲁塔克和阿尔基努斯来说,神要与《理想国》中的善,以及《蒂迈欧》中的作为宇宙建筑师的德穆格(demiruge)相一致。因为他是所有神中的最善者,其有至高无上的原则,任何事物都不能比其更完善。这种神最完善的地位决定了神与第二原则的关系:模范或范型。

中期柏拉图主义的学者惯于设想《蒂迈欧》中的原文"任何对象的创作者……都注视着那统一者"。这使他们相信,在某种程度上,理智的形式是神的思想,除了理智之外,它们没有任何障碍阻止自己拥有存在。因此,与理智相应的范型既是神思想的对象,同时又在理智之中和之外,也就是在首位神之中和之外。

阿提库斯宣称柏拉图只是延续了其前人的观点,他和他的前人一样,只总结出了四个元素,而其他的元素都是按照严格的定义和比例进行变换和组合而形成的。这些元素是土、水、气和火,它们在宇宙当中的位置是由宇宙的构成结构决定的。它们从一种单一的、匀质的和未分化的事物中出现,这也许正是柏拉图在《蒂迈欧》当中所陈述的三原则,延展的(extended)因素,游移的(wandering)因素和接受的(receptacle)因素。他可能在这里指出的是物体的特征和轮廓,但他从不把认为这种现实的事物是物质的因素。阿提库斯也去过柏拉图学园以外的其他学园。他一定是与普鲁塔克一起研习过,并从他那里学得了这些观点(除非是来自阿尔基努斯的)。阿提库斯实际上已经理解了物体和感性世界的三原则,在一种未经分化的混沌中,宇宙中的所有元素都混合在了一起:和柏拉图一样,他将其称之为"容器(receptacle)、护卫者(nurse)、母亲(mother)和底层(substratum),这种事物对于感官来说是难以捉摸的,并且只有一种能力能够接收这种事物的理念,而它本身却没有质量,没有形式;质料既不是有形体的也不是非形体的,而只是潜在的形体",而他将其称之为"质料"(matter),这一概念柏拉图从未采用过。阿提库斯在这一点上很可能受到了波西多尼乌斯(Posidonius)或盖伦的影响,盖伦和波西多尼乌斯一样是亚里士多德主义者,他们意识到对于一个其所有的元素都是确定的一般质料来说,"原始物提供了所有生成和消亡的基础"。事实上,在通过三个原则来构建物质世界这一点上,他已经远远超出了他的老师柏拉图。

除了三原则之外,中期柏拉图主义也以一种非常原始的方式解释了《蒂迈欧》中所论述的世界灵魂。他们的做法很可能是对斯多亚主义的物质一元论做出的反应,他们假设世界中有一种非理性的灵魂。在区分一种超验的神性和非确定的一种原始物质时,《蒂迈欧》尝试用这种方式来解释这种渗透于感官自然世界中的物质运动的混乱和不规则性,他们认为世界灵魂首先是非理性的,而之后才为德穆格的理智所塑造。在中期柏拉图主义中,宇宙的构成以一种戏剧的方式呈现,而在新柏拉图主义中,它则被建立在一种体系之中,在这种体系中,理智在无目的的状态下构造世界,而世界的全部的潜在性都包含于其中。

理解这种解释方式最好的方法就是阅读阿尔基努斯的《柏拉图教义旨归》。① 他与中期柏拉图主义学派的分支有密切的联系,从而以亚里士多德的方式解释了柏拉图的观点,而在最近,人们也在建立一种区分,旨在使他与另一位中期柏拉图主义者阿尔比努斯区分来开,后者是《柏拉图对话导论》的作者,盖伦曾经研究过这部作品。而《柏拉图教义旨归》也或多或少地论述了那种先前被还原为一种教义的哲学的方法原则。

下面是《柏拉图对话导论》目录:

导论
哲学的定义
对哲学研究有抱负之人的品质
两种方式:沉思的与活动的
哲学的各个部分:辩证的、理论的和实践的,以及对它们的细分

发展
I 辩证哲学
  知识论
  辩证法的目的及其部分
  部分划分

---

① [译注]已有中译本,参见《柏拉图学说指南》,阿尔吉努斯著,狄龙英译注疏,何详迪译,华东师范大学出版社,2016年。

定义
分析
感应现象
命题
三段论
范畴
好的演说家所必需的知识
诡辩
词源和名称的准确性
II 理论哲学
 A 数学知识
 B 神学：第一原则
  质料
  形式
  神
  质量的非物质性
 C 物理学
  a 宇宙
   世界的代际
   元素与世界的几何结构
   世界灵魂的结构
   星辰与星球
   被创造的神
   大地
  b 人类与其他尘世生命
   尘世生命的创造
   人的创造
   感官

视觉

　　听觉

　　嗅觉

　　味觉

　　触觉

　　重与轻

　　呼吸

　　疾病

　　灵魂

　　灵魂在身体中各部分的位置

　　对灵魂本质三分性的证明

　　理性灵魂不朽的证据

　　失去理性之灵魂的可朽性

　　灵魂的轮回

　　在诸神中的灵魂三分

　　命运与可能性

III 实践哲学

　诸善

　最高的善

　人类的善

　人类的结局：与神相似

　数学知识的净化作用

　美德

　灵魂的基本美德和其本质的三分性

　善与中介性的性情

　主要的和次要的美德

　恶的非自愿性

　激情

友谊

政治构成

结论

哲学家与诡辩家的区别

非存在

总结

阿尔基努斯的《柏拉图教义旨归》中突出强调的一些原则使我们能够界定中期柏拉图主义。这些原则在哲学家和智者们的争论中由智者所主题化的内容而奠基，这包括存在与非存在，真理与谬误，柏拉图主义的这种理论解释是由希腊化时期的三个主要成分发展而来的：辩证的、理论物理的、实践的。理论哲学实际上包含三个领域：涉及方法的数学；涉及第一原因的神学；涉及宇宙及其内容的物理学。神学事实上与中期柏拉图主义所注解的三个原则有关：神、范型和质料，它们解释了宏观与微观世界。

从中期柏拉图主义到新柏拉图主义，对于普罗提诺（Plotinus）学园的波斐利（Porphyry）所发起的论战中进行的论述，其内容是关于神与范型世界之间的关系，更具体地说，是可由理性把握的范型世界，是否与德穆格处于相同等级的问题，或者说是低于它，还是高于它。在对于柏拉图的《蒂迈欧》的注解中，普罗克洛（Proclus）重新确立了波斐利、普罗提诺和朗吉努斯（Longinus）的地位："在古代人中，如普罗提诺，是那种认为德穆格含有了一切理念的人的代表，而其他人，如朗吉努斯和波斐利，反对这种观点，他们认为理念要先于德穆格存在。"因此，朗吉努斯捍卫了中期柏拉图主义关于神与范型（理念）世界相互一致的立场；因为德穆格是最高的原则，因此理念世界只能不如它那样完善。

同时，像普罗提诺和波斐利也是解释柏拉图学说的一种方法，这种方法显然可以追溯到努麦尼乌斯。他认为第一理智与至善等同，并将它看作是高于德穆格的一种原则，而与德穆格相对应的是第二理智。从而正如普罗提诺和波斐利所认为的那样，德穆格不再是最终的原则，理念世界可以先于它存在。当时刚从雅典回来的波斐利继续在普罗提诺的学园里捍卫朗吉努斯在罗马的那些理论。在持续的论战中，阿麦利乌斯（Amelius）、普罗提诺和朗吉努斯都表达过自己的观点。朗吉努斯再次重申了他的观点，但徒劳无功，因为波斐利和普罗提诺联合了起来。这也就开启了新柏拉图主义的历史。但是这段历史自始至终都是矛盾的，因为新柏拉图主义者将终极存在和存在本身区别开来时，提出了一个令人怀疑的难题。如果终极存在是自我决定的，如果它超越了存在本身以及理性，那么它可以在任何的层次存在，并独立于任何预先于它就存在的理性秩序。除此之外，终极存在向人类揭示自己，同时又独立于人类的行为和其理性的领域。这是普罗提诺在他的一部引人入胜的文集中所提出的问题，这一文章是《论太一的自由与意志》。赫尔墨斯主义（Hermeticism）、诺斯替教（Gnosticism）以及迦勒底人将为这个问题提出一种救赎性的（soteriological）答案，并且新柏拉图主义者也将以更好或更糟的方式诉诸于理性来解决这一问题。

新柏拉图主义

一切开始于普罗提诺，他是受阿摩尼乌斯（Ammonius）的灵感而开始的，阿摩尼乌斯是他在亚历山大城的老师（我们对他了解甚少）。普罗提诺解释了柏拉图的原则，这一原则与此前的毕达哥拉斯相一致；他从我们现如今称为对话录的哲学之中汲取灵感，甚至从《巴门尼德》就开始了，这是一个非常晦涩的文本，在它被人具体地注解之前甚至被人忽略。这一庞大的事业导致了一种复兴，这将对柏拉图主义留下深刻的印记。

普罗提诺在罗马建立了一个真正的哲学学园,它建立在严格的私人基础上,存在于公元244到269年。波斐利在这所学园中呆了不到5年(从263到268年),他在《普罗提诺生平》一书中描述了他的行为,并把它作为著作《九章集》(*Enneads*)的前言(数字6是第一个由奇数和偶数相乘而得到的数字,而数字9是第一个奇数与自身相乘而得到的数字,这些数字代表了新毕达哥拉斯主义框架下一种深刻的形而上学意义)。

普罗提诺可能出生于埃及的一个罗马官员家庭,他在罗马皇帝戈迪亚努斯(Gordian)于法庭上遭遇不幸后(在其中,他站在反波斯人的一边),普罗提诺定居于罗马,这得益于他的家人为他提供的便利。他在抵达罗马后很快创立了一所学园,并结识了一位遗孀,她曾属于罗马皇帝加卢斯家族。在学园的讨论中,普罗提诺讨论了柏拉图和亚里士多德关于反对斯多亚学派的观点的内容,他避开了修辞手法,并关注于原文的注解。他的两个学生很快成为他的得意门徒和合作者:阿麦利乌斯在离开之前一直担任普罗提诺的助手,并接管了阿帕梅亚(Apamaea)的学园,波斐利后来则系统地整理了普罗提诺的作品。

在形而上学上,普罗提诺将中期柏拉图主义的突破在许多主要层面上都带入高潮,这也是他坚持努麦尼乌斯(Numenius)立场的结果。正如我们所知道的,努麦尼乌斯用第一理智来定义至善,并认为它是一个比第二理智相对应的德穆格更完善的原则。由于亚里士多德提出的神圣理智不足以解释世界的存在,普罗提诺坚持认为,必须有一个超越的原则,它是唯一的由至善所规定的事物。在柏拉图的《巴门尼德》中,普罗提诺不仅发现了太一的理论,同时还有关于理性和灵魂的理论,正因如此,《巴门尼德》被其认为能取代《蒂迈欧》成为柏拉图的核心作品。这也导致他通过解释一个理性的世界架构来反对诺斯替教,从而以一种不同的方式解释这个理性的世界。但对普罗提诺和追随他的哲学家而言,在原则超越理性的框架内保持理性的态度,构成了无限困难的源泉。

就灵魂的方面而言,普罗提诺认为自己是自相矛盾的。灵魂的一部分处于神圣理智的水平,它同时也是人类灵魂的一部分。因此,灵魂只有一部分与肉体相接触。此外,这类论点也会导致这种观点,在两个极端之中存在着灵魂的部分;其任务不仅是解释灵魂与肉体之间的联系的矛盾,而且是使理念的知识得以可能,因为它是灵魂的中间部分,能够对比其更完善的部分具有意识。这个中间部分是一个自我意识,这些文本也涉及灵魂自身的运动,以及它的不朽性,它能够通过美德净化,以及它的神秘生活等,这都使经验性的"我"成为超验的"我"。因此,最高智慧可以在纯粹哲学的层面上得到。

在罗马地区本身,普罗提诺的教学并没有很大的影响。甚至在他去世之前,他的两个最得意的门徒都弃他而去:波斐利去了西西里,而阿麦利乌斯去了阿帕梅亚。然而,普罗提诺为所有的新柏拉图主义奠定了基础,并开始了它的演变过程:对于《巴门尼德》,它已经取代《蒂迈欧》成为柏拉图对话录的核心作品;并且柏拉图主义的太一已经超越了亚里士多德主义所讨论的理智的意义;其所有的层面都从太一展开。除此之外,普罗提诺也讨论过灵魂的本质和结构。更重要的是,正如我们从波斐利那里了解到的那样,普罗提诺重新解读了伟大哲学家们的著作,为它们进行了全新的解释,并按照其自身的计划对其进行了注解:实现了柏拉图主义和毕达哥拉斯主义之间原则的综合。

波斐利是普罗提诺哲学传播的推动者。他的作品数量庞大,虽然其中许多都遗失了。他在提尔(Tyre)出生,并且跟随中期柏拉图主义者朗吉努斯进行学习,那时他的教学对文学和哲学不进行区分。之后他就去了罗马,在普罗提诺的学园中学习。从一开始,他不得不反对朗吉努斯的那种中期柏拉图主义的典型观点,即对于理智（Intellect）与理知物（Intelligible）之间的关系，而更接受普罗提诺支持的观点。普罗提诺运用辩驳手法反对了诺斯替教，据波斐利所言，他还让波斐利为他编订文集《九章集》。但是在抵达罗马5年后，波斐利与普罗提诺断绝了关系，这可能是因为普罗提诺反亚里士多德的立场。

我们很容易推断出波斐利在西西里岛时为亚里士多德的著作做过注解。他注解过亚里士多德的《范畴篇》、《解释篇》、《物理学》和《形而上学》；他还写了《哲学导论》（*Isagoge*），以及特别是《柏拉图和亚里士多德学派同一论》，这部作品解释了亚里士多德对柏拉图观点的论证解释。他还起草了一本名为《反基督徒》的巨著，这使基督教教宗极为愤怒。同时，他也通过对柏拉图的《蒂迈欧》和《巴门尼德》进行注解来研究柏拉图哲学。他还对哲学的许多主题进行历史性的研究。他甚至对普罗提诺进行过注解，并基于其手稿以《通往理智的起点》（*Sentences*）为名来完成他的工作。他也是一位哲学史研究者，著有《毕达哥拉斯生平》、《论灵魂》，他还写过对一些主题的辩论性作品，如《论禁杀动物》和《致阿奈博的书信》（*Letter to Anebo*）。

波斐利并没有建立过学园。他也很少有拜访者，拜访者中最著名的是叙利亚新柏拉图主义的创始人扬布里柯。同时他也影响了罗马的修辞学者维克多瑞乌斯（Marius Victorinus），正是他将柏拉图的《蒂迈欧》翻译为拉丁文版本，并对中世纪时期柏拉图主义的传播产生了巨大的影响。维克多瑞乌斯是一名基督徒，根据圣·安布罗斯（St. Ambrose）和圣·奥古斯丁（St. Augustine）的记述，他的观点摇摆于普罗提诺和基督教的柏拉图主义之间。

波斐利对新柏拉图主义的贡献和地位是毫无疑问的。他为许多作品实现了向新柏拉图主义的转向，从柏拉图到亚里士多德。他同样通过自己的工作传播了普罗提诺的学说，特别是在公元301年，他完成了一个普罗提诺《九章集》的标准版本，这一版本后来得以保存了下来。波斐利在《通往理智的起点》中对《九章集》进行注解，这部作品的一部分保存了下来，在其中，波斐利第一次提出了一种关于美德的层次的理论：众生的（civic）、净化的（purificatory）、沉思的（contemplative）和范型的（paradigmatic），这种理论在后期新柏拉图主义中有十分重要的作用。事实上，《九章集》被以三卷的方式整理，这种划分保证了一种阅读的专业顺序，设计这种顺序是基于教育的角度：它使自身灵魂上升到更高级的现实的知识得以可能：

第一卷：
《九章集》第一部分：关涉道德议题的论述
《九章集》第二部分：关涉物质实体的论述
《九章集》第三部分：关涉宇宙的论述
第二卷：
《九章集》第四部分：关涉灵魂的论述
《九章集》第五部分：关涉理智的论述
第三卷：
《九章集》第六部分：关涉太一的论述

我们对扬布里柯的家族并无特别的了解，他的名字是由叙利亚语或阿拉姆语中的"ya-mliku"而来，意为"他是国王/让他成为国王"，他在卡尔基斯（Chalcis）出生，后来与阿那陶里乌斯（Anatolius of Laodicea）一起研习，之后就与波斐利在一起。可能正是他建立了叙利亚的阿帕梅亚的学园。他最著名的学生是骚帕特（Sopater）。在骚帕特被君士坦丁处决之后，扬布里柯被埃德西乌斯（Aedesius）所继承，学园也被迁往帕加马（Pergamum），最终欧斯塔提乌斯（Eustathius）继承了学园。泰奥多罗斯（Theodorus of Asine）和戴克西普斯（Dexippus）也同样是他的门徒。

我们并没有明确的标准来做出扬布里柯的作品表。他最重要的作品似乎是收集了十部关于毕达哥拉斯主义的书籍,其中只有四本保存了下来。其第一部分是导论《毕达哥拉斯生平》。其后则有三本:《哲学劝勉录》《论一般数学知识》,以及《尼各马可算数神学导论》。而遗失的作品内容涉及物理学、伦理学、神学、几何学、音乐和天文学。佩琉斯(Psellus)保存了第五卷到第七卷的摘录,其中两部分保存了下来:"关于物理的数"(第五卷)和"关于伦理与神学算术"(第六至七卷)。同时还有一本有趣的书,名为《算数神学》,它是由对尼各马可(Nicomachus of Gerasa)同名作品,以及对阿那陶里乌斯(Anatolius of Laodicea,他很可能是扬布里柯的老师)的《论十与其中的数》中的段落汇编。经过了如此巨大的努力,柏拉图主义再也无法脱离毕达哥拉斯主义了。

扬布里柯最原初的作品都是对波斐利的书信《致阿奈博的书信》的回应,此信在手稿中的标题为《阿巴蒙于波斐利对阿奈博书信的回应以及为其中难题的解答》。这部作品包括两卷,涉及迦勒底人和埃及人对于增进"真正"通神术的智慧。

斯托拜乌(Stobaeus)保存了《论灵魂》中的长篇残篇,该文讨论的是灵魂的本质,力量以及它与身体相通或是分离的运动;扬布里柯宣扬了几位当时以及古代的哲学家的立场。他曾对一本由二十八卷编纂而成的《迦勒底神谕》(*Chaldaean Oracles*)进行了注释,其中只有两部分残存;我们也有他关于《论诸神》的残篇,这部残篇构成了朱利安皇帝两卷作品(第四和第五卷)以及苏奈西乌斯(Synesius)《论诸神与宇宙》的基础。

在评注的领域,扬布里柯已经发展了一种学说,认为每一个对话录都有一个单独的主题,这个主题便是对话的终点,也是它设计的目标(skopos),它也是一切与之相关的对话录的主题。根据这一信念,他提出了阅读柏拉图对话录的顺序,从而为学生学习哲学的三个传统部分提供了次第,伦理学:《阿尔喀比亚德前篇》《高尔吉亚》、《斐多》;逻辑学:《克拉底鲁》、《泰阿泰德》;物理学:《智者》、《政治家》,这些领域都发展到了新的高度;还有神学:《斐德诺》、《会饮》,以及神学的顶峰《斐勒布》。《蒂迈欧》和《巴门尼德》在最后,重述了柏拉图在物理学和神学领域内的所有教学。这种方法正是扬布里柯在教学中所遵循的方法,它对之后的所有后期新柏拉图主义者形成了一种规则。

《蒂迈欧评注》的大量残篇都保留了下来,还有一些《巴门尼德评注》和《斐多评注》的残篇。我们从《阿尔喀比亚德前篇》、《斐多》和《斐勒布》中能够找到针对特定观点的评注。并且在一篇关于《智者》的评注文章中,我们发现了扬布里柯归于这篇对话的设计目标(skopos)的一种暗示。扬布里柯给予《巴门尼德》中的推论以独特的地位,新柏拉图主义者也以此构建了第一原则。为了确保神在完善等级中处于最高的位置,这一神被扬布里柯称为"高级存在"(superior beings):大天使(archangels)、天使(angels)、灵明(demons)和英雄(heros),他将整个神的等级移动了次序,在这一点上,他甚至超出了《巴门尼德》中的内容,这么做是因为他不得不提出一个最完善的不可思议的神,达玛士基乌斯(Damascius)后来也采用了这个关键的解释性细节。

实际上,扬布里柯的哲学体系是在普罗提诺的详细论述中产生的,这个体系在一个原初解释的框架内进行,这种解释受到了新毕达哥拉斯主义和《迦勒底神谕》的强烈影响。扬布里柯提出了一个在太一之前的不可言说的原则。此外在太一和理智之间,他设想了一对原则,即有限与无限。因此,太一的存在是理智因素的顶峰,它是两种原则的混合物。扬布里柯很可能以这种方式开始了关于诸一(henads)的理论,后来在新柏拉图主义中发挥了重要的作用。

在太一的领域后,我们发现了存在的领域,同时也是理知物(Intelligible)和理智(Intellect)的领域。在这个层次,根据普罗克洛的观点(《蒂迈欧义疏》),扬布里柯假设了有七个三元结构(triads):三个可理知(intelligible)诸神(太一的首要存在)的三元,还有三个可理知的和理智的诸神三元,以及作为第七个位置的另一组,即理智诸神三元。这最后一组包括克洛诺斯(Kronos)、瑞亚(Rhea)和宙斯(Zeus),他们都是新柏拉图主义认同的德穆格。然而有理由怀疑,正是普罗克洛对这种理论的引进,使得扬布里柯在他与波斐利争论关于德穆格的问题时,能够以这种概括性的方式来表达。

然后是灵魂的领域,灵魂的本质以及它的种类。对于特殊的灵魂,扬布里柯的首要观点与普罗提诺和波斐利分道扬镳。他驳斥了一种观点,这种观点认为灵魂的一种更高部分存在于理智之上。而对他来说,灵魂和肉体是完全一体的。这是亚里士多德主义的立场,因为灵魂的拯救必须来自于其他地方。在特定的观点上,扬布里柯与波斐利的分歧进一步扩大:虽然波斐利忠于普罗提诺的理性主义,但扬布里柯将哲学放置于神学领域中,将它视作一种精神运动,在这种精神运动中,人们可以按照既定的仪式来向众神祈求灵魂与神的结合。因此《迦勒底神谕》在扬布里柯的著作中有很重要的地位。

至于对自然的讨论,扬布里柯不像普罗提诺那样对理性抱有信心,他认为命运只对非理性的灵魂有作用,而高尚的灵魂可以通过实践练习来解放自己。

最后,可以被人们追溯到二元对立领域的物质,应当看作是逻各斯将其他元素引入到其中的东西,这是理念在灵魂和可感事物中的表现。

扬布里柯在公元4世纪的前25年在阿帕梅亚教书,他的学园也得以繁荣发展。他的门徒之一泰奥多罗斯将自己视作扬布里柯的对手。扬布里柯仍然受到了努麦尼乌斯和波斐利的影响,他仍然保留着普罗提诺主义的观点,据此,他认为灵魂并不通过代际传播。在他去世后（约公元326年），骚帕特继承了他在阿帕梅亚的学园，埃德西乌斯在帕加马创立了一所具有特殊历史重要性的学园，从而使朱利安皇帝在公元351年在那里第一次接触了新柏拉图主义。

埃德西乌斯的门徒们留在了三个地方：马克西姆斯（Maximus）前往以弗所（Ephesus）教书，撒路斯提乌斯（Chrysanthius）前往萨迪斯（Sardis），而普罗克洛去往雅典。朱利安皇帝关注这些哲学家，以使自己能够恢复异教：他将马克西姆斯带到他的宫廷之中，并将其任命为吕底亚（Lydia）的高等祭司，而拒绝与马克西姆斯一起加入宫廷的普罗克洛，在雅典保留了遵从扬布里柯传统的新柏拉图主义。朱利安皇帝曾对普罗克洛写道："我恳求你不要让泰奥多罗斯和他的门徒失望，他们断言扬布里柯是神一样的人，他应当排在毕达哥拉斯与柏拉图之后，他是世界性的、一个自我寻求的人。"（《与普罗克洛书信》，358—359年）从而，扬布里柯和泰奥多罗斯各自的观点，于公元3世纪50年代在雅典得以讨论，普罗克洛在雅典的存在确保了扬布里柯传统在本世纪下半叶的胜利。

新柏拉图主义在雅典得到强有力的发展，在这里，柏拉图主义的学者可以声称他们得到了学园的遗产。扬布里柯的新的继承者要确保能够建立一个哲学家的朝代，他们比任何其他的群体都将自己看作是柏拉图的继承者：雅典的普鲁塔克、叙利亚努斯（Syrianus）、普罗克洛和达玛士基乌斯。我们了解到，普罗克洛每年都会亲自来学园祭拜他的哲学先祖：柏拉图，以及其继承者。

在提奥多西乌斯一世（379—395年）和朱利安皇帝（527—565年）统治的时代，两波针对反异教徒的立法逐渐发展成了针对非基督教徒的压制性措施。礼拜实践的中心被摧毁或是被改造成基督教堂，他们的仪式也被禁止。哲学家们认为自己是希腊东方千年来宗教传统最后的管理人。

雅典的柏拉图主义者开始回溯他们的宗教精神源泉——《俄

耳甫斯颂词》(*Orphic Rhapsodies*)以及《迦勒底神谕》(当时被视作是传说中的古代见证),并且对荷马以及赫西俄德的史诗,以及柏拉图的作品进行重新解读,对《巴门尼德》的后半部分做出了一个神学解读,并用一种推论来描述神的阶级等级。对这些哲学家来说,启示(epopteia)不再是源于伊洛西斯城发展的结果,而且是阅读柏拉图的《巴门尼德》的结果。从此,整个雅典的柏拉图学园承担起了调和神学传统的任务。最终,雅典的大师撰写了一部作品,名为《俄耳甫斯、毕达哥拉斯、柏拉图与迦勒底神谕之和谐》,它最终不幸遗失,这部作品基于以下的神话:"所有希腊神学都是俄耳甫斯其神秘传统的继承物,毕达哥拉斯首先学到了能够接触众神的原始仪式;然后柏拉图从毕达哥拉斯和俄耳甫斯的作品中接受了一种完美的神学。"(普罗克洛,《柏拉图神学》1.5.25—26)。雅典的柏拉图主义学派都尽可能地将柏拉图主义与毕达哥拉斯主义联合起来,这种毕达哥拉斯主义被认为是俄耳甫斯神秘理论的集大成者。

我们对雅典哲学家普鲁塔克的了解并不丰富,他被视为雅典的新柏拉图主义学派的创始人。他的著作都没有被保存下来,我们只能经由他的继承者对他的尊敬中了解到他的伟大。考古学家发现,他把他的学园安置在一个大庭院中,它位于雅典卫城的南部,并一直保存至关闭前。作为一名教师,他在一方面得到赞赏,即他对叙利亚努斯进行授课,叙利亚努斯被认为大概是学园中最智慧的人。

叙利亚努斯为他的学生提供了以下课程。在一开始的两年,他们会阅读亚里士多德的全部著作。然后,他们会按照扬布里柯所建立的顺序阅读柏拉图的对话录。最终他们会学习俄耳普斯神学和占星术。这些学习都是通过对《蒂迈欧》和《巴门尼德》的详细注解而实现的,前者针对自然哲学,后者针对神学。

这种教学的顺序是先从叙利亚努斯对亚里士多德《形而上学》

中四卷的注解(第三、四、十三和十四卷),以及对《斐德诺》的注解开始的,这些我们都是从他的门徒赫米阿斯(Hermias)的笔记中得知的。叙利亚努斯只是部分实现了教学计划,因为他几乎将自己限制在如何协调柏拉图、毕达哥拉斯和俄耳普斯教义的内容上。

然而叙利亚努斯首先是因为其对《巴门尼德》中推论的注解而闻名。在研究《巴门尼德》中的推论结构时,他注意到第一个推论的否定和第二个推论之间存在着完美的对应关系。他总结说,第一个推论中包含着对第一神太一的否定神学,而第二个推论依次列举了神的秩序结构以及它们的属性。他得到了十四个结论,其中每个都与超验和宇宙中的神的层次相匹配。普罗克洛采纳了这一成果,并将其归结为叙利亚努斯的功劳。普罗克洛将叙利亚努斯描述为:"作为我们的一切美和善的引导者,他在其最纯净的状态中接受了灵魂在最真实的真理之光的拥抱,他使我们成为柏拉图哲学的一员,使我们成为神秘的古代先贤的同伴,将我们带入那些吟诵着神秘和神圣的真理的人之中。"(《柏拉图神学》1.1.7)

在所有新柏拉图主义者中,普罗克洛是最著名的,因为他的大部分作品都保存了下来。叙利亚努斯早就预见到了这一点,并任命他为其继任者,普罗克洛在雅典的学园中待了超过50年。正如马里努斯(Marinus)所说的那样:"他毫不犹豫地就投入到了对工作的热爱,他每天的授课分五个阶段,有时甚至还要加授,以及他每天要撰写超过700行的作品。这些工作的繁忙也没有阻止他去拜访其他哲学家,他在夜晚也要以口头的形式讲课和自我练习,为此他拒绝睡觉,更进一步,他会在黎明、中午和黄昏时祭拜太阳。"(《普罗克洛传》22)在普罗克洛的领导下,学园开展了一系列节奏紧张的学术活动。

普罗克洛对《阿尔喀比亚德前篇》、《蒂迈欧》、《理想国》、《克拉底鲁》以及《巴门尼德》的注解有相当一部分得以保存下来。这些作品都展示出了普罗克洛的实践科学的严谨性。他将文本分成了多个选段(摘录),通过讨论先贤们的意见来对它们进行一般性的注解,并逐字逐句地进行分析。这样的程序分为两个部分:整体理论和词汇。学园在所有规范的柏拉图的对话录中都以这种方式进行了编写和注解,并将这种方法延续至终。事实上,这种方式比雅典学园中辛普里丘(Simplicius)对亚里士多德的注解,以及中世纪的阿拉伯和拉丁式的注解都保持的更为久远。

但普罗克洛的重要性主要在于他在《柏拉图神学》一书中,实现了后期新柏拉图主义的综合。这部作品也包含了被我们称之为"作为知识的神学"的模式,这是一种新柏拉图主义的创造。的确,普罗克洛写道:"我认为,就像我们所有人都知道的那样的,柏拉图本人试图在神圣层次中做出正确的区分,并且描述他们的相互差异以及共同属性,以及每一个神具有的独特的特征。"(《柏拉图神学》1.4.20)他最终在《巴门尼德》中得到了结论。普罗克洛进一步写道:"如果有必要在某个单一的柏拉图对话录中了解整个神的序列,我的表述可能会显得有些矛盾;它只有对那些自我说服的人才是绝对自明的。然而,既然我们已经采用了这种观点,我们就应该敢于声称那些反对我们的对手的观点:《巴门尼德》正是你所需要的,并且在你的心灵中这个对话录包含着一个神秘的启示。"(《柏拉图神学》1.7.31)以下是这个神圣等级的概要展示:

太一,首要神(The One, first god)

单一(The monads)

理知诸神(The intelligible gods)

理知的理智诸神(The intelligible-intellective gods)

理智诸神(The intellective gods)

超宇宙的诸神(The hypercosmic gods)

超宇宙又在宇宙中的诸神(The hypercosmic-encosmic gods)

宇宙中的诸神(The encosmic gods)

共通诸灵魂(The universal souls)

理性的灵魂：灵明、天使、英雄（The intelligible souls: demons, angels, heroes）

部分的灵魂：人类与野兽的（The partial souls: those of men and beasts）

形体（Bodies）

物质（Matter）

这个体系总结了普罗提诺开创的神学：太一，理智—理知，灵魂。但它又增加了一些中间部分，一方面在太一和理性神之间引入了诸一，另一方面又在理智—理知和灵魂之间引入了超宇宙的神圣体，超宇宙—宇宙中的，宇宙中的诸神。而且，它也澄清了物质在多大程度上来源于太一；这对于感官世界以及它的内容给予了一个乐观的视野。事实上，所有现实都融入到了这个形而上学的连续整体之中，这个连续整体从太一到物质，并也因此甚至感官世界和物质也以某种角度参与到善之中。

然后，普罗克洛从《巴门尼德》中的结论开始，他通过柏拉图其他对话录文本中或是其他传统，即神学家、俄耳甫斯教和《迦勒底神谕》，证明了这些结论：在六卷本评注中他对整个柏拉图的神学提供了一个合理的解释。与此同时，他以几何学的方式设计了题为《神学要义》(*The Elements of Theology*)的短篇作品；而《俄耳甫斯、毕达哥拉斯、柏拉图与迦勒底神谕之和谐》，这部著作被认为来自于叙利亚努斯，他声称这些神学理论都是和谐完善的。事实上，普罗克洛给予了叙利亚努斯的神学理论以推动力来系统地面对《迦勒底神谕》，对此，他还在一篇更为广泛的评注作品（超过1000页）中提供了一个完整的解释，但已经不幸遗失。

普罗克洛的工作可以被认为是新柏拉图主义的最高峰。接任他的达玛士基乌斯是雅典学派的最后一位继任者。他来自于亚历山大里亚（Alexandria），在那里的另一所柏拉图式的学园与雅典的学园一样捍卫着相同的理论，但其风格完全不同。而在雅典跟随叙利亚努斯一同进行过研究的赫米阿斯在他自己对《斐德诺》的注解中评论了学园中的相关课程,并且他在此之前十几年前就将雅典的学说引入到了亚历山大里亚。

阿摩尼乌斯(Ammonius)是赫米阿斯和他的妻子埃德希亚(Aidesia)的孩子(埃德希亚也与叙利亚努斯有关联),他曾写过一篇对亚里士多德《解释篇》的评注。作为其学园继任者的是欧托基奥斯(Eutocius),他的著作没有一篇保存下来。而菲洛泡努斯(Philoponus),他似乎在学园内部并没有任何官方教职,在阿摩尼乌斯的课程上的笔记后来得以出版,一切证据都表明了他的一部作品,即他最重要的著作《就世界永恒性问题反普罗克洛》,与公元529年雅典学园的关闭有着重要的联系。亚历山大里亚学园的最后一位继任者是奥林匹奥多罗斯(Olympiodorus),他对柏拉图的许多注解都得以保存下来,这包括《阿尔喀比亚德前篇》、《高尔吉亚》和《斐多》的评注,还有对亚里士多德的《范畴篇》和《天象学》的两篇评注,也都保存了下来。他在基督教内的接任者是伊利阿斯(Elias)、大卫(David)和斯蒂芬(Stephen),他们都对亚里士多德有过注解。

作为雅典学派的负责人,达玛士基乌斯保存了以普罗克洛为代表的柏拉图主义的学说的基本要素,虽然达玛士基乌斯对普罗克洛的教学存在着大量的讨论,在大多数情况下,也标志着扬布里柯著作学说的回归。达玛士基乌斯吸取了扬布里柯的观点,在他最重要的一篇对柏拉图的《巴门尼德》的注解中,他显示出了独创性,尤其是通过建立一个太一的超验原则,它是不可言说的,并且完全使自己销声匿迹于灵魂寂静的深渊之中。虽然它不可言说,但是它却与太一保持着十分紧密的联系。但是为了消除所有的区别,太一通过三个单一的原则使自己置身于不可言说的层次之旁:一全(the One-All)、全一(the All-One)、统一(the Unified)。此外,达玛士基乌斯是唯一一位延续了《巴门尼德》中的推论的新柏拉图主义者；这些推论构成了感官世界的结构。在所有这些方面，他都忠于普罗克洛提出的体系。

公元529年，查士丁尼大帝（Justinian）关闭了雅典学园，这宣告了希腊人对现实和人类存在的超越思考尝试的终结。在整个古代时期，柏拉图主义提供了一个外在于宇宙的超越性，从而为哲学之后的发展提供了希望。

这种超越性后由基督教所继承，基督教在学园制度的意义上终结了新柏拉图主义，虽然它也挪用了一些新柏拉图主义的基本原则。但是这种超越性在所有的范围内，都不再会允许一小部分思想家在学园内部领导一种特定的生活方式。此外，超越性不再是基于理性的运用来寻求数学所使用的那种确定性；相反，它基于一种如"爱"那样的情感的追求。以及最重要的是，并不再有那种个人应在宇宙统一体中所持有的"终极目的"（telos）；它的终点应在于个人的永恒不朽。

七、毕达哥拉斯主义的形成①

张文明 译 梁中和 校

我将在本文中说明：千百年来，那为我们所熟知的毕达哥拉斯（Pythagoras）及毕达哥拉斯学派（Pythagoreans）的形象，实际上是由后来的哲学家从零开始创立而来；而随着柏拉图主义对毕达哥拉斯主义的重新解释，这些哲学家在创立过程中所凭借的那些理论假设也逐渐形成、完善。② 柏拉图主义自认为源于毕达哥拉斯主义，同时还认为这种毕达哥拉斯主义源于俄耳甫斯教，它由此建立自身，认为自己乃出于从不妄言的诸神的旨意，因而是最古老且唯一真实正确的哲学教义。据此，我们可以更好地了解到毕达哥拉斯主义中那些科学内容逐渐转变为宗教内容的过程与原因，尤其是关于数字命理学和灵魂命运的部分。

学者们要分析和评价大量后来的资料，以求提供一个历史上可信的毕达哥拉斯及毕达哥拉斯学派的形象，这项工作十分繁重。随着时间流逝，这项工作不仅没有停止，反而经过扩散流传产生了一个神秘人物及其追随者们的形象。毕达哥拉斯主义对柏拉图主义进行了某种挪用，柏拉图主义对毕达哥拉斯主义

---

① 我要感谢 Constantinos Macris 的慷慨，感谢他阅读并帮助我修改了这篇文章。
② 可参考 Schofield（ed.）2014。

也进行了某种挪用,这种哲学的杂交混合可以解释上述现象。我们必须承认这种转化在西方思想史上的重要性和丰硕成果,但也绝不应该因此而混淆思想体系与客观现实的差别。为了避免这种混淆,我将回到古代哲学的历史中寻求帮助,亦即求助于扬布里柯。

在我看来,瓦尔特·伯克特(Walter Burkert)的《智慧与科学:毕达哥拉斯、菲洛劳斯和柏拉图研究》(*Weisheit und Wissenschaft, Studien zu Pythagoras, Philolaos und Platon*,英译名为 *Lore and Science in Ancient Pythagoreanism*[①])一书的标题,暗示了在所有毕达哥拉斯主义研究中反复出现的难题所在。就毕达哥拉斯和毕达哥拉斯主义而言,一方面,科学是指关于可感世界的清楚明白而稳定持久的知识;另一方面,宗教则指对不可感知的实体的信念,这个实体有公认的力量,且它是一切重要事物的原因。那么,科学和宗教的地位究竟孰轻孰重?这个问题对于理解究竟是什么决定或支配着毕达哥拉斯学派信徒的生活方式而言至关重要。

以下是我在这一主题上所持有的立场。

1. 就毕达哥拉斯本人而言,除了他的存在之外,我们什么都不能确定,因为现在甚至还存在着对他的出生和死亡日期的怀疑(580—490 BC)。[②]

2. 希罗多德(Herodotus,480—420 BC)[③]以及其他一些中期喜剧阶段(公元前4世纪)[④]的作家们提到过,毕达哥拉斯主义者

---

① Burkert 1972.
② Brisson 2012, 97—107.
③ 对文章(II 82)中决定性句子的分析,可见于 Burkert 1972, 126—130。一些词语应该是被插入到文章中的。
④ 一系列片段,可见于 Burkert 1972, 198—199. 相关陈述可见于 Battezzato 2008, 139—164。

受到过一些宗教传统的影响,特别是俄耳甫斯教义。但是柏拉图(428—348 BC)[①]和亚里士多德(384—322 BC)[②]还了解一些生活在毕达哥拉斯去世数十年之后的毕达哥拉斯主义者,而且主要通过他们在科学、哲学,还有政治方面的活动来了解。[③] 在那之后就产生了一种宗教与科学之间的平衡[④]。

1. 于是,正是在毕达哥拉斯主义复兴的情况下[⑤](这种毕达哥拉斯主义恰恰是中期柏拉图主义者的兴趣所在),科学与宗教之间得以进行了充分的融合,[⑥]而毕达哥拉斯本人便成为了某种诸神与人之间的媒介。[⑦]

2. 最终,扬布里柯(死于公元 325 年)[⑧]建立了这样一个"哲学神话",它首先将毕达哥拉斯与俄耳甫斯(Orpheus)联系起来,再将柏拉图与毕达哥拉斯联系起来;影响了解释者们将毕达哥拉斯与对数字和灵魂的神学沉思,以及轮回和回忆学说的思考联系起来。[⑨]

(一) 早期帝国的柏拉图主义与毕达哥拉斯主义

从公元前 1 世纪末到罗马帝国初期,主导哲学的是斯多亚主义:它甚至渗透影响了当时的柏拉图主义,而这种柏拉图主义同时亦受到了一种温和、折中的怀疑主义的影响。面对这样一种受到

[①] Brisson 2003;Huffmann 2013;Horky 2013.
[②] Zhmud 2013;Casertano 2013.
[③] Brisson 1987a 和 2013。
[④] Zhmud 2011.
[⑤] 可见于 Schofield(ed.)2014。
[⑥] 这种变化可见于 Athanassiadi/Macris 2013。
[⑦] Macris 2003.
[⑧] Brisson 2002.
[⑨] Bernabé 2013 与 Casadesús 2013。

斯多亚主义和亚里士多德哲学影响的柏拉图主义，柏拉图主义者渐渐感到了对这样一种哲学的需求：它能够作为进入另一种有秩序的现实的方式或手段，这个有秩序的现实便是理智的领域，亦即那只能被灵魂所理解的、关于神的领域。于是，柏拉图主义者们开始了被称为中期柏拉图主义的重建活动，主要以喀罗尼亚的普鲁塔克、阿提库斯、阿尔基努斯以及努麦尼乌斯为代表，其中努麦尼乌斯是针对新学园派最激烈的反对者。①

临近基督纪元开启时，我们发现柏拉图主义逐渐向毕达哥拉斯主义靠拢，这可以从欧多鲁斯（Eudoros）和亚历山大里亚的斐洛（Philo of Alexandria）身上看出来；同时毕达哥拉斯主义自身也在进行着重建与革新。② 巴尔特斯（M. Baltes）③认为伪作《鲁克瑞的蒂迈欧》（pseudo-Timaeus of Locri）就是这种趋势下的作品，而这篇作品似乎也催生了那些受到柏拉图主义强烈影响的毕达哥拉斯学派的伪作。如若果真如此，那么正是在这段稍早于基督元年的时间里，大部分的新毕达哥拉斯主义的专著作品被创作了出来。④ 它们为新柏拉图主义者所追捧。朗吉努斯，即波斐利的第一位老师，曾在他的著作《论目的》（On the End）的序言中（波斐利在其著作《普罗提诺生平》[Life of Plotinus]中曾引述相关内容）关于那些作品有以下记述：

> 相较于前人，普罗提诺似乎将毕达哥拉斯学派哲学和柏拉图学派哲学的原则阐述得最清楚。努麦尼乌斯、克罗尼乌斯（Cronius）、墨德拉图斯（Moderatus）和特拉绪洛斯在这一主题上叙述的精确度都远不能及普罗提诺。（Porphyry,

---

① 努麦尼乌斯，残篇 27—28 des Places。
② Staab 2009.
③ Baltes 1972.
④ 幸存下来的残篇由 Thesleff(1965)收藏。

Life of Plotinus, 20, 71—75, transl. A. H. Armstrong)

此外,细读过《毕达哥拉斯生平》(*Life of Pythagoras*)后便不难发现,扬布里柯有一个收藏了这些伪作的藏书库,并且他也接受了对柏拉图主义和毕达哥拉斯主义的综合;[①]在普罗提诺及其追随者阿麦利乌斯(Amelius)[②]看来,这种综合无需解释,自然而然,但这综合后来被指控为他们从努麦尼乌斯那儿剽窃得来。扬布里柯极可能利用了这份文献来把柏拉图的哲学转型为一种神学,他以毕达哥拉斯为中介,试图探寻出这种神学与俄耳甫斯神学的一致之处。

(二) 扬布里柯:当哲学成为神学

扬布里柯是一位具有叙利亚血统的哲学家,很可能生活于公元 240—325 年间。他主持着在阿帕麦阿(Apamea)的一所学园。在这个叙利亚小城,他可能与阿麦利乌斯的教学有所联系,而这位阿麦利乌斯便是普罗提诺的追随者,后来或可能继承了努麦尼乌斯。

扬布里柯在阿帕麦阿的教学持续了整个公元 4 世纪的前 25 年,他的学园在当时非常繁荣、活跃。他有一位有名而才华横溢的学生"阿西尼的泰奥多罗斯"(Theodorus of Asine),此人曾自认为是自己老师的对手。扬布里柯长期处于努麦尼乌斯和波斐利的影响下,并不断为普罗提诺关于"灵魂中有一部分不会下降到这生息接替的世界"的论点而辩护。在扬布里柯逝世后(约公元 325 年),骚帕特(Sopatros)接管了阿帕麦阿学园,此时埃德西乌斯(Aide-

---

① 有一个系列,可见于 Macris 2002。
② 关于阿麦利乌斯,可见于 Brisson 1987b。

sius)在帕加马(Pergamon)建立了另一个新学园。这所新学园曾十分重要,因为在公元351年,未来的朱利安皇帝曾于此第一次接触到了新柏拉图主义(Neoplatonism)。

作为一名哲学专家,扬布里柯年复一年地工作,解释被视作权威的柏拉图和亚里士多德的作品。他对新柏拉图主义学派的发展作出了巨大贡献,即便不是最初创始的那位,至少也是非常重要的一位。他似乎已经详尽阐明了每一篇需要注解的作品的教义,特别是每篇柏拉图对话都有且只有一个主题,这个主题就是对话内容的范围,其他所有的东西都必须围绕其展开。在这个基础上,他提出了一种阅读柏拉图对话的顺序,这个顺序将带领追随者们分别学习哲学的三个传统的部分:伦理学(《阿尔喀比亚德前篇》、《高尔吉亚》、《斐多》);逻辑学(《克拉底鲁》、《泰阿泰德》);物理学(《智者》、《政治家》),进而将他们引入神学(《斐德若》、《会饮》),直至使他们得以达到神学的顶点——至善(《斐勒布》)。最后是《蒂迈欧》和《巴门尼德》这两篇,它们总结了柏拉图在物理学和神学中的所有教学内容。这个阅读顺序不仅被扬布里柯用于自己的教学,而且在所有后世的新柏拉图主义者中也具有相当的权威。①

扬布里柯在教学活动中做了大量对柏拉图对话的注解,令人惋惜的是,它们全都遗失了。然而,我们仍存有一些他对《蒂迈欧》、《巴门尼德》和《斐德若》的注解残篇。关于他的其他注解的内容,我们仅可从一些他的后继者们对其注解细节的评论中得知,如对《阿尔喀比亚德前篇》、《斐勒布》和《智者》注解的评论。②

扬布里柯作为一位哲学专家,还做了不少对亚里士多德作品

---

① Festugière 1969.
② 可见于Dillon(ed.)1973.

的注解，这些注解已知有：《范畴篇》、《前分析篇》、《解释篇》，甚至还有《论天》(De Caelo)①，但比起对柏拉图对话的注解要差得多。

关于柏拉图，新柏拉图主义者主要研究《巴门尼德》中第一原则的系统性，而扬布里柯则对《巴门尼德》中的假设提出了自己的解释及立场，并为之辩护。为了确保在关于诸神的分层划分中留给"高级的存在"一个足够高的位置，他必须采用一种顺序来建立起整个诸神的层级，并超越《巴门尼德》的限制范围，因为他要假定一个不可言喻的神或"一"，而这恰恰在《巴门尼德》的构想之外。为了反驳扬布里柯的立场和观点，波斐利求助于普罗提诺。波斐利在他将死之际（约公元301年左右），发表了一版新的普罗提诺的作品（根据普罗提诺式和波斐利式的对《巴门尼德》中构想的解读而完成的作品），努力想要反对扬布里柯建立起的那种系统。于是波斐利求助于一种神工或通神（theurgy）：罗马的权威人物，即他的老师普罗提诺。这样一来，波斐利便保持住了他对以普罗提诺为代表的希腊理性主义的信任与支持。② 为了进一步理解扬布里柯的那套方法，我们必须首先了解他如何定义哲学以及构建哲学的历史。

在他的作品《毕达哥拉斯生平》中，第一段作为他那十卷本作品集《论毕达哥拉斯学派》(On the Pythagorean School)的导言，如是写道（《毕达哥拉斯生平》是《论毕达哥拉斯学派》的第一卷③）：

> 对于所有思想健全的人来说，在每种哲学学术研究的开端，对神的祈求已经成为一种理所当然的习惯了。但是在那种哲学的开端，即以毕达哥拉斯而命名的那种哲学的开端（毫

---

① Larsen 1972.
② Saffrey 1992.
③ 关于这个主题，参见 O'Meara 1989.

无疑问,毕达哥拉斯是由神赐予这世界的),这样做肯定更合适;因为这种哲学最初由神遗留或传递下来,它必然无法在缺少神的帮助下被理解。(Iamblichus, *Life of Pythagoras*, §1, transl. J. M. Dillon and J. P. Hershbell)

在扬布里柯看来,毕达哥拉斯哲学首先从算数、几何、天文和音乐这四门学科里的数学训练开始,① 而这种毕达哥拉斯哲学仅仅是对进入真正的哲学即柏拉图哲学的简单准备而已。具体的学习安排在《理想国》中已给出,这种学习最终在那篇被视为真正名副其实的神学著作《巴门尼德》的第二部分达到顶点。② 为了建立起这样一条研究路径,扬布里柯需要将毕达哥拉斯与某种宗教活动联系起来,这种情况下,俄耳甫斯教派便恰巧成为了这种被需要的宗教活动。让我们看看他具体是如何做的。

因为哲学是来自神的礼物,所以它便如同一种启示。扬布里柯将这种启示呈现为《圣言》(*the Sacred Discourse*)或称《诸神的圣言》(*the Sacred Discourse of the gods*)。毕达哥拉斯确实曾将他所教授的哲学以启示的方式呈现,关于这一点,扬布里柯有以下记述:

> 如果有谁想知道,那些人(指毕达哥拉斯主义者)究竟从何处得来如此程度的虔诚,那定要回应说:以数为据的毕达哥拉斯神学,其模型来源于俄耳甫斯(的作品)。毫无疑问的是,毕达哥拉斯在创作他的《论诸神》(*On Gods*)时,灵感来自于俄耳甫斯;这篇作品也使用了另一个标题《圣言》,因为它源自俄耳甫斯全集中最神秘的部分。(……)显而易见的是,正是这篇《圣言》(或称《诸神的圣言》,两种标题都存在)给予了毕达

---

① Hadot Ⅰ.1994.
② 参见 Saffrey/Westerink 1968。

哥拉斯关于诸神的论述，因为这篇作品中写道：这（指《圣言》）是我，诺玛克斯（Mnemarchus）之子毕达哥拉斯，在色雷斯（Thracian）的丽贝莎城（Libethra）的入教仪式上，从启发者阿格劳斐慕斯（Aglaophamus）处领悟得来的，他将俄耳甫斯——缪斯女神卡利俄珀（Calliope）的儿子，曾在潘伽昂山（Mt. Pangaeon）受自己母亲所教导——所言传达给我："那作为永恒之存在的数，是整个天、地及处其中间的自然当中，最能深谋远虑、未雨绸缪的一种法则；此外，对神学家（人类）、诸神以及半人半神的灵明们来说，它亦是持久性的某种根源。"（*Life of Pythagoras* § 145—147）

在《圣言》（《论诸神》）中所展现出的这种父子式的关系，以及其中的那些传达活动，经过扬布里柯的复杂解释，呈现出了某种重要性，或者说，证明了其真实性。

除了扬布里柯之外，古代再未能有其他证据关涉到一位如阿格劳斐慕斯那般重要的人物，但是普罗克洛（Proclus）除外，他认可了伪作《鲁克瑞的蒂迈欧》的真实性，认为柏拉图在写作他的《蒂迈欧》时，沿用了毕达哥拉斯的模型，将其作为一份礼物接受了下来，或者是在他去西西里或意大利南部时买来或偷来①的：

> 现在，对于柏拉图提到的诸神，我们究竟该持有什么样的概念还有待进一步说明。在古代时，有人认为那些对神的说法来源于传说，有人认为来源于城邦之父，有人认为来源于护卫者们的力量，有人认为来源于伦理的解释，还有人认为来源于灵魂。然而，这些说法都被神学家扬布里柯完全驳倒了，他证明了那些说法都与柏拉图的本意相去甚远，更与事物的真

---

① 关于更多信息，参见 Swift Riginos 1976，165—174。

相相背离。因此,在做了这些说明以后,我们必须得说,《蒂迈欧》是一篇遵循毕达哥拉斯之法则的毕达哥拉斯的作品。但是以下这些内容都是俄耳甫斯教的传统,比如俄耳甫斯通过晦涩的叙述传递下来的神秘内容,毕达哥拉斯经由阿格劳斐慕斯的传授,在神秘的智慧当中领悟到了它们,而这神秘的智慧乃俄耳甫斯从他的母亲卡利俄珀那儿得来;再比如毕达哥拉斯在《圣言》中所说的那些东西。(Proclus, Commentary on the Timaeus Ⅲ, 168, transl. Thomas Taylor)

值得注意的是,基督徒奥古斯特·洛贝克(Christian August Lobeck, 5/6/1781—25/8/1860)对此的反应很有趣,他从1814年开始在柯尼斯堡(Königsberg)任教授,长达46年之久。他的著作,《阿格劳斐慕斯》(*Aglaophamus, sive de Theologiae musticae graecorum causis*),1829年于柯尼斯堡出版,在这本书中,他反驳了克罗伊策(Fr. Creuzer),他曾取笑克罗伊策,说克罗伊策在每块岩石下都能发现一些符号和标志;这本书包括了三个部分,分别是艾留西斯(Eleusis,古希腊城)的秘密,俄耳甫斯教的秘密,以及最后的萨莫色雷斯岛(Samothrace)的秘密。现在,在这部包含两卷、总计1392页的作品当中,洛贝克直到第722页才第一次提到了阿格劳斐慕斯,而且他引用的是我们刚刚在上面引用过的那段扬布里柯的文本。他作出了如下这段天真的评论:

> 如果你读这本书,了解了更古老的历史,那便会意识到,在扬布里柯之前从未有人提及神秘的阿格劳斐慕斯和丽贝西阿若(Libethriorum,译者认为Libethriorum或为人名,与丽贝莎城[Libethra]有关)。

最新的电脑技术可以确证洛贝克的这种观点。在语言词库中检索后发现,所有扬布里柯之前的希腊文献中,都未检测到"阿格劳斐慕斯"这个词。形容词 aglaóphamos,意为"有极好的声誉",仅仅两次在希腊文学作品中作为呼求圣灵的祷词被使用和宣称,一次是对库瑞忒斯(Couretes,冠神,大母神瑞亚[Rhea]的随从)[31.4]的使用,另一次是对缪斯女神(Muses)[76.2]的使用,它们都出现在《俄耳甫斯圣歌》(Orphic Hymns)① 当中。据此可以推断,阿格劳斐慕斯完全是一个虚构的人物:或许我们甚至该把这归功于扬布里柯,因为他曾渴求于证明俄耳甫斯与毕达哥拉斯之间确实存在着一种客观的联系。因此,我们可以确定,要么是扬布里柯曾引用了新毕达哥拉斯学派的伪作,要么他自己得为那篇伪作的创作而负责。

让我们回到俄耳甫斯身上。像所有的诗人一样,俄耳甫斯受到了缪斯女神姐妹们的启发,而她们都是宙斯和摩涅莫辛涅(Mnemosyne,等同于 Memory,记忆女神)的女儿。对俄耳甫斯来说,在这方面更为明显的是,他是卡利俄珀之子,而这位卡利俄珀便是被赫西俄德称为"在所有的里面最先的那个"(《神谱》,79)的缪斯女神。此外,俄耳甫斯的父亲被认为是奥阿格罗斯(Oeagros,一条色雷斯的河流)。有一种传统② 认为,丽贝莎山脉(Libethran mountains)③——位于色雷斯的一块多山地区——是俄耳甫斯的

---

① 参见 Quandt 版;还可参考 Morand, A.-F. 2001。约翰尼斯·利杜斯(Johannes Lydus, Fragmenta incertae sedis 7, ed. Wünsch)认为,有一只塞壬女妖名为 Aglaophéme (极好声誉);Lydus 宣称他从亚里士多德那的(Peplos)中得到这些信息,《佩普罗斯》是俄耳甫斯教的一部作品,其真实性未经证实。还可参见 Eustathius 的 On the Odyssey, XI 167, XII 12,以及对罗德岛的阿波罗尼奥斯(Apollonius of Rhodes)的批注, IV, 892。

② 这一传统尤其以斯特雷波(Strabo,古希腊地理学家)为代表,参见扬布里柯 VP § 28,普罗克洛的 In Tim. III 168.9—14 Diehl,以及 Orphic Argonautica(v. 50 and 1373—1376)。

③ 在关于俄耳甫斯的传统中,似乎对这些地区存在着有意或无意的混淆。保塞尼亚斯(2世纪希腊历史学家、地理学家, Pausanias, IX 30, 9—11)认为俄耳甫斯的墓穴位于丽贝莎(Libethra),一座靠近赫利孔山(Mount Helicon)的皮奥夏(Boeotian)城;在皮奥夏还有着丽贝莎山脉(Pausanias IX 34, 3—4)。

出生地。也正是在此地,毕达哥拉斯完成了俄耳甫斯教的入教仪式。另外,有观点认为,在潘伽昂山——一座位于斯特律门(Strymon)和海洋之间的色雷斯山,俄耳甫斯从他的母亲那里学到了他那些教义里最重要的基本原理和要素。这是一种入教仪式,我们可以认为俄耳甫斯教义传递的是一种秘传的深奥教义。阿格劳斐慕斯是由扬布里柯第一次提及的一位要人,他是毕达哥拉斯的启发者。无论入教仪式的内容是什么,我们可以确定的是,毕达哥拉斯就像俄耳甫斯那样,通过多立克(Doric)方言来表达他自己(§243),并用他的歌唱来影响所有野性的动物(§62);他被教授了一种直接来自于诸神的教义,同时他也有使命将这种教义传播给所有的人类。而且,毕达哥拉斯也如俄耳甫斯那样,与阴间世界的哈德斯(Hades)相联系着,他曾下到阴间并返回到了地上。他的力量可以延伸到所有的动物身上,甚至可以影响自然的力量。

在名为《圣言》(《论诸神》)①的作品当中,毕达哥拉斯被认为曾揭示了这些入教仪式的内容。简要地读过这部作品的残篇之后,我们可以确定以下三个(关于《圣言》的)事实。1. 扬布里柯(死于公元325年)在他的著作《毕达哥拉斯生平》当中第一次提到了这部作品。2. 叙利亚努斯(Syrianus,死于公元437年)在他的《形而上学评注》(Commentary on the Metaphysics)中曾六次间接提到了这部作品。3. 扬布里柯和叙利亚努斯对《圣言》的引用让我们意识到,这部作品陈述了一种关于数的神学,并颂扬了数之构成这个世界。

(三) 灵魂的地位

扬布里柯试图在神秘主义的传统之下来稳固哲学,但若从一

---

① 一部用多力安方言写成的散文集,泰勒夫有所记述(Theleff 1961, 104—106)。

种严肃的哲学层面来考虑的话,我们该如何解释他这种经由毕达哥拉斯而上溯至俄耳甫斯的做法呢?对我来说,这个问题的答案是这样的:扬布里柯反驳了普罗提诺的论点——普罗提诺认为灵魂中较为靠上的部分待在理智世界当中:

> 灵魂是许多东西,或可谓,它即是那所有的一切东西——包括那在上的东西和在下的、下降到了所有有限的尘世生命当中的东西,我们每一个都是一个理智的宇宙;我们凭着灵魂中靠下的力量,与下界联系起来,而又凭着灵魂中靠上的力量和作为宇宙的自身的力量,与理智世界联系起来;我们归属于所有在上的理智部分,但在灵魂最终极的边缘,我们又被捆绑束缚于下界,并从灵魂中给出一种流溢,流向那在下的东西,或者说给出一种活动,通过这种活动,理智的那部分自身并无丝毫减少。(*Enn.* Ⅲ 4 [15], 3.21—27, transl. A. H. Armstrong; 还可参见 V 1 [10], 3.1—3)

对扬布里柯来说,灵魂和身体充分地结合在一起。这是亚里士多德的立场,它暗示了另外一种观点:灵魂的获救必须从外界得来,即尤其要从通神或称神力①而来。关于这点,扬布里柯这样说道:

> 那么,因为纯粹的思无力将(神工或通神的)施法者跟神

---

① 哈多(Hadot)以克里默(Cremer, 1969)为基础,给出了如下对于神工或通神(theurgy)的定义(P. 1978):"人们可以就施法者如何施展某些特定的魔法有所述说,但这些操作实际上都归结于一种与魔法截然不同的方法。神工或通神是指那种神亲自赋予人类行为以神圣效果的操作,由此人的行动才因神的行为和主动干预而获得了意义。如果从这种观点去考察的话,对比基督教神学中的圣事(sacraments,由人所行的)与新柏拉图主义的神学中的神工或通神(theurgical operation,由神所行的)将十分有趣。"(719)

联合起来,那些为诸神和神圣的作品所付出的一切也就全都无效,因此人绝不可能(像神那样)承认愚昧无知和欺骗有错、不虔诚。那么,究竟是什么阻碍了那些理论哲学家们享受与神灵之间的那种神力的结合呢?可情况并非如此:建立起这种神力的结合,是那种不可泄露、不可言说、超越于一切构想之上的行动的专长,是那些仅仅只有神才知晓且不可表达出来的符号或象征的力量。因此,我们仅仅依靠理智的思考活动无法产生这种神力的结合;因为如若这样的话,这种结合的效果将仅仅在一种智力层面上,并依赖于我们。然而,这些假设都不正确。(De myst. II 11, p. 96. 13—97. 4, transl. by E. C. Clarke, J. M. Dillon and J. P. Hershbell)

唯有诸神亲自将他们的启示分发给人,人才能获及真理,而这亦可看作是诸神就人类的弱点而给予他们的救治,我们必须通过宗教仪式方可获得这种救治。那么,就这种启示式的哲学来说,它的构想应如何从柏拉图的作品当中找到其合理性呢?有一种对这个问题的回应,它提出了一种对《斐德若》中谈到迷狂(madness)的那两段①的解读,且这种解读具有很好的导向性。

对柏拉图来说,迷狂被定义为一种偏离——与正常的行为相偏离,或与所处人群的风俗习惯相偏离。这种偏离要么是因人的疾病而起,要么是神力使然。在前一种情况中,一个人行为的改变是因为他加入了那更高的属于诸神的领域;我们进而可以说此人是狂热的,但他的这种迷狂却使他得以进入那更高一层级的现实。在《斐德若》中,区分了四种不同水平的关于神的迷狂:

> 苏格拉底:但是迷狂有两种:一种是由于人的疾病,一种

---

① 《斐德若》245b-c,尤其在265a-b。

是由于神灵的凭附,因而使我们越出常规。

斐德若:一点不错。

苏格拉底:我们将神灵凭附的迷狂分成四种:预言的、教仪的、诗歌的、爱情的。每种都由天神主宰,预言由阿波罗,教仪由狄俄尼索斯,诗歌由缪斯姐妹们(Muses),爱情由阿佛洛狄忒(Aphrodite)和爱若斯(Eros)。我们说过,在这四种迷狂之中,爱情要算首屈一指。我们形容爱情的时候,用了一种比喻,其中我们当然也看到了一些真理,但是恐怕也走了一些错路。我们作了一篇颇娓娓动听的文章之后,还用了激昂虔敬的心情歌颂过爱若斯,你的护神也是我的护神,一切美少年都在他的荫庇之下。(朱光潜《柏拉图文艺对话集》北京:人民文学出版社,1963:151—152。英译版采用版本为:Plato, *Phaedrus* 265a-b, transl. Alexander Nehamas and Paul Woodruff, in Cooper and Hutchinson (eds.), Plato, *Complete Works*。)

柏拉图在这段话中解释说,他归之于阿佛洛狄忒和爱若斯的关于爱情的迷狂,处在一个非常特别的上下文语境中:哲学。在这个语境当中,爱不在于寻求和占有美丽的躯体,而在于从一副美丽的躯体过渡到一个美丽的灵魂,由此以再次牢记,必须要静观沉思理智世界,而这个理智世界便是灵魂在下落到身体之前的献身之地。以上便是爱情的迷狂之所以顶好的理由,实际上,它与哲学的实践活动相一致。在《斐德若》的这段话中,哲学无疑与那神灵所凭附的迷狂相联系,如预言的、教仪的和诗歌的。但柏拉图并未把爱情的迷狂与其他三种置于同一水平,原因有二:1.鉴于预言、教仪和诗歌都将人类引入了诸神的世界,它们都不允许人类静观沉思理智世界;2.这三者在关于人类的方面给出的态度都是消极的,而哲学却恰恰相反——它从一种要加入对理智世界的静观沉思的角度出发,作为一种对死亡的永恒不断地学习,或者说作为一种灵魂在身体方面的解放而呈现出来。《斐德若》中的这段话吸引了扬布里柯的注意,可见于其《论埃及秘仪》的卷三(book Ⅲ of On the Mysteries of Egypt);在这本书中,他在深入调查了那被神力凭附的迷狂的原因(章八)之后,又进而述说了音乐(章九)、入教仪式(章十)和预言(章十一)。

在《毕达哥拉斯生平》的开篇中,扬布里柯坚持认为哲学由诸神在最初之时传授下来,而除非有神的介入和干预,人不可能领会它,也就是说人仅仅凭自身的努力不可能进入哲学,扬布里柯甚至逐渐将哲学、诗歌、预言和入教仪式置于同一水平之上。对毕达哥拉斯来说,这也是事实。在毕达哥拉斯那里,诗歌十分常见,频繁使用,在那些诗中,诗句和音乐是混合在一起的。① 毕达哥拉斯与预言之间的联系比俄耳甫斯与预言之间的联系更为密切。② 毕达哥拉斯及其信徒更加关注神秘的灵感,③这种灵感在入教仪式中显现出来,而教仪与哲学相互联系。④ 在《毕达哥拉斯生平》中,我们找到了那种教仪的相关用语。

这些话题随着柏拉图主义和毕达哥拉斯主义在基督纪元之初的复兴而缓慢兴起,扬布里柯接受了它们,并首次赋予它们一种真正的连贯性。这最终带来的结果是一个哲学神话:毕达哥拉斯以

---

① 按照扬布里柯的说法,毕达哥拉斯的父亲将毕达哥拉斯委托给了荷马的门徒克里欧菲拉斯(Creophylus)(VP § 9);毕达哥拉斯在他的学园里使用《伊利亚特》(Iliad,VP § 39,63,217)和《奥德赛》(Odyssey,VP § 255),他还用音乐来治疗疾病(§ 110)。

② 毕达哥拉斯与预言相联系着:可以确定与德尔斐神谕有关(VP § 82,152),与其他所有的预言也有关(VP § 25,65,106,138,149,216);他利用数来预言(VP § 147);这也是他的信徒们认为预言和音乐、医学同样重要的原因。

③ 毕达哥拉斯被传授了所有的仪式(VP § 146 151,14,18,19),由此我们便可以理解为什么他的信徒们如此严肃地对待所有的启发入教仪式(§ 138)。

④ 扬布里柯使用了神秘教仪里丰富的词汇来讲述哲学(VP § 1,14,31,72,74,75,76,90,91,92,103,104,138,151,226,227,258)。

阿格劳斐慕斯作为中间人,通过入教仪式进入了俄耳甫斯教。这个神话被后来所有的新柏拉图主义者接受并不断精炼和改善,尤其是那些雅典学派(the School of Athens)中,认为哲学在柏拉图的《巴门尼德》——被认为是一本神学著作——的第二部分达到了顶点的人。在这种宏大的背景当中,毕达哥拉斯受到了阿格劳斐慕斯的启发,于是他就变成扬布里柯在"哲学神话"当中刻画的那样一个形象;这个哲学神话在对柏拉图主义的分水岭作出辩护的同时,还说明了雅典学派哲学的方向,而正是从这个学派开始,科学与神学的区别变得不再明显。

(四)雅典学派及其之后的发展

普罗克洛在其《柏拉图神学》(*Platonic Theology*)的开篇,勾勒出了整个哲学史的大致框架,而这与扬布里柯的立场基本一致:

> 这些评注柏拉图的静观沉思(启示)的人,向我们展开了关于神的法则的神圣叙述,因为他们被赋予了一种与他们的领袖(柏拉图)相类似的天性,我应当决心成为那个埃及人普罗提诺,以及那些从他那儿接受了这种传统教义的人。我是指阿麦利乌斯、波斐利,以及他们的那些身处别处的追随者们,以及这样的人们——他们完美到能与扬布里柯、阿西尼的泰奥多罗斯相媲美,能与任何紧随此二人之后加入这神圣的唱诗班,并像酒神的信徒那样提出自己想法的人相媲美。那追随着诸神的人,通过一种纯净的方式,在自己的灵魂中用心接受最真最纯的真理之光,他引我们转向所有的美和善的事物,使我们成为柏拉图哲学的参与者和分享者,将较之于他更古老的人秘传下来的传统传给我们,更重要的是,他使我们成为了唱诗班的一员,吟咏歌唱神圣法则的神秘真理。(*Pla-*

tonic Theology Ⅰ, 6. 16—7. 8 Saffery-Westerink, Transl Thomas Taylor slightly modified after the French translation)

雅典学派建立在这样一个假设之上：柏拉图是一位神学家。这个假设暗示要完成两个任务：一是使这种神学摆脱柏拉图的作品；二是说明它与其他的神学相一致，包括毕达哥拉斯、迦勒底神谕（the Chaldaean Oracles）、俄耳甫斯、荷马以及赫西俄德的神学。无论是被应用到哲学上还是诗歌上，解释者的工作都被比作了那些秘仪家的工作——他们要在宗教仪式上引导待入教者完成入教仪式（initiation）和接受启示（epopteia）。

哲学和神话间具有一种联系，对于这种联系，雅典学派沿袭了普罗提诺和波斐利的观点，而此二人又尤其受到了努麦尼乌斯和克罗尼乌斯的启发。但是，不论是在哲学的方面还是在神学的方面，雅典学派的处理都更为系统化。另外，迦勒底神谕和俄耳甫斯颂词（Orphic Rhapsodies）在此取代了荷马和赫西俄德的诗歌，不过后两者也并未被完全忽视，而是依然被视作一种神话的储备库。

对普罗克洛来说，存在一种清楚分明的阶段划分。1. 首先是普罗提诺，2. 然后是那些从他那儿接受了新柏拉图主义教义的人，即阿麦利乌斯和波斐利，3. 然后是他们的追随者，扬布里柯和阿西尼的泰奥多罗斯，4. 最后是普罗克洛的老师叙利亚努斯。他提到的"其他人"是指普利斯库斯（Priscus）和扬布里柯二世（Iamblichus Ⅱ），他们培养了雅典的普鲁塔克（Plutarch of Athens），而这位雅典的普鲁塔克在公元 4 世纪到 5 世纪的转折点处，作为第一位雅典学派的掌门人，确立了后来一直持续到达玛士基乌斯（Damascius）时期的哲学的研究方向。①

---

① 关于这一点可参见 Saffrey/ Westerink 1968，XXVI—XLVIII，还可参考 Taormina 1989。

普罗克洛继承了那种认为柏拉图剽窃①了毕达哥拉斯学派的传统说法,但对此观点又有所扭转,想要说明柏拉图具有一些独创性的教义,这样做是因为那些柏拉图独创的教义恰恰是普罗克洛自己的学说有所依赖的东西。在此基础上,普罗克洛便建立起了柏拉图的《蒂迈欧》和名作《论自然》(On Nature)之间的联系。他将这种联系归结于《鲁克瑞的蒂迈欧》,并认为这不是一篇伪作,而是一篇可以追溯到公元前5世纪的原创性作品,②它被认为启发了柏拉图创作其对话。

在其《蒂迈欧评注》(Commentary on the Timaeus)最开头处,普罗克洛写道:

> 我认为,对所有那些有能力阅读严肃的文献作品的人来说,柏拉图的《蒂迈欧》着力于对整个物质世界的探寻,并关涉着对于"一切"的研究,从最初之时到最终之时,都一直在处理着这些问题,这一点毫无疑问。实际上,毕达哥拉斯主义者蒂迈欧有其自己的作品,名曰《论自然》,是一篇毕达哥拉斯学派风格的作品。用那些讽刺者③的话来说,这部作品便是"当柏拉图接续蒂迈欧的写作之时,他由以出发的地方"。我们以这部作品(《论自然》)作为我们注解的导言,由此我们才能知道在柏拉图的《蒂迈欧》当中,哪些说法(与《论自然》中的)相同,哪些是添加进去的,哪些实际上与那个人(蒂迈欧)的(说法)不一样,并进行一些探寻,找到这种不同之处的原因或出处。

---

① 关于这些对剽窃的指控,参见 Brisson 2000。
② 对这篇小作品的译著,可参见 see Marg 1972, Baltes 1972, and Tobin 1985. See also Centrone 1982。
③ 弗利奥斯的提蒙(325—235 BC),一位怀疑论哲学家,先追随斯提尔波(Stilpo),后追随皮浪(Pyrrho),他曾写下长短格六音步的《讽刺集》(*Silloi*,英译为 *Satires*),以此反对教条主义哲学家——其中一位便是柏拉图,其他关于指控柏拉图在写作《蒂迈欧》时剽窃毕达哥拉斯学派的轶事参见前述注释。

这整篇对话(《蒂迈欧》)在其全部的内容当中,以对物质世界的探寻为目的,同时从概念(image)和样式(paradigms)、整体(wholes)与部分(parts)的方面对那些相同的事物进行考察。这部作品里满是物理学说中那些优美的法则,它化繁为简、化整为零,从事物的原型中勾勒出其影像、抽象出概念,在探寻中绝不遗漏任何自然的原初因于其外。(Proclus, Commentary on Plato's Timaeus,Ⅰ,1.1—23, transl. H. Tarrant)

这是一种客观的联系,它借由《鲁克瑞的蒂迈欧》将柏拉图联系到了毕达哥拉斯主义那儿,而在普罗克洛的《蒂迈欧评注》的第三卷中,他将这种联系进一步延长,即把毕达哥拉斯主义与俄耳甫斯教联系起来。在俄耳甫斯神学当中,有六代神的统治时期:分别由法涅斯(Phanes)、夜神(Night)、天空之神(Ouranos)、克洛诺斯(Kronos)、宙斯(Zeus)以及狄俄尼索斯(Dionysos)统治。普罗克洛就那六个时代所给出的指示尤其能说明一点,即在他看来,俄耳甫斯创作的《二十四赞歌中神圣的会话》(*Sacred discourses in 24 rhapsodies*)中提到的那些诸神统治的时代①,对毕达哥拉斯来说再熟悉不过了。普罗克洛的这种信念亦能使我们明白,为何他认为《数的圣赞》(*Hymn to number*)②——他曾引用过其中的诗句——也是俄耳甫斯所作。

正是以《鲁克瑞的蒂迈欧》为中介,柏拉图才得以熟悉那些毕达哥拉斯学派的原则,亦即俄耳甫斯教的原则;此外,毕达哥拉斯受阿格劳斐慕斯的启发而领悟了俄耳甫斯教的教义,同时柏拉图亦受到了毕达哥拉斯的影响,正是这两点使形而上学得以与宗教

---

① 被认为是由俄耳甫斯所作的神谱有众多不同的版本,它们彼此之间的关系引出了一些问题,参见 Brisson 1995。

② O. Kern, *OT* 32, *OF* 309—317=20V F et 695—704 T Bernabé.

相交汇融合。

这种认为毕达哥拉斯主义和柏拉图主义密不可分且均发源于俄耳甫斯教的理解方式,被认为是拜占庭世界里典型的观点;而它曾以马西里奥·斐奇诺为中间人,传播到了文艺复兴时期的西方世界。在18世纪时,这种形象曾为第一批德国哲学史学家所采纳或反驳。[①] 简言之,要想解决关于毕达哥拉斯和毕达哥拉斯主义中的科学与宗教之间分界线的争论,就必须以对古代哲学史——以扬布里柯为高潮和顶点——的研究为基础。

在罗马帝国建国之初,柏拉图主义者们拒绝了老学园派曾用以对抗斯多亚主义的概然论,进而希望能接近那些思想家,他们促成了一种新形态的毕达哥拉斯主义,这种新形态的毕达哥拉斯主义有着多种多样的宗教倾向,其中有一种正是俄耳甫斯教。之后神学和数字命理学成为了首要的学问,而对灵魂的关照更是成为了最具决定性、最为核心的内容;这里所谈到的灵魂具有一种融洽而和谐的结构,它在进入身体之前便已存在,并将在其所栖居的身体死后,迁居至另一个新的身体当中。对灵魂的关照要求人们在生活中的伦理方面严格要求自己,在政治方面团结一致、齐心协力。由此我们便不难理解,为什么毕达哥拉斯主义者为了维护他们的同一性、一致性而尽可能地放弃了书写,并使用了一种双关的语言——这种语言包括使用谜语、符号、暗语等等。这种毕达哥拉斯主义的综合形象更多地要归结于幻想而非现实,但也正是这样一种形象为柏拉图主义所继承,而这种继承反过来凭一种反馈效应又作用并改变了毕达哥拉斯主义。扬布里柯为了结束这种互相作用,采用了一种特定哲学背景下的世系关系:俄耳甫斯—毕达哥拉斯—柏拉图,在这种哲学背景当中,灵魂来自于高天上的神界,它将重新朝向并飞升到神界中去,而这唯有通过宗教仪式的实践

---

① Tigerstedt 1974.

方可实现,绝非理智力所能及。这种转变曾被认为是雅典和亚历山大里亚的新柏拉图学派的典型观点,之后成为拜占庭世界的共识,并透过中间人马西里奥·斐奇诺,被传播到了文艺复兴时的西方。

　　以上便是本文所要描述的对柏拉图的追溯性阅读以及其根源所在,由此可知,毕达哥拉斯在俄耳甫斯教的教仪中得到启发,而柏拉图在创作《蒂迈欧》时受到了毕达哥拉斯学派的教义的影响。

参考文献:

　　Athanassiadi, P. and Macris, C. 2013, "La philosophisation du religieux", in: Bricault and Bonnet 2013, 41—83.

　　Baltes, M. 1972, Timaios Lokros, *Über die Natur des Kosmos und der Seele*, Kommentar von Matthias Baltes, (Philosophia Antiqua 21), Brill, Leiden.

　　Battezzato, L. 2008, "Pythagorean comedies from Epicharmus to Alexis", *Aevum*(ant) N. S. 8, 139—164.

　　Bernabé, A., 2013, "Orphics and Pythagoreans: the greek perspective", in: Cornelli/McKirahan/Macris 2013, 117—151.

　　Bonazzi, M. and Opsomer, J. (edd.) 2009, *The origins of the Platonic system: Platonisms of the early Empire and their philosophical contexts*, Peeters, Leuven / Paris, 2009.

　　Bricault L. and Bonnet (edd.) 2013, *Panthée: Religious transformations in the Graeco-Roman empire*, Brill, Leiden / Boston, 2013.

　　Brisson, L. 1987a, "Usages et fonctions du secret dans le Pythagorisme ancien", in: Dujardin 1987, 87—101.

　　Brisson, L. 1987b, "Amélius: Sa vie, son œuvre, sa doctrine, son style", *Aufstieg und Niedergang der Römischen Welt*, Teil II: Band 36. 2, 793—860.

　　L. Brisson et *alii* (edd.) 1992, Porphyre, *La vie de Plotin* II, Vrin, Paris.

　　Brisson, L. 1995, Introduction to the collection of his articles on Orphism, *Orphée et l'Orphisme dans l'Antiquité gréco-romaine*, Variorum, Aldershot, 1995.

　　Brisson L. 2000, "Les accusations de plagiat lancées contre Platon" [1993], reprint in his *Lectures de Platon*, Paris, Vrin, 2000, 25—41.

Brisson, L. 2002, "Orphée, Pythagore et Platon. Le mythe qui établit cette lignée", in: Kobusch/Erler 2002,415—427.

Brisson, L. 2003,"Platon, Pythagore et les Pythagoriciens", in: Dixsaut/Brancacci 2003, 21—46.

Brisson, L. , Macé, A. et Therme, A. -L. (éd.) 2012, *Lire les Présocratiques*, Puf, Paris.

Brisson, L. 2012, "Pythagore", in: Brisson/Macé/Therme 2012, 97—102.

Brisson, L. 2013, "Archytas and the duplication of the cube", in: Cornelli/McKirahan/Macris 2013, 203—233.

Burkert, W. 1972, *Lore and science in ancient Pythagoreanism* [1962], translated by Edwin L. Minar, Jr, Harvard University Press, Cambridge [Mass.].

Casadesús Bordoy, F. 2013, "On the origin of the Orphic-Pythagorean notion of the immortality of the soul", in: Cornelli/McKirahan Macris 2013, 153—175.

Casertano, G. 2013, "Early Pythagoreanism in Aristotle's account", in: Cornelli/McKirahan/Macris 2013, 345—368.

Centrone, B. 1982, "La cosmologia delle pseudo-Timeo di Locri et il *Timeo* di Platone", *Elenchos* 3, 1982, 293—324.

Cornelli, G. , McKirahan, R. and Macris. C. (edd.), *On Pythagoreanism*, De Gruyter, Berlin/Boston.

Cremer, F. W. 1969. *Die Chaldäischen Orakel und Jamblich* De mysteriis, Beiträge zur klassischen Philologie 26, Meisenheim.

Dixsaut, M. et Brancacci, A. (éd.) 2003, *Platon, source des Présocratiques. exploration*, Vrin, Paris.

Dillon, J. M. (ed.) 1973, *Iamblichi Chalcidensis in Platonis Dialogos commentariorum fragmenta*, Brill, Leiden, reprint in 2009.

Dujardin, Ph. (ed.)1987, *Le secret*, C. N. R. S. -Centre régional de Publication/Presses Universitaires de Lyon, Lyon.

Festugière, A. J. 1969, "L'ordre de lecture des dialogues de Platon aux ve—VIe siècles", *Museum Helveticum* 26, 281—296.

Filoramo, G. (ed.)2003, *Carisma profetico. Fattore di innovazione religiosa*, Morcelliana, Brescia.

Hadot, I. 1994, *Arts libéraux et philosophie dans la pensée antique*, Études Augustiniennes. Série Antiquité 107, Études Augustiniennes, Paris.

Hadot, P. 1978, "Bilan et perspectives sur les *Oracles Chaldaïques*", in Lewy 1978, 719.

Horky, Ph. N. 2013, *Plato and Pythagoreanism*, Oxford University Press, Oxford.

Hufmann, C. 2013, "Plato and the Pythagoreans", in: Cornelli/McKirahan/Macris 2013, 237—270.

Kobusch Th, und Erler, M. (edd.), 2002, *Metaphysik und Religion. Zur Signatur des spätntantiken Denkens*, Saur, München / Leipzig, 2002.

Larsen, B. D. 1972, *Jamblique de Chalcis, exégète et philosophe*, Universitetsforlaget, Århus, 2 vol.

Lewy, H., *Chaldean oracles and theurgy* [1956], nouvelle éd. par M. Tardieu, Études Augustiniennes, Paris, ²1978, ³2011.

Macris, C. 2002, "Jamblique et la littérature pseudo-pythagoricienne", in: Mimouni/Macris 2002, 77—129.

编 后 记

吕克·布里松先生常年担任法国国家科学研究中心(CNRS)主任研究员,是现任国际柏拉图协会(IPS)会长(2016—2019),同时长期兼任国际柏拉图协会执行副会长。2014年至今,担任国际新柏拉图主义研究协会(ISNS)指导委员会委员。他是健在的学术产量最高,[①]对柏拉图和柏拉图主义贡献最大的重要学者之一。

2014年,布里松夫妇到成都一周,在举行系列讲座之余,我们交流了很多,直接促成我们着手组织翻译他代表作和论文集的想法。在谋面之前,我就很喜欢他论文毫无雕饰、清晰明白又完备中正的文风,钦佩他的治学态度,晤谈后更折服于他倾注全部生命于柏拉图的卓绝勇气和不懈努力。为了了解他的治学之路,我特地提出要对其进行访谈,布里松先生便给了我他已经于1999年出版的访谈录。2016年,我们开始组织翻译,2017年我挑选了他撰写的柏拉图和柏拉图主义导读的几篇文献作为下篇,方便初学者拾阶而上。2018年底完工,2019年初我统校全稿,

---

① 布里松先生的最新学术简历,因为内容非常多,我们不附在本书中,感兴趣的读者可以在四川大学学术型社团"江安柏拉图学社"的微信公众号内查看。

确定最终形式和内容。

在选编和出版过程中，布里松先生给予极大支持，免费赠予版权，提供诸文稿的修订本，对翻译过程中的询问不厌其烦，让我们很是感动。译者陈宁馨是浙江大学哲学博士候选人，孙颖是中国人民大学哲学系硕士，她们都曾是我们望江柏拉图学园的重要学员。译者张浩然硕士毕业于川大哲学系，而李博涵和张文明都是川大哲学系外国哲学方向的在读研究生，他们也是望江柏拉图学园的研究主力。我们近几年最主要的工作是一起引介和研究柏拉图主义哲学。

布里松先生在研究柏拉图方面是温和的整体论者，这也是我个人的立场。他认为目前很多柏拉图研究已经走得太远太偏，脱离柏拉图文本，陷入对二手文献的繁复辩难而非计较柏拉图本人的观点了，他提醒我们回归文本，戒除花哨的理论切割，有一分内容说一分话，在历史的情境中，在哲学的思辨里，将柏拉图和古代柏拉图主义者文辞的深度含义清晰呈现。这是他做出的榜样，也是我们后学的方向。

我们可以从本书访谈部分感受布里松先生艰难的求学之路，也可以感受在复杂的世俗环境中学者的局促，这些都是后来者引以为鉴的。同时，他饱含深情的赤忱、敏锐犀利的学术评议也每每跃然纸上，让我们看到严谨学者除了学术眼光锐利还有以情动人的一面。

最后我们愿意重温他的话：

我依然坚信，与古代的哲学家们一起，探寻美、善、德性与幸福只会使人变成一个更好的人。这能让人们意识到生活与竞争的实践必要性无法构成存在的边界。尤其是为了共同生活，一个人必须承认指导其存在的原则，并且对此他必须对坠入无意义之中的痛苦保持忠诚,这也意味着对于指导他人存在原则的尊重。

谨以此书纪念望江柏拉图学园创建十周年。

梁中和

2019 年 7 月 6 日

成都望江柏拉图学园

图书在版编目(CIP)数据

追随柏拉图,追寻智慧:吕克·布里松古典学术访谈与论学 / (法)吕克·布里松著;梁中和等选编.--上海:华东师范大学出版社,2020
ISBN 978-7-5760-0389-5

Ⅰ.①追… Ⅱ.①吕… ②梁… Ⅲ.①吕克·布里松—回忆录②学术思想—思想史—西方国家—古代 Ⅳ.①B565.6②B502

中国版本图书馆 CIP 数据核字(2020)第 077804 号

华东师范大学出版社六点分社
企划人 倪为国

本书著作权、版式和装帧设计受世界版权公约和中华人民共和国著作权法保护

望江柏拉图研究论丛
追随柏拉图,追寻智慧

著　　者	[法]吕克·布里松
选 编 者	梁中和
译　　者	孙　颖　李博涵　张文明　陈宁馨　张浩然
责任编辑	彭文曼
责任校对	王寅军
封面设计	吴元瑛
出版发行	华东师范大学出版社
社　　址	上海市中山北路 3663 号　邮编　200062
网　　址	www.ecnupress.com.cn
电　　话	021-60821666　行政传真　021-62572105
客服电话	021-62865537　门市(邮购)电话　021-62869887
地　　址	上海市中山北路 3663 号华东师范大学校内先锋路口
网　　店	http://hdsdcbs.tmall.com
印 刷 者	上海盛隆印务有限公司
开　　本	890×1240　1/32
插　　页	1
印　　张	8
字　　数	165 千字
版　　次	2020 年 6 月第 1 版
印　　次	2020 年 6 月第 1 次
书　　号	ISBN 978-7-5760-0389-5
定　　价	48.00 元
出 版 人	王　焰

(如发现本版图书有印订质量问题,请寄回本社客服中心调换或电话 021-62865537 联系)